Oser parler

et savoir dire

Infographie : Johanne Lemay
Révision : Agnès Saint-Laurent
Correction : Anne-Marie Théorêt
Illustrations : François Daxhelet

Catalogage avant publication de Bibliothèque et Archives nationales du Québec et Bibliothèque et Archives Canada

Riou, Arnaud

Oser parler et savoir dire : communiquer avec authenticité

ISBN 978-2-7619-3236-3

1. Communication orale. 2. Art de parler en public. I. Titre.

P95.R56 2012 302.2'242 C2011-942846-6

09-20

Dépôt légal : 2012
Bibliothèque et Archives nationales du Québec

ISBN 978-2-7619-3236-3

DISTRIBUTEURS EXCLUSIFS :

Pour le Canada et les États-Unis :
MESSAGERIES ADP inc.*
2315, rue de la Province
Longueuil, Québec J4G 1G4
Téléphone : 450-640-1237
Télécopieur : 450-674-6237
Internet : www.messageries-adp.com
* filiale du Groupe Sogides inc.,
filiale de Québecor Média inc.

Pour la France et les autres pays :
INTERFORUM editis
Immeuble Paryseine, 3, Allée de la Seine
94854 Ivry CEDEX
Téléphone : 33 (0) 1 49 59 11 56/91
Télécopieur : 33 (0) 1 49 59 11 33
Service commandes France Métropolitaine
Téléphone : 33 (0) 2 38 32 71 00
Télécopieur : 33 (0) 2 38 32 71 28
Internet : www.interforum.fr
Service commandes Export – DOM-TOM
Télécopieur : 33 (0) 2 38 32 78 86
Internet : www.interforum.fr
Courriel : cdes-export@interforum.fr

Pour la Suisse :
INTERFORUM editis SUISSE
Case postale 69 – CH 1701 Fribourg – Suisse
Téléphone : 41 (0) 26 460 80 60
Télécopieur : 41 (0) 26 460 80 68
Internet : www.interforumsuisse.ch
Courriel : office@interforumsuisse.ch
Distributeur : OLF S.A.
ZI. 3, Corminboeuf
Case postale 1061 – CH 1701 Fribourg – Suisse
Commandes :
Téléphone : 41 (0) 26 467 53 33
Télécopieur : 41 (0) 26 467 54 66
Internet : www.olf.ch
Courriel : information@olf.ch

Pour la Belgique et le Luxembourg :
INTERFORUM BENELUX S.A.
Fond Jean-Pâques, 6
B-1348 Louvain-La-Neuve
Téléphone : 32 (0) 10 42 03 20
Télécopieur : 32 (0) 10 41 20 24
Internet : www.interforum.be
Courriel : info@interforum.be

Gouvernement du Québec – Programme de crédit d'impôt pour l'édition de livres – Gestion SODEC – www.sodec.gouv.qc.ca

L'Éditeur bénéficie du soutien de la Société de développement des entreprises culturelles du Québec pour son programme d'édition.

Conseil des arts du Canada — Canada Council for the Arts

Nous remercions le Conseil des arts du Canada de l'aide accordée à notre programme de publication.

Nous reconnaissons l'aide financière du gouvernement du Canada par l'entremise du Fonds du livre du Canada pour nos activités d'édition.

Oser parler et savoir dire

Communiquer avec authenticité

Arnaud Riou Préface de Dominique Rankin

LES ÉDITIONS DE L'HOMME

Lorsqu'ils sont authentiques, les mots naissent du silence.
Ils émergent naturellement et sans effort.
Ils tissent les liens chaleureux entre les êtres.
Tour à tour, la parole consciente devient encouragement,
Confidence, remerciements, homélie.

Je dédie ce livre

À ceux qui cherchent les mots pour faire parler le silence,
Ceux qui explorent la source du verbe sacré,
Ceux qui désirent exprimer ce qu'ils ressentent avec naturel et authenticité.
Puisse le verbe, simple, bienveillant, authentique
Jaillir de votre cœur...

PRÉFACE

PRÉFACE DE T8AMINIK RANKIN

K*we !* C'est un honneur pour moi de vous présenter le livre de mon frère Arnaud.

C'est aussi un honneur pour tous les *Anicinapek*, c'est-à-dire le peuple auquel j'appartiens. Dans la langue des Blancs, on dira que je suis Algonquin, mais en réalité le mot « Algonquin » n'appartient pas à notre langage ; il a été créé à l'arrivée des premiers Français sur notre continent. Lorsque nous voulons désigner les gens de notre nation, nous avons nous-mêmes tendance à utiliser l'expression *Anicinape*, ce qui signifie tout simplement « être humain », mais au sens où cet humain est un homme vrai et vivant en harmonie avec la nature. Donc, dès le départ, lorsque l'*Anicinape* prend la parole, il est automatiquement en lien avec la vérité de son cœur et l'harmonie de la nature. Quand on y pense, toute prise de parole ne devrait-elle pas se baser sur ces principes ?

D'aussi loin que je me souvienne, le bâton de parole a toujours joué un rôle central dans mon apprentissage auprès des anciens. Quand j'étais petit, j'ai eu le privilège, en tant qu'apprenti homme médecine, d'être intégré au cercle des anciens. Au début, les seules paroles que je prononçais dans le cercle étaient des mots de remerciement. Plus je vieillissais, plus des mots s'ajoutaient. Même si je n'étais pas encore très volubile, je me sentais aussi fier qu'un aîné. La question de l'âge ne comptait plus. Je me sentais accepté et inclus. Je me sentais aimé par la force de l'écoute sincère en provenance des autres.

Encore aujourd'hui, les cercles de parole continuent de faire partie de la vie des Amérindiens et nous les voyons se propager dans le monde entier. Dès qu'il y a un rassemblement spirituel, dès qu'un groupe doit prendre une décision ou lorsque des individus ont besoin de s'exprimer, nous nous installons en cercle et faisons circuler le bâton. Mais que se passe-t-il vraiment derrière cette technique de communication ?

Pour ma part, j'aime utiliser les bâtons recueillis autour des huttes de castors. Ces bouts de bois ont été « sculptés » par ces animaux que nous apprécions beaucoup pour leurs enseignements. Lorsqu'un bâton de castor vient entre nos mains, nous sommes tout de suite remis en contact avec la nature et ce qu'elle a de plus beau. Une plume d'aigle peut également servir de bâton de parole ou même un sac de médecine[1]. Lorsque ces objets sacrés viennent à nous, on ne peut que se mettre en contact avec ce qu'il y a de plus sacré en nous-mêmes. Le bâton de parole nous enseigne donc à parler avec le cœur. Tous ceux qui ont vécu cette expérience en témoignent : il est impossible de faire des plans lorsque cet objet sacré s'approche de nous ; impossible de penser à son discours à l'avance ou de déjouer qui que ce soit. On reste centré sur le présent.

La seule règle qui prévaut, c'est celle de l'écoute. La personne qui tient le bâton a tout le temps qu'elle veut pour s'exprimer et tous les autres ont le devoir de l'écouter sans l'interrompre. Le fait de se sentir pleinement écouté change tout. L'esprit est plus ouvert. La force revient, car on te donne le cadeau de te laisser aller. Nous sommes plus concentrés, également ; rien ne nous dérange plus. Si ce qui monte en nous, c'est le désir de parler, pleurer, crier ou chanter, nous sommes libres. Si ce qui monte est simplement le souhait d'offrir notre silence, alors nous gardons le silence, puis nous passons le bâton à la personne suivante. Le pouvoir du bâton,

1. À noter que, dans notre tradition, ces objets sacrés ne s'achètent pas. On les trouve sur notre chemin, on les reçoit pour notre mérite ou bien on les fabrique nous-mêmes dans la prière. De cette manière, nous restons dans le respect de tous ces éléments en provenance de la nature.

c'est aussi de donner la parole à ceux qui, normalement, auraient tendance à garder le silence devant un groupe. C'est donc une liberté de parole, mais aussi une responsabilité. La responsabilité de parler au plus vrai, d'oser exprimer ses émotions et sa sagesse, à tour de rôle.

Les premières pages de ce livre m'ont tout de suite rappelé les enseignements de mon père. À maintes et maintes reprises, il me répétait ces paroles provenant de nos ancêtres, afin qu'elles entrent dans ma mémoire pour ne plus jamais en sortir. Parmi ces enseignements précieux, papa insistait souvent sur l'importance de la nourriture saine que nous offre le Créateur. Il évoquait autant les nourritures pour le corps que celles pour le cœur et l'esprit. Parmi ces nourritures saines, on retrouve le silence et l'importance de prendre le temps d'écouter.

Quand les autorités ont forcé notre peuple à quitter la forêt, nous avons dû nous installer en ville. Notre père me disait alors : « Attention ! Ici, ton cerveau devra fonctionner deux fois plus vite que normal. Tu devras toujours être aux aguets, car tout ira très vite autour de toi. En ville, même si ton feu de bois s'éteint, il y aura toujours un lampadaire quelque part pour t'empêcher d'être dans le repos de la nuit. Jamais ton esprit ne sera parfaitement libre. Quand tu marches dans la forêt, tu ne perds pas tes traces, mais en ville, tout disparaît. Le contact avec l'amour de tes ancêtres est plus difficile à garder. »

La modernité a considérablement accéléré le mode de vie et les pensées des humains. Dans la vie de tous les jours, tout va maintenant tellement vite ! Personne ne prend le temps d'écouter. Le retour au silence et à un rythme plus lent est essentiel pour une bonne communication avec soi-même, avec les autres et avec la nature. Le bâton de parole est un prétexte pour ralentir la cadence et laisser les choses se dire en leur temps. Lorsqu'Arnaud parle du silence, il a bien raison, car ce n'est qu'à partir du silence de notre cœur que la parole juste peut émerger.

Peu importe votre croyance, il s'agit donc de se « connecter » à cette part de vous-mêmes qui est plus grande que vous. En réalité, la magie des cercles de parole provient de cette connexion profonde avec l'esprit. Le jour où les humains réapprendront à faire confiance à leur silence intérieur, leur parole sera transformée et le monde aussi.

Migwech (merci) !

Je passe maintenant le bâton de parole à mon frère Arnaud.

T8AMINIK RANKIN, KAPITEOTAK
Chef héréditaire *anicinape*

PREMIÈRE PARTIE

LA LUMIÈRE DES MOTS

PRÉAMBULE

PREMIERS MOTS

L'homme de Néandertal est apparu il y a 200 000 ans. Il lui faudra attendre 100 000 ans pour que la formation de sa mâchoire et de son appareil buccal lui permette d'articuler les premiers mots.

Son descendant, l'*Homo Sapiens,* devait disposer de mots suffisants lorsqu'il chassait en groupe, pour organiser les battues, nommer les différentes espèces et élaborer une stratégie pour les débusquer. Ainsi, les premiers mots prononcés par les hommes ont été probablement des noms d'animaux.

Ce sont ces mêmes animaux que peint l'*Homo Sapiens* sur les murs de la fameuse grotte de Lascaux, il y a 17 000 ans. Il y représente des aurochs, des sangliers, des chevaux, des cerfs. Peintures réalistes et très touchantes.

Un conférencier averti pourrait improviser plusieurs heures pour décrire la qualité des couleurs utilisées. Subtile palette de brun, rouille, terre de Sienne, orangé ; un hommage aux animaux qu'il chasse et qui le font vivre. Il y a 17 000 ans, l'auteur de ces fresques aurait-il été seulement capable de décrire ce qu'il peignait? De quel vocabulaire disposait-il pour cela ? Du reste, la peinture a-t-elle plus d'impact sur celui qui l'observe s'il dispose d'un vocabulaire pour la commenter ; ou la peinture se suffit-elle à elle-même pour transmettre une émotion dans le silence de l'observation ?

Plus tard, vers 10 000 ans av. J.-C., les premières activités agricoles se substituent à la cueillette. Pour s'y retrouver dans la jungle des végétaux, les hommes doivent reconnaître et nommer les différentes plantes. À ce stade encore, il faudra aux premiers hommes disposer d'un vocabulaire suffisant pour travailler la terre, semer, récolter.

L'histoire de la parole commence ainsi. Avant de se donner un nom eux-mêmes, ce qui n'arrivera qu'au Moyen Âge, nos ancêtres ont probablement utilisé les premiers mots pour décrire le monde animal il y a 20 000 ans, et le monde végétal il y a 10 000 ans.

Mais la relation sociale et sans vocabulaire des hommes entre eux et entre les différents règnes animal, végétal, minéral et invisible est plus ancienne. Les premières sépultures retrouvées datent de 100 000 ans. Certains objets y avaient été déposés : collier en dents de cerf, os de sanglier. Les rites étaient-ils silencieux, ou des sons permettaient-ils déjà de se dire adieu ?

PREMIÈRES LETTRES

Il faudra attendre quelques millénaires encore pour que l'homme forme les mots qu'il prononce. Il trace les premiers hiéroglyphes en Égypte et les tablettes mésopotamiennes environ 3 000 ans av. J.-C., puis les premières lettres en Chine et accède ainsi à l'écriture en 1300 av. J.-C. Le verbe, couché sur le papier, pourra plus facilement être diffusé avec l'invention de l'imprimerie au IXe siècle de notre ère.

Aujourd'hui, combien de langues parle-t-on dans le monde ? Environ 3 000, si l'on intègre les différents dialectes. Probablement autant sont tombées dans l'oubli.

Depuis la nuit des temps, le vocabulaire et la grammaire n'ont cessé d'évoluer, de s'adapter, partout dans le monde. Il n'existe pas une langue plus pure qu'une autre. Si le latin ou l'anglais ont su s'imposer plus facilement que le kazakh ou le bambara, ce n'est pas pour leur beauté, mais parce que les marchands et les voyageurs qui les faisaient connaître étaient plus nombreux, et leurs gouvernements, plus puissants pour les imposer comme langues officielles : comme l'Empire romain imposant le latin sur tout son territoire.

Difficile pour le senoufo, parlé sur la terre aride du Mali, le guarani, parlé sur les hauts plateaux de l'Amérique du Sud - des régions où les échanges sont peu nombreux - d'acquérir autant de diversité dans le vocabulaire et de complexité dans la grammaire que des langues universelles bâties comme se sont bâtis les empires.

C'est pourquoi, vivant en vase clos dans différentes parties d'Asie et d'Afrique, certaines populations communiquent au moyen d'une langue comportant à peine entre 300 et 600 mots.

La langue française en comporte entre 140 000 et 270 000, selon les filtres. Un Français moyen communique seulement avec 2 500 mots, 4 000 s'il est cultivé.

La parole n'est pas figée. Le latin, la langue de Molière et celle de Shakespeare ont pris elles-mêmes leurs sources dans d'autres langues plus anciennes, dont certaines ont été oubliées. N'en déplaise aux puristes qui figent la grammaire dans les encyclopédies de papier, la langue est faite pour évoluer et accompagner l'être humain dans son ascension.

Plus celui-ci élève sa pensée, plus les mots qu'il utilise seront lumineux. Plus l'homme s'aventure dans la complexité de ses sentiments en nuançant son expression, plus son vocabulaire devient riche et sa grammaire élégante.

Les mots servent à décrire une réalité observée à un moment donné. Une fois prononcés, ils ont une deuxième vie ; ils rebondissent, se reproduisent, et influencent à nouveau. Les mots ont leur propre trajectoire. Ils nous apparaissent en rêve, courent dans notre imaginaire, résonnent en silence dans le cocon de nos projets, rebondissent dans l'univers des possibles et passent à l'acte lorsqu'ils sont mûrs.

L'élégance du cœur donne au verbe sa grandeur. Quand le cœur s'ouvre, les mots s'embellissent. La parole du cœur permet, à celui qui l'entend, d'apaiser un chagrin, de croire en un avenir meilleur.

Il ne tient qu'à nous de choisir nos mots pour décrire la beauté devant notre regard. En dessinant le monde tel que nous le voyons, nous le laissons apparaître, le modifions et le partageons. Les plus beaux mots sont ceux qui nous permettent de nous rencontrer, de nous comprendre, de nous apprendre et de nous aimer.

CHAPITRE I

LES MOTS DU SOUVENIR

Les premiers souvenirs qui me viennent de mon enfance sont des souvenirs de silence, pas des souvenirs de mots.

Des après-midi entiers, je restais plongé dans des jeux solitaires à contempler la nature. J'écoutais plus que je ne parlais. Rester des heures en silence dans le jardin m'était agréable.

J'étais de ces enfants qui peuvent s'isoler un temps infini sur une balançoire à un rythme régulier, sans trouver le temps long. Un enfant qui pouvait suivre la progression d'une coccinelle sur l'herbe, sans s'ennuyer. Je passais de longues heures à caresser les chats, à observer les fleurs. Le silence m'était familier. J'aimais la terre autant que me taire.

Cette rencontre avec le silence était bien plus qu'une absence de mots. C'était une communion avec le sacré, un retour à ce qui me semblait être la source des sensations. J'avais l'intuition de venir du silence, d'avoir connu, dans un temps lointain, un espace où le verbe n'était pas essentiel pour communiquer. Je communiais silencieusement avec un petit peuple invisible qui me tenait compagnie.

Pour l'enfant que j'étais, mettre en verbe les vibrations, les sensations et les perceptions si riches ne pouvait être que limitatif et donc douloureux. Existait-il une autre forme de communication où l'on ne soit pas obligé de choisir entre un mot et un autre ?

Ce passage du silence à la parole était rendu d'autant plus délicat qu'à l'école j'étais fâché avec la grammaire et l'orthographe. Je ne savais jamais comment épeler un mot. Lorsque je devais parler d'eux, j'avais toujours peur de les trahir en ne les orthographiant pas correctement. Cela ne faisait que renforcer, dans mon esprit d'enfant, ce fossé entre le silence et la parole, et cette difficulté à choisir les mots pour traduire mes sentiments.

Je vivais comme une intrusion les moments où l'on me demandait de parler: intrusion à l'école quand j'étais interrogé, intrusion à la maison ou avec les amis quand on me demandait d'exprimer ce que je ressentais. Il me tardait de retourner dans mon ermitage du fond du jardin, où tout me semblait en harmonie, puisque silencieux.

À ce stade du récit, je précise que je ne souffrais ni d'autisme, ni d'aucune pathologie comportementale. Simplement d'une difficulté à vivre les mots comme seul trait d'union possible avec les autres.

Cette sensibilité était généralement interprétée par les adultes comme de la timidité. Pour eux, rien que de très banal. On me disait silencieux, sans s'inquiéter davantage de ce que ce silence abritait. J'étais un enfant timide. Les enseignants m'incitaient à m'exprimer. Dans mon for intérieur, je ne comprenais pas, car j'étais bien dans mon silence. Je craignais, en parlant, de briser ce fil invisible qui me reliait au sacré. Je redoutais d'atténuer cette sensibilité; comme un moine quittant sa retraite trahirait son vœu de silence.

Cette timidité m'a accompagné dans mon adolescence et jusque dans les premières années de ma vie d'adulte. Difficulté à dire ce que je ressentais, manque de naturel quand le verbe devait traduire ma pensée. Pour ne rien arranger, je m'étais acoquiné d'un léger cheveu sur la langue, qui me rendait difficile la prononciation des *Che* et des *Je*. Pas une pathologie qui aurait justifié la visite chez un orthophoniste, non, juste un léger chuintement qui avait beaucoup de charme aux yeux de certains et me rendait incompréhensible pour d'autres. Une difficulté – je ne le compris que des années plus tard – à affirmer haut et fort le mot «JE».

Au fil de mon adolescence, ma personnalité s'est complexifiée. J'étais bien dans mon silence, mais, lorsque c'était nécessaire, je souffrais d'une difficulté à m'en extraire. Or, je commençais à vouloir en sortir; car des groupes se formaient, et la parole était un sésame pour les rejoindre. Si on laisse généralement tranquilles les jeunes enfants silencieux tant qu'ils ne sont pas socialisés, dès lors qu'ils le sont, on leur demande de communiquer. Le silence devient difficile à intégrer dans une vie sociale. Pour le commun des adultes, un enfant qui se tait est un enfant qui cache un mal de vivre ; il faut l'aider à s'exprimer pour éviter qu'il n'en souffre.

Pour ma part, je gardais mes rêves d'ermitage, mais je craignais que ces rêves ne fassent désormais partie d'un passé révolu. Je prenais conscience qu'il fallait que je parle davantage si je voulais que ce monde me soit moins hostile. Le silence devenait inconfortable et je perdais progressivement de vue le chemin de ma grotte.

Lorsque je parlais, j'avais l'impression que mes mots sonnaient faux ; comme si c'était les mots d'un autre. Mon rire me semblait moins naturel, mon ton emprunté. Je préférais alors ravaler mes points de vue et ne savais bientôt plus exprimer mes préférences. Je cherchais ma voix, je cherchais ma voie.

J'étais gêné de dire. De plus, à la puberté, l'âge où la voix du jeune homme mue, il se sent comme déshabillé de son verbe lorsqu'il prononce un mot. Dans mon silence, tout était harmonieux. Mais lorsqu'il s'agissait de parler, j'étais encombré.

J'avais 16 ans. Cette difficulté à communiquer avait généré une fragilité dans ma scolarité qui me faisait, à un âge encore jeune, devoir abandonner mes études. Je quittai l'école trois ans avant le baccalauréat et deux ans avant ma majorité, sans avoir la moindre idée du métier que j'aimerais exercer. Je feuilletais, sans conviction, un catalogue offert par le Centre d'Orientation des Métiers décrivant les filières possibles sans le bac. Apprentissage, brevet professionnel, vie active, secrétariat, commerce… Je regardais ces descriptions de carrière, pleines de mots et vides de sens, sans réussir à me projeter dans aucune d'elles. Il me fallait pourtant envisager mon avenir.

Un jour de printemps, quelques mois avant la fin de l'année scolaire, une rencontre, inattendue comme un cadeau du ciel, allait changer radicalement mes perspectives.

Un ami me proposait de l'accompagner au club-théâtre de l'école. Il m'avait résumé cette aventure en quelques images, «*parler du théâtre à quelqu'un qui n'est jamais monté sur les planches, c'est comme parler du plaisir de nager à quelqu'un qui n'a jamais vu d'eau*», me répondait-il avec nonchalance lorsque, impatient, je l'interrogeais sur le contenu de cette nouvelle discipline qui me semblait si mystérieuse. «*Si tu sens un appel intérieur, viens mercredi! C'est tout.*»

Le mercredi, je m'entraînais au rugby. Non pas que j'aimais ce sport, mais j'étais déterminé à faire quelque chose pour renforcer la confiance en moi et entrer plus en contact avec les autres. Toutefois, quelques détails me gênaient dans le rugby: je n'aimais pas qu'on me pousse, ni qu'on cherche à me faire tomber; je n'aimais ni être dans la mêlée ni courir dans la boue pour prendre le ballon à des jeunes plus forts que moi. Mais plus que tout, je détestais la façon dont les uns et les autres s'interpellaient en hurlant. Je n'avais pas la vocation! J'abandonnai le rugby pour essayer le théâtre qui réunissait, semblait-il, des jeunes plus sensibles.

Je me rendais dans la grande salle polyvalente du lycée Marcelin Berthelot: une salle passe-partout dédiée aux remises de prix, au ciné-club... et au théâtre. Sur une estrade surélevée, un professeur faisait répéter à un groupe d'élèves attentifs la première scène d'une pièce de René de Obaldia. Pour décor, un vieux canapé, un porte-manteau, une porte bricolée en contre-plaqué maintenue par un tréteau, quelques accessoires et cinq acteurs ayant emprunté, qui un chapeau, qui une écharpe, pour mieux ressembler à un personnage d'une autre époque.

Dans ce décor fait de bric et de broc, des adolescents mettaient tout leur cœur à articuler un texte en regardant leurs partenaires dans les yeux. Ils se tenaient droits et dignes; ils portaient la voix. Leur verbe sonnait clair. Des jeunes hommes et des jeunes femmes se parlaient et s'écoutaient, comme s'il s'agissait là de l'acte le plus précieux. J'étais intrigué de suivre ces jeunes qui mettaient tant de sincérité à faire semblant d'être vrais.

Le théâtre m'ouvrait ses coulisses en me laissant assister à la genèse du verbe. Au théâtre, le texte d'un auteur naît dans un manuscrit. Il traverse la voix de l'interprète pour émouvoir le spectateur. L'interprète, lui, ne joue pas. Il est authentique dans la peau d'un autre.

Pour atteindre cette authenticité, il affine son corps, explore ses émotions par un entraînement assidu, il adoucit son verbe par des exercices d'articulation quotidiens. L'acteur fait sonner les syllabes, comme le pianiste fait ses gammes. Il devient neutre pour porter à la scène les mots qu'on lui prête. Il est capable de dire, sans état d'âme et avec une grande conviction, ce qu'on lui demande de dire. Que le personnage soit triste, et l'acteur pleure, qu'il soit gai, et il rit. Sur demande, l'acteur projette sa voix, fait les yeux doux. C'est de cette disponibilité qu'il acquiert son authenticité. Pour être juste, sa voix, son corps, son regard, ses mains sont comme autant d'instruments avec lesquels il se familiarise. L'acteur apprend à croire en ce qu'il dit pour que le public y croie, même si son texte a été écrit par un autre.

Ce spectacle soignait mon mal à dire. Aucune vision ne m'avait encore autant apaisé. Je pouvais enfin mettre un nom sur ma pathologie. J'avais un mal des mots !

La semaine suivante, j'apprenais qu'un acteur s'était désisté. Il restait un rôle pour la représentation du mois de juin ; nous étions en avril. Ma candidature était bienvenue : je le remplaçai au pied levé. Le fait que je ne sois jamais monté sur une scène n'apparaissait pas comme un handicap, mais, pour la première fois de ma vie, comme un défi, terme dont je relevais enfin le véritable sens. J'allais, par le théâtre, transcender mon mal à dire.

Ce mercredi d'avril, je découvris ce qui allait changer ma capacité à oser parler et à savoir dire. C'était à mon tour de monter sur scène et, le texte en main, de faire naître la voix de mon personnage. Je ne distinguais plus ce qui était vrai de ce qui ne l'était pas, ce qui venait de moi, ce qui venait de l'auteur. Je sentais en revanche que, pour la première fois, je pouvais parler haut et fort, articuler clairement. Au fur et à mesure, les frontières qui séparent le réel de l'imaginaire s'estompaient. En jouant pour de faux, j'apprenais à être vrai. Moi qui me sentais tellement maladroit à être vrai avec mes propres mots ! Moi qui avais tellement l'impression de parler faux, quand je voulais dire vrai, je réussissais enfin à parler vrai pour de faux.

Je n'étais qu'au début de mes surprises. Comme une chrysalide, je sentais une transmutation. Ce que je considérais comme *ma* timidité n'était-elle qu'un rôle ? Le théâtre allait apporter une réponse aux questions que je n'arrivais pas encore à formuler distinctement... Moi qui avais tellement de mal à choisir, à m'affirmer, à préférer ; moi qui manquais tellement de confiance ! L'art dramatique allait être une telle guérison que je décidai sur-le-champ d'y consacrer toute mon énergie.

Je m'engageais avec détermination dans cet atelier. Je le suivais avec une assiduité dont je me croyais incapable quelques semaines auparavant, car je n'avais jamais connu la passion. Je prenais très à cœur les conseils que me prodiguait l'animateur.

En récitant un texte sur plusieurs tons différents, à la façon de Raymond Queneau, monsieur Grenouilleau, notre maître, montrait aux élèves que le verbe dispose d'une musique interne ; qu'il chante, qu'il se ponctue. Il attachait autant d'importance à la musique du verbe qu'à son sens. Il apprenait la façon de faire chanter les voyelles et résonner les consonnes. « *Aime les mots que tu dis,* me répétait-il. *Ce n'est qu'en les aimant qu'ils sonneront juste ; n'aie plus peur de ton silence sur scène, c'est du silence que naissent les mots.* » Je me mis à aimer parler, à prendre du plaisir à articuler les phrases les plus complexes.

C'est en prenant du plaisir à faire chanter le verbe que je redécouvrais intuitivement l'orthographe de chaque mot. Cette pédagogie basée sur le plaisir et sur l'écoute pourrait inspirer les enseignants qui élaborent les programmes sur la contrainte et non sur le jeu.

Ce professeur nous apprenait à respirer. Il nous montrait que la vie est une fluide alternance entre l'inspire et l'expire, donner et recevoir, parler et écouter. Il démontrait que le verbe et le silence sont des alliés, qu'un bon acteur doit savoir se taire s'il veut apprendre à dire. Il enseignait à écouter la musique des mots, à être l'interprète du verbe qui dort en nous.

L'année suivante, certain d'avoir trouvé ma voie, je quittais l'école pour le théâtre. Nourri d'une véritable passion, je me fis rapidement engager comme accessoiriste dans une compagnie, puis comme régisseur, éclairagiste. Deux ans d'art dramatique et je passais de l'autre côté du rideau pour devenir acteur. Métier avec lequel j'ai commencé à gagner ma vie dès l'âge de 19 ans et pour les vingt-cinq ans qui allaient suivre. Tour à tour acteur pour le théâtre, puis la télévision, animateur et réalisateur pour la radio, metteur en scène, administrateur, directeur de théâtre.

La rencontre avec des metteurs en scène et des dramaturges m'a transmis l'amour des mots et la conscience de leur grandeur. Je n'ai jamais entendu un adulte raconter une histoire avec autant de cœur que peut en mettre un acteur. Même l'histoire d'un autre, même une histoire totalement anecdotique, même une histoire fictive peut nous toucher et nous émouvoir dès qu'elle est dite avec sincérité. Plus l'acteur est convaincu, plus il entraîne son public sur toutes les routes de son imagination.

Jeune acteur, je ne me lassais pas, dans les coulisses des théâtres, d'écouter ces doyens qui partageaient le récit de leur carrière. Ces histoires résonnent encore à mes oreilles. Ce n'est pas tant leurs anecdotes qui me reviennent, mais une articulation claire, une diction sans faille, un élan à tout rompre quand ils racontaient, pour la vingtième fois, comment ils s'étaient sortis d'un trou de mémoire sur une scène ou de leur fou rire dans un monologue tragique. Ces comédiens d'une autre époque avaient l'art de faire vibrer les consonnes et de claquer les voyelles. Ils savaient entretenir le suspense en suspendant le silence, ils savaient accélérer leur débit, le ralentir, clôturer leur histoire et recueillir les applaudissements. Même en dehors de la scène, ces doyens restaient de grands acteurs.

Quand je repense à ces moments, je me souviens de leur ton magistral. C'est le rythme qui résonne encore plus que les mots eux-mêmes, et je me retrouve, vingt-cinq ans plus tard, à fredonner une rengaine dont j'aurais oublié les paroles. Ce rythme communicatif et enflammé me revient lorsqu'aujourd'hui, moi-même, je parle à un groupe. Parler serait-il autant une question de mots qu'une question de musique, de rythme ? Qu'est-ce qui nous touche dans une histoire contée ? Ses mots ou l'énergie qui la porte ?

L'APPRENTISSAGE DU VERBE

Il m'aura fallu pratiquer le théâtre pendant des années, répéter les exercices de diction les plus rébarbatifs, il m'aura fallu travailler ma voix pour qu'aujourd'hui, lorsque je donne une conférence, je puisse prendre du plaisir à articuler haut et fort, qu'il y ait dix personnes ou qu'il y en ait trois cents.

Il m'aura fallu apprendre les textes du répertoire, me confronter à la structure exigeante des alexandrins, des épopées, des métaphores, des drames, des comédies, pour retrouver le goût du verbe et pouvoir aujourd'hui dire ce que j'ai à dire en toutes circonstances émotionnelles.

Il m'aura fallu assouplir mon corps, prendre le temps de le connaître, apprendre l'ancrage et la respiration pour ne plus avoir peur de me déplacer sur une scène, de regarder un public en silence, quels que soient la taille de la scène et le sujet de la causerie.

Aujourd'hui où je donne des conférences toute l'année, je retrouve à chaque fois que je prends la parole le trac de l'acteur sur la scène. Seulement, ce n'est plus un trac paralysant qui me donne envie de me cacher, c'est devenu, au contraire, une énergie vivifiante qui me donne envie de me dépasser. Prendre la parole est devenu un plaisir, un art, mais aussi une technique dont je crois désormais maîtriser la partition.

Par la suite, à travers les stages que j'anime, j'ai accompagné celles et ceux qui sont exposés à ce délicat exercice de la prise de parole en public. Qu'il s'agisse de dirigeants, de politiciens, d'avocats, d'enseignants, je les ai observés parler, j'ai repéré les moments où ils vacillaient, les moments où ils cherchaient leur texte. J'ai repéré, dans leur regard et à la moindre modification de leur visage, à quel moment ils doutaient d'eux-mêmes et perdaient confiance, et à quel moment ils réussissaient à convaincre une assemblée parce qu'eux-mêmes étaient convaincus. J'ai appris à débusquer les tricheurs, même quand ceux-ci sont persuadés de dire la vérité. Être comportementaliste, c'est observer pendant de longues années, avec bienveillance et discernement, le comportement de ses contemporains.

Ces contemporains, qui parlaient sur des scènes, j'ai décrypté le moindre de leurs gestes. J'ai appris à deviner sur quel levier s'appuie un dirigeant pour convaincre, un politicien pour séduire. J'ai compris, je crois, sur quoi reposent le charisme, la présence, l'authenticité.

J'ai appris à décrypter les mots et leur sens caché. J'ai appris à les chanter, à les faire rimer, à les honorer. J'ai appris à les respecter tellement ils sont précieux. Les mots sont la clé des échanges, des rencontres et de la réalisation. J'ai vu combien ils pouvaient servir à échafauder un point de vue, un projet.

J'ai pris conscience de l'influence que peut avoir une simple phrase ; sur nous, sur l'autre et sur le monde. Le verbe est sacré. Les mots ont une puissance qui se développe au fur et à mesure qu'on les apprivoise. Lorsqu'on aime les mots, on aime la vie, puisque les mots créent la vie.

J'ai vécu une telle intimité avec les mots que j'en suis tombé amoureux. Tellement amoureux des mots qu'un jour, comme une évidence, je suis tombé enceint… de ce livre.

CHAPITRE II

OSER PARLER ET SAVOIR DIRE

Votre vie quotidienne est émaillée de situations pour lesquelles le fait de parler en restant détendu, de vous exprimer avec une diction claire et des arguments précis est un atout.

Qu'il s'agisse de vous présenter à l'occasion d'une réunion, d'appeler vos beaux-parents pour les avertir que vous décommandez le week-end prochain, de passer un examen oral, d'avoir un entretien d'embauche, de ramener au magasin un article défectueux, il vous faut maîtriser votre parole pour que vos idées soient comprises.

L'art de trouver le mot juste influence chacune de vos relations. Un matin, vous regardez votre adolescent prendre son sac pour partir à l'école. Vous vous êtes disputés la veille. Il n'a pas l'air dans son assiette. Il y a une distance entre vous. Vous aimeriez vous réconcilier, recréer un lien. Mais alors que vous cherchez les mots pour lui dire que vous l'aimez, il claque la porte.

Et puis, dimanche, vous allez jouer au bowling. Votre copain d'enfance vous nargue avec quelques blagues qui amusent la galerie, mais que vous trouvez du plus mauvais goût. Vous aimeriez lui dire que vous êtes blessé, sans pour autant passer pour un rabat-joie.

Enfin, cet autre ami qui vous téléphone pour vous raconter ses peines de cœur. Cela vous brûle les lèvres de lui dire que vous n'êtes pas disponible. Mais vous n'osez pas l'interrompre. Les situations pour lesquelles oser parler et savoir dire est un atout sont nombreuses.

À l'école, nous apprenons la géographie, l'histoire, les mathématiques, mais pas, ou si peu, à dire sincèrement et spontanément ce que nous ressentons.

Il n'est pas suffisant de vous concentrer sur ce que vous avez à dire sans prendre conscience de la façon dont vous pouvez le dire ; car, nous allons le voir, la forme de votre message revêt autant d'importance, si ce n'est plus, que le fond.

Je suis toujours surpris d'entendre des personnes faire si peu de cas de leur communication : « *Je m'exprime peut-être mal, mais peu importe, il m'a bien compris. Je suis brut dans ma forme, mais le fond est là.* » Cette façon de concevoir la relation est à l'origine de bien des conflits qui pourraient être évités.

Les sonates de Mozart ont beau être des chefs-d'œuvre, elles seront inécoutables pour les plus mélomanes d'entre nous si elles sont jouées sur des instruments désaccordés ou diffusées sur une vieille sono au son saturé.

Même un beau paysage pris en photo, s'il est mal cadré, ne donnera qu'un cliché quelconque. Votre paysage intérieur est précieux et mérite que vous maîtrisiez les outils pour le révéler à votre entourage.

SILENCE, ON PARLE !

Lorsqu'il s'agit de prendre la parole, certains sont très à l'aise : qu'il y ait trois ou cent personnes, que leur discours soit minutieusement préparé ou totalement improvisé, ils ont l'art d'attirer l'attention dès les premières secondes. À peine ont-ils prononcé les premiers mots qu'ils affichent l'air confiant de ceux qui savent convaincre avec des mots choisis. On dit d'eux qu'ils sont de bons communicants, qu'ils ont du charisme.

Ces orateurs-nés peuvent balayer une assemblée du regard sans jamais baisser les yeux. Gestes clairs, respiration profonde, diction précise : tout dans leur attitude traduit une grande confiance. C'est justement cette assurance qui nous rassure et nous donne envie de les suivre. Car la parole est contagieuse. Elle galvanise l'action et lui donne du sens.

Lorsque ces orateurs s'adressent au public, ils établissent un vrai contact avec chacun, ne précipitent rien. Ils ne craignent ni les envolées lyriques ni les silences poétiques.

D'une façon spontanée, ces hommes et femmes charismatiques amorcent souvent leur discours en choisissant dans leur mémoire une anecdote qu'ils déroulent avec autant de fluidité que coulent les pages d'un bon roman.

Brillants dans tous les domaines, même ceux qu'ils découvrent à peine, ces orateurs sont aussi à l'aise avec les chiffres qu'avec les mots. Ils citent les dates de l'histoire sans consulter de fiches. Beaucoup paraphrasent de mémoire quelques grands penseurs, comme Platon ou Aristote. Ils côtoient, par leur discours, les philosophes de l'Antiquité.

Qu'ils décrivent les conquêtes d'Alexandre le Grand ou le premier voyage sur la lune, tout, dans le récit qu'ils en font, nous laisse croire qu'eux aussi étaient du voyage, tellement il se dégage de leur propos un parfum d'authenticité.

Chez les communicants convaincants, chacun a son style ! Certains orateurs excellent dans les effets de manche ; ils aiment le relief, les épopées, le lyrisme ; ils articulent chaque mot d'un air magistral. D'autres ont la sobriété du verbe juste et l'économie du mot. Nonchalants, par nature, ils séduisent justement parce qu'ils ne font rien pour séduire. Ce sont de grands orateurs qui convainquent davantage par ce qu'ils sont que par ce qu'ils disent. Ils parlent vrai, sont authentiques jusqu'au bout des ongles.

Quel que soit leur style, c'est parce que les grands orateurs ne ressemblent à personne d'autre qu'ils ont du charisme. Qu'ils soient théâtraux, énigmatiques, pragmatiques ou poètes, ces communicants talentueux ont en commun une qualité plus facile à définir qu'à obtenir : ils ont du charisme. On aime les écouter parler, car ils savent bien se dire.

Dans la vie publique, ce sont eux qui séduisent les journalistes. Qu'ils soient politiciens, artistes ou entrepreneurs, leurs arguments sont aussi pertinents que leur verbe est clair.

Dans la vie privée, on retrouve ces parleurs charismatiques dans les soirées ; c'est vers eux que se tournent les invités lorsqu'une conversation débute. On apprécie leur avis sur la politique, le sport ou le dernier film. Ils n'hésitent pas à prendre position, à s'insurger, à hausser le ton tout en maintenant un rythme harmonieux et des arguments précis.

Lorsqu'il s'agit de séduction, ce sont encore vers eux que se tournent les jolies femmes. Leur verbe est fluide, leur regard assuré, leur sourire confiant. Ils ont l'art de tricoter les mots. Ces communicants deviennent séducteurs, charmeurs, mais jamais dragueurs. Ces orateurs ont tout pour eux ! Pas de doute ; ils osent parler et savent dire.

SILENCIEUX MALGRÉ EUX

Pour d'autres, au contraire, prendre la parole est inconfortable. Ce n'est pas qu'ils n'ont pas d'opinion ; c'est qu'ils préfèrent la garder pour eux, ou ressentent des difficultés à l'exprimer.

Certains se jettent à l'eau, car les mots leur brûlent la bouche, mais dès qu'ils prennent la parole, ils font preuve de confusion ; leur esprit s'agite, ils sont envahis par des bouffées de chaleur, leur respiration devient saccadée. À voix haute, ils n'arrivent plus à structurer leur pensée tant l'émotion les submerge. Ils ont tellement peur de mal dire, de n'être pas compris, que leur verbe se perd dans une articulation maladroite et un rythme trop rapide.

Pour ne pas s'exposer, certains ont pris l'habitude de garder le silence. Ils préfèrent écouter. On dit de ceux-là qu'ils sont timides, introvertis ; parfois aussi, on les trouve taciturnes.

Tous les silencieux ne sont pas tristes pour autant ! Bien au contraire. Le silence n'est pas plus l'apanage de la timidité que la parole ne l'est de la joie. Si le silence est le compagnon des timides et des introvertis, il l'est aussi des grands contemplatifs, des adeptes de la méditation et des moines, qui ont compris que la rencontre avec Dieu ne peut pas avoir lieu dans le brouhaha des échanges d'opinions, mais dans la solitude et dans le silence.

C'est à la densité de son silence que l'on mesure la profondeur de l'être qui ne dit mot.

Dans certaines situations, le fait de savoir garder le silence, sans se justifier, témoigne d'une grande confiance en soi. Beaucoup de timides se forcent à entretenir la conversation, justement parce qu'ils ne sont pas à l'aise dans le silence. Le silence est intime et demande de l'assurance pour être partagé.

L'excès de paroles peut cacher un timide qui manque de confiance en lui. Comme le silence peut abriter un grand orateur qui se tait.

Il faut du discernement pour reconnaître quand le verbe est juste et quand il ne l'est pas. Il en faut autant pour reconnaître si le silence est naturel ou lourd.

Certains vivent dans un silence religieux, tels des moines ou des yogis. Il émane d'eux une grande présence et du charisme ; leur regard est profond. Ils parlent peu, mais lorsqu'ils parlent, la clarté de leur verbe impressionne les bavards qui aimeraient alors savoir se taire.

La clarté du verbe naît souvent de la qualité du silence qui le précède. La parole simplifiée fuse alors comme une flèche lorsqu'elle est exprimée. Quelques mots bien sentis suffisent à impressionner l'auditoire bien mieux que de longs exposés.

La clarté de la pensée se marie bien avec la parcimonie des mots. Un esprit clair est un esprit calme ; et le calme mène au silence, naturellement.

On ne peut associer systématiquement la confiance en soi à la parole et le doute au silence. Il y a autant de différences chez les parleurs qu'il y en a chez les silencieux.

LA PART DU LION POUR LES BEAUX PARLEURS

Pourtant, dans les soirées, dès lors qu'il est question de désigner quelqu'un pour prendre la parole, on choisit toujours les mêmes. C'est toujours aux mêmes orateurs que revient ce mérite d'exprimer au grand jour ce que chacun ressent dans son intimité.

Si les orateurs-nés font le bonheur des uns, ils en agacent d'autres. Lorsqu'un certain public se réjouit et applaudit, un autre assiste aux prestations des forts-en-verbe en ruminant un sentiment d'injustice: « *Pourquoi ce n'est pas moi qu'on applaudit? Pourquoi est-ce que je n'arrive pas à m'exprimer? Pourtant, j'en aurais autant à dire!* »

Pour ceux-là, parler demande un effort. Ce n'est pas qu'ils n'ont rien à dire, mais le fait de prendre la parole en public leur donne des sueurs froides. Ils auraient tant à exprimer; mais la parole n'est pas leur point fort, encore moins en mode discours. Échanger quelques arguments autour d'un café entre amis passe encore, mais prendre la parole, seul, devant dix ou quinze personnes sans être interrompu, c'est trop! « *Je ne suis pas un acteur!* » pensent-ils. Ils peinent à demander, à réclamer, à choisir, à affirmer.

Ce décalage entre ceux qui aiment parler et ceux qui préfèrent se taire peut apparaître comme une injustice; d'autant que, dans les entreprises, les postes de responsabilité, les fonctions de management, de représentation reviennent plus naturellement à ceux qui ont le verbe haut et l'argument facile qu'à ceux qui se taisent et ne savent pas s'exprimer clairement. On donne ces postes clés à ceux qui savent convaincre par leurs mots qu'ils ont la capacité de les honorer, à ceux qui savent créer un réseau et communiquer.

Aujourd'hui, la facilité à prendre la parole en public, l'aisance relationnelle, la compétence à animer une réunion, à négocier dans les moments conflictuels, ont autant de prix dans l'évolution d'une carrière que l'ancienneté ou que certains diplômes techniques.

Pour ceux qui ne sont pas dotés de ces qualités d'orateur, ce constat peut être vécu comme une injustice, à tel point que le fait même de maîtriser l'oral apparaît, aux yeux de ceux qui ne le maîtrisent pas, comme un défaut, une tare. « *On lui a donné ce poste simplement parce qu'il sait causer. Ça, pour parler, ils sont forts! Mais quand il s'agit d'agir, où sont-ils, ces beaux parleurs?* »

On reproche à certains de savoir s'exprimer comme on reprochait hier à nos copains d'école d'être avantagés par un physique flatteur: « *Facile de faire des conquêtes, avec le physique qu'il a ! C'est un vrai séducteur !* » Aujourd'hui, on peut entendre : « *Elle doit son poste à son bagout, elle a joué de sa séduction.* » Comme si le fait de savoir parler était incompatible avec le fait d'agir intelligemment.

ÉGALITÉ FACE AU VERBE

Notre civilisation conserve dans sa mémoire les traces d'un monde (pas encore révolu) où ceux qui savent communiquer utilisent le verbe pour dominer et abuser ceux qui ne savent pas disserter.

Dans notre histoire, il y a toujours eu, d'un côté, ceux qui maîtrisent le verbe ; ce sont les notables (c'était autrefois le curé, le maire, le médecin et l'instituteur du village) ; ils occupent les fonctions de pouvoir: la religion, la justice, la médecine et l'enseignement. Ce sont aujourd'hui les politiciens, les managers, les grands leaders d'influence, les penseurs. Ce sont eux qui décident, légifèrent, administrent, représentent. Leur influence tient en partie à leur panache.

Et puis, il y a les autres, les ouvriers, les artisans, les agriculteurs, ceux qui utilisent non le verbe, mais leurs mains dans l'expression de leur art. Ceux qui préfèrent agir en silence plutôt que de palabrer de longues heures.

Pour ceux-là (que les Québécois appellent familièrement les « taiseux »), parler est difficile. Difficile de communiquer dans la sphère professionnelle devant un public nombreux ou de livrer ses sentiments, quand la relation devient trop intime et qu'il faut parler de soi.

Pour ces taiseux-là, il n'est pas aisé d'exprimer avec des mots simples la complexité de leurs sentiments ; il est difficile de répondre à un argument avec lequel, pourtant, ils ne sont pas d'accord. Ils n'osent parler et ne savent pas dire. Murés dans un silence qui semblerait presque confortable si leur respiration ne trahissait leur malaise, ils se referment comme des huîtres lorsque l'émotion les saisit. Ils se crispent quand on voudrait qu'ils s'expriment. Ils se liquéfient si on insiste pour qu'ils argumentent. Ces silencieux-malgré-eux vivent ce partage de leur intimité verbale comme un viol de la parole. Ceux-là préfèrent dire avec le regard, avec les mains, avec des fleurs… « *Je ne dis rien, mais tu m'as compris.* » « *On se parle avec les yeux, on n'a pas besoin de mots entre nous* », répètent-ils souvent à des interlocuteurs perplexes devant la complexité de leur attitude. Le langage, s'il n'est ponctué de mots, peut être source de malentendu, même lorsque l'on s'aime.

Souvent, ils ne savent exprimer qu'approximativement ce qu'ils ressentent… « *Ça me va* », « *Ça me déplaît* », sans rentrer dans la diversité des nuances émotionnelles qui pourtant les habite. Ils ne savent ou n'osent dire ce qu'ils préfèrent ou ce dont ils ont besoin. « *À quoi bon dire ? Ça change quoi de parler ?* » Souvent, ces blessés-de-la-parole ont eux-mêmes été peu écoutés par le passé et préfèrent désormais se taire plutôt que de prendre le risque d'exposer un verbe enterré depuis trop longtemps. Une façon de ne pas poser des arguments avec lesquels tout le monde ne serait pas d'accord ; une façon d'éviter le conflit, sans forcément réaliser que le conflit est en eux.

TROP BAVARD POUR ÊTRE HONNÊTE

Si on se méfie de celui qui parle trop bien, c'est que le pouvoir se nourrit de paroles. Les grands dictateurs de l'histoire n'étaient-ils pas aussi de grands orateurs ? Le fait même de maîtriser l'oral, d'avoir de la répartie, du panache, de savoir convaincre apparaît aux yeux de beaucoup comme le signe d'un vice caché, d'une malhonnêteté, d'une puissance dont on ne connaît pas les limites.

On se méfie du commercial qui contre-objecte systématiquement chacune de nos réserves, comme on se méfie du politicien qui fait de belles phrases en campagne électorale : « *Ne l'écoute pas, celui-là ! Il vendrait sa mère, tellement il veut être élu.* » On se défie de l'expert de la parole, du prince de la rhétorique, alors qu'on admire celui qui excelle dans la lutherie, la menuiserie ou le tir à l'arc. L'art de sculpter les mots ne demande-t-il pourtant pas autant d'habileté que l'art de sculpter le bois ou le fer ? Mais rien n'est palpable dans le verbe, c'est ce qui le rend suspect.

LE VENT DES MOTS

Les mots pèsent-ils moins lourds que les actes ? Quand se termine le discours de l'expert, il ne reste rien de tangible, rien de visible si ce n'est la sensation d'un changement indicible, sans pouvoir définir plus précisément ce qui nous touche dans le vent des mots.

Face au beau parleur, beaucoup demeurent impuissants à reconnaître le bon grain de l'ivraie.

Si notre interlocuteur est bon orateur, on n'hésitera pas à parler de charlatan, d'esbroufeur, de bluffeur. À l'origine, le charlatan est celui qui utilise le verbe pour abuser son public et lui vendre des remèdes qu'il n'achèterait pas autrement. L'étymologie de charlatan est le mot italien *ciarlatano* : celui qui babille, parle à tout va.

Le fait de bien parler peut être vécu comme un atout ou un accroc à la sincérité. Combien d'hommes politiques l'ont-ils compris ? Orateurs aguerris, ils tentent de se redonner une image plus proche du « petit peuple » en jouant au populaire, à l'authentique. Ils jouent d'une sincérité factice pour humaniser un discours, par ailleurs figé.

Normal ! On évite le beau parleur, dont l'aisance traduit certainement une malhonnêteté, persuadé que ce charmeur veut nous embobiner. C'est le prix à payer ! Plus son verbe est fluide, plus l'orateur doit soigner sa sincérité.

Pour celui qui peine à trouver les mots pour exprimer sa pensée, pour celui qui a pris l'habitude de se taire, la trop grande fluidité du verbe signifie souvent mensonge ou manipulation. « *Le charlatan qui maîtrise la parole peut-il s'en servir pour me manipuler ?* se demande-t-il. *Je n'aurai jamais la répartie suffisante pour me sortir de son verbiage.* » L'introverti préfère alors éviter purement et simplement le contact avec le bavard. Cette situation est particulièrement présente en politique, dans la justice, en médecine : partout où l'auditeur doute de son savoir et où il redoute de se laisser séduire par le beau parleur. Combien de fois ai-je entendu en stage, alors que j'enseignais aux participants les secrets de l'art oratoire et les fondements du charisme : « *Ne risque-t-on pas de devenir un manipulateur à parler comme un acteur ?* »

Manipulateur ! Le mot est lâché ! Comment bien connaître les ficelles de l'art oratoire sans être un manipulateur ? « *Si je maîtrise mes émotions et décrypte les comportements, ne vais-je pas en user pour manipuler ? Je tiens à rester authentique !* » s'interrogent certains stagiaires réticents. Peut-on rester authentique si on maîtrise les partitions de la parole ?

De la même façon qu'on se méfie de celui qui gagne beaucoup d'argent, on se méfie de celui qui maîtrise le verbe, car l'un et l'autre sont à la clé de tous les pouvoirs et de tous les succès.

LE PRIX DES MOTS

L'argent permet d'acheter les objets et souvent les hommes, de créer, de construire, de fédérer, d'influencer. Tout comme la parole permet de séduire, de décourager ou de motiver, de séparer ou de réconcilier…

La bonne parole est un vecteur profond de transformation, d'enseignement, d'initiation. Certains mots entendus lorsqu'ils viennent du cœur peuvent changer une vie, à tout le moins un point de vue.

Combien de villes ont été visitées parce que des voyageurs en ont si bien parlé qu'ils ont éveillé notre curiosité ? Combien de personnalités ont été mises au ban de la société parce que des journalistes en ont fait leur bête noire ? Combien d'auteurs, de réalisateurs, de metteurs en scène se sont effondrés à la suite d'une critique désastreuse ou d'une rumeur calomnieuse ? Combien de ces mêmes artistes ont été réhabilités après un article dithyrambique ? Il ne s'agissait pourtant que de mots, faits de voyelles et de consonnes, de simples lettres couchées sur un papier journal ou prononcées au micro d'une radio. C'est en toute connaissance de cause que les politiciens, les leaders, les publicitaires utilisent la presse - considérée comme un véritable pouvoir - pour véhiculer leurs idées, leurs paroles, leurs mots.

«*Nous n'existons qu'à travers le regard des autres*», disait Roland Barthes. Quelle est alors cette partie de nous qui vit, à partir de ce que les autres perçoivent, de ce qu'ils ressentent et de ce qu'ils en disent?

De Diogène à mère Teresa, de Sakyamuni à l'abbé Pierre en passant par Gandhi et Nelson Mandela, combien d'êtres de lumière ont fait vœu de pauvreté pour mieux transmettre l'incommensurable richesse des mots? Combien de penseurs, de philosophes, d'artistes ont délaissé un monde matériellement faste pour mieux honorer l'immense richesse du verbe, établissant, par leur dénuement, qu'on peut changer le monde autant avec des mots qu'avec des dollars?

LA GUERRE DES MOTS

De tout temps, les joutes verbales ont permis aux uns, comme aux autres, d'asseoir leur domination, lorsque les joutes physiques ne suffisaient pas à départager les clans.

Le verbe peut être considéré comme une arme! À l'époque des Celtes, les bardes n'étaient pas que des musiciens, errant une lyre à la main à la fin des banquets. C'étaient des druides à part entière. Les bardes étaient si habiles avec l'art du verbe et avec la musique des mots qu'au moment des combats ils étaient en première ligne sur les champs de bataille.

C'est ce que narre Diodore de Sicile, un contemporain de César: «*Non seulement les bardes étaient sollicités dans les nécessités de la paix, mais encore et surtout dans les guerres. Ils étaient des poètes lyriques accompagnés d'une harpe qui chantaient tantôt des hymnes, tantôt des satires. Ils utilisaient tout leur art à l'occasion des guerres. Sur les champs de bataille, au moment où les armées s'approchent, les épées* *nues, les lances en avant, ces bardes s'avancent au milieu des adversaires et les envoûtent, comme on le fait avec les bêtes farouches avec des enchantements. Ainsi chez les barbares les plus sauvages la passion cède à la sagesse et Arès respecte les Muses*.* »

LA VOIX DE LA DISCORDE

Si tant d'êtres de lumière ont été de grands prêcheurs, beaucoup de dictateurs ont été aussi de grands communicants. Nous avons pu voir, dans notre siècle, des tyrans derrière leur tribune pour réunir autant que pour diviser, pour attiser les peurs, pour semer le doute et la discorde. D'Hitler à Mussolini, de Bokassa à Kadhafi, le verbe fédère les armées quand il s'agit de renverser un pouvoir en place.

La parole est si puissante, le charisme si électrisant, qu'un seul mot peut modifier l'existence de millions de personnes. Combien de ces dictateurs ont réussi à manipuler une nation entière, combien ont conduit des peuples à la guerre, par la foudre de leur parole et la force de leur conviction.

La parole toxique nous suit dans l'intimité. Les mots d'un intime peuvent nous faire douter de nous, nous faire nous sentir moins désirable, moins beau ou même malade, lorsqu'ils sont prononcés à des fins malveillantes. « *Je trouve que tu as perdu de ton charme.* » « *J'aimais mieux comme tu étais avant.* » Quelques phrases suffisent parfois à ébranler notre assurance.

La parole peut persuader certains de commettre des actes de violence, en réveillant les peurs les plus archaïques. Nombre de violeurs, de criminels et de terroristes ont réussi à convaincre leurs complices de les suivre par des arguments bien agencés et une rhétorique parfaite.

Les discours d'Hitler fascinaient, autant par les arguments qu'ils contenaient que par la puissance de conviction de l'orateur. « *Un homme si convaincant ne peut être dans l'erreur* », ont pensé

* Bibliothèque historique, V, v. 31.,

ceux qui l'ont suivi. La parole est si puissante qu'elle devient parfois prophétie lorsqu'elle est portée par l'énergie du désespoir. Le 18 mars 1314, sur le bûcher, Jacques De Molay, le dernier des Templiers, clame à la foule et à l'adresse du pape: « *Clément, juge inique et cruel bourreau, je t'ajourne à comparaître dans quarante jours devant le tribunal du souverain juge, et toi aussi, roi Philippe, je te maudis sur 13 générations.* » Quarante jours plus tard, le pape Clément succombe d'une affection intestinale après avoir ingurgité un plat d'émeraudes pilées destiné à le guérir. Quelques jours plus tard, le roi Philippe Le Bel meurt à son tour au cours d'une chasse au sanglier. S'ensuit la lignée des rois maudits.

Notre esprit est tel un terreau: les opinions, les idées, les concepts sont ces graines, semées parfois à la volée, parfois minutieusement entretenues. Chaque parole est une graine et l'esprit humain est si fertile!

Certaines phrases d'espoir sont comme des graines semées. La phrase « *I have a dream* » de Martin Luther King et le « *Yes we can!* » de Barack Obama sont nés d'une conviction inébranlable de leurs auteurs et ont été transmis avec tant de persuasion que des millions d'Américains les ont suivis.

Le verbe n'est rien et il est tout. Les mots sont des lettres assemblées, de simples lettres qui prennent sens à partir de notre intention. Les mots sont comme des couleurs. Séparément, celles-ci n'ont aucune valeur, pourtant, réunies, elles forment un symbole, une image, un drapeau… source de guerre ou de paix.

Le verbe est neutre. Ce n'est pas le verbe qui peut être remis en question par ceux qui craignent d'être manipulés, mais l'intention qui nous fait l'utiliser. La parole est comme l'argent de l'investisseur ou le rasoir du barbier. Elle ne tient qu'à un fil; et c'est ce fil de la relation que nous tissons par l'intention et par les mots.

Plus rapide à reconvertir que ne l'est l'or en lingot, le verbe est l'un des leviers les plus puissants de la réussite, si ce n'est le plus puissant. Le prologue de l'évangile selon saint Jean nous le rappelle: « *Au commencement était le Verbe, et le Verbe était en Dieu, et le Verbe était Dieu. Il était au commencement en Dieu.* »

CHAPITRE III

LE VERBE CRÉATEUR

Si elle réussit à capter notre attention, une parole peut pénétrer notre esprit et changer toute une croyance, en mieux ou en pire.

EXTRAIT DU PREMIER ACCORD TOLTÈQUE

Le verbe crée sans être vu. Il est audible par son chant, mais invisible comme la pensée, ce qui le fait agir sur les plans physique, mental et spirituel. C'est ce chevauchement sur plusieurs strates qui en fait l'agent de transformation de l'invisible en visible, qui donne au verbe tout son pouvoir de création. L'oraison (ou prière à haute voix) n'est-elle pas le chemin le plus direct d'accès au Divin ?

« *Comment parler aux hommes, comment trouver les mots qui mènent au-delà des mots ?* » demandait Saint-Exupéry avant d'entrer dans le silence éternel. C'est là le tourment de tout homme qui souhaite parler, non pour entretenir un vain bavardage, mais pour échanger, pour communier avec ses frères et sœurs sur la terre à une vérité plus vivante en lui que lui-même. Où sont les paroles qui atteignent l'être à sa source ?

« *L'essentiel est invisible pour les yeux* », dit l'auteur du *Petit Prince*. « *On ne voit bien qu'avec le cœur.* » Lorsqu'on est amoureux, le silence est si fort, la complicité si totale, qu'aucun mot ne sort de notre bouche. C'est une félicité que nous partageons de cœur à cœur. Une harmonie complète. Que dire de plus ? Rien, si ce n'est de goûter le silence des mots !

Mais comment trouver les mots de paix, certains jours, lorsque vous êtes dans le doute, lorsque vos interlocuteurs vous semblent fermés, désagréables ou malveillants ? Lorsque vous êtes contrarié, lorsque vous vous sentez humilié, vexé ou en danger ? Comment rester en lien avec la beauté de votre âme, lorsque votre cœur a été affecté par des mots blessants ? Dans ces moments où les cœurs sont fermés, il est plus facile d'échanger des arguments, de débattre, d'afficher en quoi vous êtes en désaccord, que d'offrir le verbe comme un don, une réconciliation, une fenêtre ouverte sur la beauté de l'âme et sur la paix des cœurs. Plus facile d'afficher votre opposition envers quelqu'un que de lui faire le cadeau de votre intimité.

Cette difficulté à parler avec le cœur n'est pas vraie qu'avec vos ennemis ; parfois, vous vous disputez avec les personnes qui vous sont chères : vos enfants, votre compagne. Bien que ces relations soient précieuses, lorsque les cœurs sont fermés, le verbe sacré est pollué de bavardages, de papotages, de conversations stériles, d'échanges d'opinions, sans aucune autre intention que celle de se distinguer de l'autre, de montrer sa différence.

Trop souvent, le verbe sépare là où son essence est de réunir, de rassembler, de bâtir. Le verbe se laisse aimer par qui ose l'apprivoiser. Le verbe est à la source de toute spiritualité, de tout développement personnel et de toute transformation.

Les occasions sont nombreuses pour parler de soi, des autres, du monde tel que vous le voyez, de ce qui vous entoure. Vous créez ainsi votre propre potentialité qui devient réalité à partir de l'image que vous en avez. Cette transformation passe des images aux mots.

Lorsqu'un collègue vous dit : « *Tu as mauvaise mine ce matin, tu es sûr que tu vas bien ?* » vous pouvez vous mettre à douter. S'il insiste : « *Tu m'inquiètes tout de même, tu es toute pâle ! Tu es sûre que tu ne couves pas une maladie du foie ? Mon voisin avait le même teint avant qu'il ne soit opéré le mois dernier... Tu manges bien au moins ?* » Ces paroles peuvent suffire pour vous faire douter de votre santé, les jours où vous êtes vulnérable.

Quelques mots suffisent à véhiculer le doute, la peur, l'angoisse. Un incident, un imprévu, un sac oublié sous une banquette du métro, une phrase lâchée : « *Et si c'était une bombe ?* » Et la panique s'installe, le wagon se vide. Une foule trop compacte, un escalier mécanique en panne ; il suffit souvent de quelques phrases pour provoquer des émeutes. Le verbe véhicule la peur dans la foule comme le fer conduit la foudre.

Ce verbe vous accompagne dans votre quotidien. Lorsque vous ne vous sentez pas à la hauteur et que vous formulez : « *J'en serai incapable, je n'y arriverai jamais* », vous inscrivez cette vérité dans l'univers.

Il en est de même si vous affirmez : « *Je ne suis pas très ambitieux* », « *Je suis quelqu'un de timide, d'introverti* », « *Je n'ai jamais de chance* ». Toutes ces particules de parole se répandent en nuage pour former autour de vous comme une aura à laquelle vous vous relierez plus tard pour vous définir, quand on vous demandera qui vous êtes.

Le verbe est précieux ! Agencé avec soin, il peut devenir homélie, prière, liturgie pour monter jusqu'à Dieu. Le verbe, à votre guise, peut être encouragement, remerciement, témoignage de gratitude. Il peut être chanté, il peut être poème. Le verbe peut être promesse, engagement, reconnaissance, déclaration d'amour.

Chaque mot énoncé est comme une partie de vous-même qui vient se prolonger dans l'univers et dans votre relation à l'autre ; comme se diffuse le pollen d'une fleur en été.

Cette conscience devrait appeler toute votre vigilance, au moment où vous vous décrivez, où vous parlez de vous, de l'avenir, où vous vous présentez. J'ai souvent entendu des personnes qui avaient vécu des expériences magnifiques, qui avaient traversé des épreuves difficiles, en parler avec beaucoup de dénigrement, sans mesurer la grandeur de leur parcours ; comme j'en ai entendu d'autres magnifier ou dramatiser des expériences bénignes.

L'INFLUENCE DES MOTS

Les mots, les points de vue, les opinions nous influencent quotidiennement. Ce ne sont pas tant les arguments en eux-mêmes, mais la force de conviction des personnes qui les énoncent. Combien de fois ai-je observé une personne, pourtant émerveillée devant un paysage, un meuble ou une statue quelques secondes auparavant, changer brutalement d'avis lorsqu'un proche formulait d'un ton convaincu : « *Tu trouves ça joli ? Pourtant, c'est moche comme tout ! Tu as de drôles de goûts d'aimer ça, toi !* » Et le silencieux qui n'ose s'engager dans un débat qu'il sait perdu d'avance, par manque d'argument et non par faute de goût, se met à son tour à détester ce paysage, cet objet, cette statue.

Combien de fois ai-je entendu l'un parler de l'autre : « *Tu collabores encore avec elle ? C'est que tu ne la connais pas vraiment ; elle n'est pas fiable... Crois-en mon expérience, on ne peut pas lui faire confiance, tu verras ! Je me méfierais si j'étais à ta place.* » Et voilà que ces particules de doute véhiculées par la parole vont interférer dans la prochaine rencontre.

Parfois, c'est l'inverse. « *Tu ne t'es pas encore rapproché d'elle ? Pourtant, vous iriez si bien ensemble ! Je vous trouve tellement beaux lorsque je vous vois parler tous les deux... Elle ne t'a jamais attiré ? Je suis sûr que ça fonctionnerait ! Vous vous ressemblez !* » Il suffit d'une phrase prononcée au bon moment pour influencer une personne, même dans un choix décisif. N'avez-vous jamais pris une décision importante après un conseil prodigué par un ami, à la suite d'une recommandation, à des mots entendus ?

Lorsque vous évoquez les images de votre vie par des mots négatifs, vous déclenchez des réactions chimiques chez vous et chez votre interlocuteur qui agissent directement sur le physique. Ces réactions vont diminuer l'enthousiasme, fragiliser l'immunité, atténuer le tonus et conditionner l'avenir. Les mots portés par une énergie positive, au contraire, accroissent votre entrain, votre vitalité et votre charisme.

Chaque mot que vous prononcez laisse son empreinte dans l'univers, chaque mot d'amour que vous confiez vient toucher l'être à qui il est adressé au plus profond de son cœur. C'est en entendant les mots « *Je t'aime* » que nous nous sentons aimés. Chaque mot prononcé est précieux, sacré et influent.

Le verbe peut détruire autant qu'il peut construire, il peut embellir ou salir, il peut inquiéter autant qu'il peut rassurer. Combien se sont ainsi lancés dans une aventure après avoir entendu des mots encourageants, tandis que d'autres interrompaient leurs préparatifs, déprimés par les conseils d'un tiers inquiet.

Dès lors que vous formulez vos idées, vous bâtissez. Vous devenez les créateurs de votre vie et influencez la vie de ceux qui vous entourent.

Vous inscrivez cette même vérité dans l'univers lorsque vous vous adressez à une autre personne. Vous pouvez en quelques phrases réveiller son estime : « *Je suis content de te connaître !* » « *Tu es précieux pour moi.* » Ou l'enfermer de votre jugement : « *Tu manques d'ambition !* » « *Tu n'es décidément pas fiable, on ne peut pas compter sur toi !* » Lorsqu'elle est conjuguée au futur, cette phrase prend la tournure d'une véritable prophétie autosuggestive qui a le pouvoir de se réaliser des années plus tard, surtout lorsque vous avez une influence sur la personne à qui vous vous adressez (une mère à son fils, un homme à sa femme) : « *Vous n'arriverez jamais à rien tous les deux.* » « *Je ne comprends pas que tu ne changes pas de métier !* » « *C'est sans intérêt de repartir en Écosse. Ta place est vraiment ici. Essaie si tu veux, mais tu verras que tu reviendras, ça ne marchera jamais.* » « *À mon avis, vous ne passerez pas le cap des sept ans, elle et toi…* » Et voilà que sept ans après, la prophétie revient en mémoire : et si elle avait dit vrai ? Du point de vue de nos cellules, aucun mot prononcé n'est oublié ; le verbe est si puissant, et les cellules si sensibles, qu'il imprègne chacune d'elles, chacune des particules de notre être.

LA MÉMOIRE DES MOTS

Il y a quelques années, le chercheur japonais Masaru Emoto effectuait une expérience qui allait révolutionner notre connaissance de l'influence des mots sur des particules d'eau. Ce chercheur a, dans un premier temps, prélevé des échantillons d'eau dans un lac très pur. Il les a congelés, puis observés au microscope électronique et photographiés. Les cristaux d'eau ainsi exposés révélaient des formes géométriques très harmonieuses, comme le sont les flocons de neige. Emoto a comparé ces clichés avec d'autres échantillons prélevés dans des lacs pollués ; leurs cristaux avaient des formes rognées et disgracieuses.

Les recherches d'Emoto ont pris toute leur dimension lorsqu'il a diffusé de la musique sur les échantillons avant de les photographier. Les figures géométriques devenaient harmonieuses après que l'eau eut été exposée à la musique. Les travaux de ce chercheur ne se sont pas arrêtés là. Il a, par la suite, exposé ces échantillons d'eau à la parole en les posant sur des pancartes sur lesquelles il avait écrit des mots choisis : *mort, merci, je t'aime.* Une fois exposées aux mots positifs, les molécules d'eau retrouvaient des formes harmonieuses. De tous les mots utilisés dans ce protocole, ce sont ceux de gratitude et d'amour qui contribuaient le plus à une belle structuration des formes.

Le succès de ses recherches a été tel, que les publications du docteur Masaru Emoto ont donné lieu à de nombreux ouvrages, dont *L'eau, mémoire de nos émotions*, qui est devenu en quelques années un best-seller qui a fait le tour du monde.

Ces travaux et d'autres, liés à la physique quantique (ou physique des cantiques !), ont permis de démontrer que la musique, la parole, mais aussi la simple intention de nuire ou de bénir, ont des répercussions sur les molécules d'eau de tout organisme vivant.

Les travaux d'Emoto peinent encore à recevoir la reconnaissance qu'ils méritent du grand public et de la communauté scientifique. Il est encore trop tôt pour reconnaître que le jardinier qui parle à ses tomates ou que celui qui écrit *amour* sur sa bouteille d'eau avant de la boire, pour lui donner meilleur goût, s'appuie sur des raisons prouvées scientifiquement.

Les grandes vérités qui révolutionnent les connaissances sont ainsi accueillies : rejetées en bloc dans un premier temps, elles sont ensuite tournées en ridicule par les sceptiques, avant d'être, dans un troisième temps, reconnues comme des évidences.

Si Emoto, Benveniste, et ses travaux sur la mémoire de l'eau en homéopathie, ou d'autres ont dû se battre pour démontrer la justesse de leurs thèses, qui semblent encore saugrenues aux yeux de certains, ce n'est pas tant que leurs théories soient nouvelles, c'est que nous les avons oubliées.

Par le passé, toutes les traditions entretenaient un rapport plus intime avec la nature et une communication plus intelligente et plus respectueuse avec les différents règnes, animal, végétal et minéral. Cette relation plus humble de l'homme qui cohabitait avec la planète est loin de celle qui en fait aujourd'hui le grand dominateur de la nature.

La parole n'était pas réservée au monde humain. Les anciens connaissaient le pouvoir des mots sur la nature. Des offrandes étaient faites par nos ancêtres au moment des semailles. Des prières païennes étaient récitées ; des paroles étaient prononcées au moment des moissons, au moment des naissances, des morts, des changements de lune, des équinoxes.

Les prêtres ont toujours reconnu le pouvoir de la parole sur l'eau en édifiant des bénitiers à l'entrée des églises et des cathédrales. L'eau est bénie par les mots de la prière. Cette relation de la parole et de l'eau existe également dans la tradition musulmane avec ses petites et grandes ablutions, et dans la tradition bouddhiste avec différentes purifications.

Cette prise de conscience de l'influence que peut avoir le moindre mot énoncé sur toutes les vibrations de notre environnement devrait nous encourager à préserver le caractère sacré du verbe.

Le fait que nous soyons constitués de 85 % d'eau suffit à mieux comprendre scientifiquement l'influence des mots sur l'être humain.

La parole influence l'être humain sur deux plans : le plan conscient et le plan inconscient. La compréhension intellectuelle des mots vient impacter notre cerveau rationnel, l'hémisphère gauche, tandis que la vibration des sons prononcés et de l'intonation vient impacter notre inconscient, l'hémisphère droit.

L'IMPACT DES MOTS

Certains surnoms bien choisis par leurs détracteurs ont traversé les années et accompagné leur cible : *La Dame de fer* pour Margaret Thatcher, *Le Fou chantant* pour Charles Trenet, *Monsieur 100 000 volts* pour Gilbert Bécaud, *Tonton* pour François Mitterand ; au Québec, René Lévesque fut *Ti-Poil,* Jean Charest, *Patapouf Premier.* Un surnom comme *Capitaine de pédalo* pour François Hollande a de quoi parasiter une campagne électorale. C'est pourquoi certains, tels Sylvio Berlusconi, *Il Cavaliere,* ou Charles VI, *le Bien-Aimé,* se sont choisis eux-mêmes leur propre surnom de leur vivant.

Chaque parole entendue, prononcée, répétée se répand ainsi, à travers la trame énergétique et vibratoire de tout ce qui est vivant, formant comme les ondes d'un lac lorsqu'un petit caillou y est jeté.

Les sectes, les publicitaires, comme les partis politiques, qui affichent ou font répéter des slogans pour séduire ou influencer une opinion, l'ont aussi bien compris que les thérapeutes qui utilisent en programmation neurolinguistique, en hypnose ou en kinésiologie des phrases réparatrices pour effacer d'anciennes mémoires.

Cette répétition de phrases est encore plus influente si les mots sont associés à un geste, créant un véritable ancrage dans le corps. Lorsque, à la question du tribunal : « *Jurez-vous de dire la vérité, toute la vérité, rien que la vérité ? Levez la main droite et dites : Je le jure* », le prévenu associe le geste à la parole, il renforce l'intensité de sa déclaration en levant sa main sur le code de la loi. De même qu'un enfant à qui le parent répète : « *On ne peut jamais te faire confiance* », en lui tirant l'oreille, marque à sa façon un autre ancrage dans le corps, bien dévalorisant celui-ci. Lorsque vous répétez à haute voix cette simple phrase: «*Je m'aime, je m'accueille et je me respecte profondément; je m'autorise à vivre dans mon intégrité et dans mon unité*» en tapotant votre thymus, vous renforcez considérablement votre estime de vous et votre confiance - le thymus accueillant un méridien énergétique influent pour renforcer la confiance en soi.

Je me suis longtemps interrogé quant à l'influence sur l'estime de soi de cette phrase prononcée à l'église dans mes jeunes années, sans en comprendre alors vraiment la portée: «*Seigneur, je ne suis pas digne de te recevoir, mais dis seulement une parole et je serai guéri.*» Prise au premier degré, cette prière m'a longtemps découragé, a entretenu en moi un sentiment de culpabilité et m'a persuadé que seule une aide extérieure pourrait m'aider à retrouver ma dignité.

Combien d'adultes se répètent silencieusement dans leur cœur ces phrases entendues alors qu'ils étaient enfants, prononcées par des parents exaspérés, inconscients ou simplement trop pressés: «*Tu es vraiment trop bête!*» «*Tu n'arriveras jamais à rien.*» «*Tu seras toujours moins fort que ton frère.*»

Malgré le passage des ans, ces petites phrases assassines continuent à être actives tant qu'elles n'ont pas été démagnétisées de leur charge affective et autosuggestive, ce qui demande un travail thérapeutique de déprogrammation.

Lorsque vous avez peur, le fait de tourner le verbe vers ce que vous souhaitez obtenir, et non vers ce que vous redoutez, renforce votre confiance en vous et est le premier pas vers votre pouvoir créateur.

Avant une allocution, un discours, une déclaration d'amour, le fait de vous abstenir de répéter: «*Je n'arriverai jamais à parler devant cette assemblée… Je n'oserai pas lui dire en face*» et préférer par exemple: «*Malgré ma peur, je me tiens droit et regarde chacun dans les yeux*» est la pierre d'assise de la confiance en vous et peut avoir une influence déterminante sur votre prestation; comme nous l'explorerons dans la deuxième partie.

LA SINCÉRITÉ DES MOTS

Le verbe dispose de cette incroyable capacité à traduire, en mots, vos sensations et états émotionnels du moment, des plus complexes aux plus subtils. Avant de communiquer avec l'autre, le verbe vous permet d'établir un lien intime avec vous-même. Il vous aide à identifier et à traduire en mots précis des sensations qui, sinon, resteraient vagues.

J'observe souvent à quel point les stagiaires ont du mal à trouver les mots exacts pour définir leurs sensations. S'ils sont saisis d'une émotion forte, beaucoup peinent à distinguer la peur, la colère, la tristesse. L'introspection demande un entraînement.

Dans chaque expérience nouvelle, après avoir vécu un événement fort, c'est le verbe qui crée le lien pour décrire l'expérience et la partager. Le verbe met des mots sur la subtilité de vos émotions, la complexité de vos paradoxes ou la simplicité de vos sentiments.

Après vous avoir permis d'identifier vos sensations, le verbe ouvre votre paysage intérieur à votre entourage; c'est le verbe de l'échange, qu'il soit oral ou écrit!

Mais si le verbe peut honorer en décrivant votre monde intérieur, il peut aussi, si vous n'y prenez garde, vous trahir en révélant l'inverse de ce que vous ressentez.

Le verbe qui *décrit* est celui qui vous honore. Le verbe qui *trahit* produit l'effet inverse. Le verbe qui trahit est le verbe que vous utilisez pour dissimuler ce que vous ressentez profondément. À peine recevez-vous une mauvaise nouvelle que vous cherchez une échappatoire par la parole; vous tentez maladroitement d'en limiter l'effet comme pour conjurer le sort, ou retrouver votre amour-propre: «*Ce n'est pas grave, je m'en remettrai.*» À peine recevez-vous un coup que vous excusez, pardonnez, niez l'impact reçu: «*Ça ne tache pas… ça ne fait pas mal.*» Une nouvelle vient vous heurter de plein fouet, une larme coule sur votre joue et vous l'effacez d'un revers de manche: «*J'en ai vu d'autres, ça va aller… Il y a plus malheureux que moi.*» Dès lors que le verbe n'est plus là pour traduire en mots les émotions, les sensations et les impressions qui vous envahissent, il vous trahit et crée de la distance avec vous et avec votre interlocuteur.

Dans ce cas, le verbe édulcore, minimise, évite. C'est ce verbe perverti qui nuit à la santé relationnelle et vous éloigne de votre authenticité ; ce verbe toxique, qui dit l'inverse de ce que vous ressentez, sème la confusion dans la relation et crée de la distance avec ce que vous éprouvez vraiment.

J'ai remarqué dans mes stages, lorsque les participants se décrivent et parlent d'eux, à quel point la description qu'ils font de leurs qualités et de leurs défauts est souvent loin de ce que nous percevons d'eux. J'ai ainsi souvenir d'un participant s'exprimant en dernier dans le tour de table, pour dire qu'il était spontané et courageux ; il succédait à un autre qui avait pris la parole en premier pour dire qu'il avait du mal à se jeter à l'eau. Un autre encore expliquait à quel point la relation était importante pour lui, sans maintenir le moindre contact visuel avec les gens à qui il s'adressait.

Souvent le verbe est utilisé pour se dédouaner de ce que justement nous n'incarnons pas. C'est pourquoi, lorsqu'un participant se définit en mettant en avant ses qualités : « *Je suis quelqu'un d'honnête, d'intègre* », « *Je suis un homme courageux, franc* », je n'écoute que partiellement les mots en eux-mêmes ; je n'y accorde que 30 % environ de mon attention. En revanche, je ne perds rien de tout ce que sa communication non verbale m'apprend, de tout ce que son corps me dit. Car le corps parle au moins autant que les mots eux-mêmes ; nous y reviendrons. L'auditeur averti sait reconnaître si le verbe traduit ou trahit celui qui parle.

Le verbe qui trahit ne dit pas qui vous êtes ; il fait bonne figure et cache l'essentiel. Oser parler et savoir dire, c'est écouter l'intimité de votre âme et de vos sentiments. C'est prendre le temps nécessaire d'explorer objectivement ce qui se joue en vous et, dans un second temps, traduire avec sincérité ce que vous ressentez. Oser parler et savoir dire, c'est révéler votre âme, telle qu'elle est, dans la lumière de son authenticité. Ni plus ni moins.

Nous ne sommes certes pas tous égaux devant ce verbe créateur. Plus exactement, nous n'avons pas tous et individuellement pris conscience de la puissance du verbe, de l'impact que pouvaient générer chaque mot et chaque phrase.

Avec le sens des mots portés par la musicalité de la parole, le verbe est si puissant qu'il est capable d'influencer une assemblée. Par son rythme, un verbe clair, supporté par une diction précise, renforce la sensation de transparence et d'authenticité. Un verbe dynamique, un rythme soutenu transmettent la vitalité, l'urgence d'agir, la motivation. Un verbe lent, assuré, quant à lui, sécurise et apaise.

L'ACCÈS AUX MOTS

Si nous n'avons pas tous la vocation de devenir de grands orateurs, le verbe fait du bien à chacun de nous, lorsqu'il vibre en harmonie avec notre pensée.

Comme c'est difficile lorsque les mots manquent pour décrire la richesse de votre temple intérieur ! Quelle frustration que de ne pouvoir aligner que quelques phrases maladroites pour décrire une situation complexe et des sentiments paradoxaux ! Quelle déception de sentir que votre parole a blessé, que votre verbe a dérapé ! Vous regrettez de ne rien savoir faire d'autre que de vous excuser : « *Ce n'est pas ce que je voulais dire. Mes mots ont dépassé ma pensée.* » « *Je n'arrive pas à m'exprimer comme j'aimerais.* »

Dans *Cyrano de Bergerac,* l'œuvre d'Edmond Rostand, lorsque Christian veut séduire Roxane au balcon de sa chambre, les mots lui manquent. Son beau regard ne suffit plus à conquérir celle qu'il aime pourtant au plus profond de son cœur ; son amour est sincère, mais son verbe bien trop lourd pour s'élever jusqu'à sa muse.

C'est alors la magie du poète qui va toucher le cœur de Roxane. Cyrano de Bergerac, caché dans un buisson, souffle au jeune premier les mots que lui-même adresse à celle qu'il aime. Comme au théâtre, le souffleur susurre le texte à l'acteur lorsque celui-ci perd pied. Roxane est touchée en plein cœur par les mots du poète et invite Christian à monter pour recevoir le baiser qu'il attend. Roxane aime Christian autant qu'elle aime Cyrano pour ses mots. Plus l'intrigue avance, plus Roxane préfère le verbe à l'homme. Cyrano écrira les lettres de Christian. L'un et l'autre vont s'unir pour ne former qu'un. Cyrano a du panache et Christian est très beau. Qui Roxane aime-t-elle vraiment ?

Parler n'est pas toujours confortable. Se livrer demande beaucoup d'intimité. L'introverti est tiraillé lorsque la palette infinie de ses sentiments ne peut s'exprimer que par quelques images stéréotypées. Il sent qu'il y a beaucoup « à l'intérieur », mais il n'arrive pas à communiquer. Il se répète à l'infini de jolies lettres et de beaux discours qu'il ne prononcera pourtant jamais. C'est une affaire d'habitude, de croyances envers lui-même. Il ne s'imagine pas pouvoir, lui aussi, rompre sa loi du silence. Plus son silence se prolonge, plus cette croyance s'ancre en lui.

Comme un randonneur qui prendrait cent fois le même chemin pour rejoindre la plage pourrait se sentir déstabilisé, un jour, en prenant une autre route, la parole emprunte elle aussi le même chemin. Si nous avons habitué notre esprit à « prendre sur nous » et à nous taire dès lors que nous sommes sous le coup de l'émotion, nos synapses s'assécheront et perdront l'habitude de transmettre l'information par la voie de la parole.

Parler librement demande un entraînement. Un sportif perd rapidement ses capacités en cessant de s'entraîner, il doit sans cesse exercer ses muscles et son esprit pour demeurer au niveau. Le verbe créateur demande un entraînement. Cet entraînement naît d'un réajustement de la théorie à la pratique.

C'est cet entraînement qui passe par la conscience, la technique et la répétition, cet entraînement qui peut transformer le plus irréductible des taiseux en orateur convaincant.

CHAPITRE IV

LE VERBE SACRÉ

Sur les lacs et les cours d'eau du Canada, les castors dressent des barrages pour y créer leur habitat. Ils abattent de nombreux arbres et érigent leur petit domaine. Avec un peu de patience, il est possible de les observer à la tombée du jour. C'est un spectacle très émouvant que d'observer les castors nager en famille.

Au-delà de la coupe du bois pour la construction, les femelles coupent d'autres branches longues d'une vingtaine de centimètres, qu'elles donnent à leurs petits pour que ceux-ci se fassent les dents. Ces bâtons de bois blanc sont rongés de part en part par les bébés castors puis, une fois sculptés, dérivent à la surface du lac. La marque des incisives reste visible sur le bois clair et donne à ces bâtons un très joli relief.

Parfois, les Amérindiens repêchent ces fameux bâtons de castor. Puis, ils les personnalisent, en y incrustant des pierres, des plumes, du cuir. Ils y peignent des symboles traditionnels, des formes d'animaux, pour rappeler une qualité particulière : le loup pour la fidélité, l'ours pour sa force, le canard pour son goût du voyage, le serpent pour la guérison. Décorées et personnalisées avec soin, ces pièces de bois blanc vont devenir les fameux bâtons de parole utilisés dans les cérémonies.

Nous avons tous vu, dans les films ou les bandes dessinées de notre enfance, les Indiens, en cercle, fumer sous le tipi le calumet de la paix et passer le bâton de parole d'un protagoniste à un autre avant de prendre une décision importante. D'une façon caricaturale, Lucky Luke et le général Custer s'étouffent en fumant le calumet, lorsqu'ils écoutent le chef indien menacer de déterrer la hache de guerre, en brandissant le bâton de parole.

LE BÂTON DE PAROLE

Comme dans l'essentiel des cultures anciennes, la tradition amérindienne accompagne les principaux actes de la vie de cérémonies, pour lesquelles la parole est sacrée. Il y a les cérémonies d'union, de naissance, celles des premiers pas de l'enfant, la célébration de l'adolescence, les cérémonies de la nouvelle lune, les rituels de guérison et toutes les réunions où la communauté est rassemblée pour prendre des décisions importantes.

Lors de ces réunions, la parole qui circule est une parole empreinte de respect et de dignité, une parole sacrée qui scelle l'union de la terre et des hommes.

Ce sont alors des mots qui servent de pont pour ancrer une intention dans l'univers. Le fait d'énoncer l'intention à voix haute crée un point de jonction entre elle et l'acte qui lui succède. Lorsqu'il vit la période de la puberté, par exemple, l'adolescent traverse deux mondes, la fin de l'enfance et le début de sa vie d'homme. Pour que cette étape soit reconnue par la communauté, l'adolescent participe au rite de passage. Ce sont encore les mots sacrés qui valident la transition.

Dans un rituel, les paroles, pour être renforcées, peuvent être accompagnées d'un acte symbolique : enterrer un objet, brûler une lettre, couper une corde, planter un arbre, poser une main sur son cœur. Le verbe prend la dimension d'un acte psychomagique ; acte associé à la parole qui permet de guérir, de réparer, de traverser les mondes visibles et invisibles.

Chez les Amérindiens, avant de parler, le chef allume quelques branches de sauge dans un coquillage. Il diffuse la fumée à proximité de sa bouche, pour purifier sa parole ; de sa poitrine, pour que la parole vienne du cœur ; de ses oreilles, pour entendre l'autre sans jugement ; de ses yeux, pour voir sans a priori.

Le coquillage de fumigation circule ensuite au sein de la communauté. Il serait mal venu qu'un individu parlât au sein d'un cercle de parole sans avoir pris part à ce préliminaire.

Chez les Tibétains, c'est la métaphore des trois bols qui symbolise le début de chaque enseignement. Notre esprit est pareil à un bol. Lorsque celui-ci est plein, qu'il est percé ou sale, il ne peut recevoir aucun enseignement sacré. Il convient donc à l'élève de préparer son bol (son esprit) par la méditation, et la purification par l'eau safranée et l'encens, avant de recevoir l'enseignement. La parole est la nourriture de l'esprit.

Dans bien des traditions, mêmes distantes de milliers de kilomètres, les peuples autochtones adoptaient intuitivement les mêmes rituels avant de parler : la sauge et la conque d'eau chez les Amérindiens, l'encens et la bompa d'eau safranée chez les Tibétains. Ces rituels sont un préalable pour transmettre une parole lavée de haine et de peur, et animée par le cœur et la sincérité.

LE CERCLE SACRÉ DE LA PAROLE

Chez les Amérindiens, lorsqu'on utilise le fameux bâton de parole, on respecte deux consignes : la première, on ne coupe pas celui qui est porteur du bâton de parole, lorsque c'est à son tour de parler. L'autre consigne est que celui qui s'exprime parle de lui-même, de ses sentiments et de la façon dont il vit la situation. Il parle de lui et non des autres, il dit *je* et non *tu*.

Si chacun doit parler à tour de rôle, on passe le bâton dans le sens des aiguilles d'une montre, en hommage à la course du soleil ; à moins que la conjoncture n'amène des interventions aléatoires : auquel cas, celui qui a terminé de parler transmet le bâton à celui qui demande la parole.

Enfin, les participants sont assis en cercle. Le cercle favorise la circulation du verbe. Car la parole n'est pas qu'une information, elle est une énergie porteuse d'information. Nos sociétés contemporaines ont tendance à l'oublier lorsqu'elles se concentrent uniquement sur l'information sans tenir compte du son, de la mélodie, de l'énergie qui la portent.

Dans l'essentiel des traditions, qu'il s'agisse des chevaliers de la Table ronde, des enseignements martiaux du Japon, des rituels de l'Indonésie ou des réunions autour du feu avec les Berbères du désert que je retrouve chaque année, c'est le cercle qui crée un lien authentique entre les hommes. Le cercle permet de ritualiser la parole, de la faire circuler et de lui redonner son sens premier.

Aujourd'hui, dans de nombreuses entreprises européennes, des participants se réunissent et prennent la parole, sans réellement s'adresser à leurs auditeurs, qui eux-mêmes n'écoutent que d'une oreille distraite. Lorsque les participants sont coupés du sens sacré de la parole, ils deviennent magnétisés par les arguments et n'entendent plus l'énergie de celui qui parle ; ce qui génère beaucoup de conflits.

Sans lien, chacun se concentre plus sur l'objectif à atteindre que sur la qualité du chemin pour y parvenir. Cette obsession du résultat dévitalise la relation et, à long terme, le résultat. La parole n'est pas qu'argument. Elle est autant verbale que musicale ; les arguments ne doivent pas assourdir la mélodie qui les porte.

Au cours d'un repas de famille, les participants sont souvent coupés du sens des mots : on se coupe la parole, on se lève au milieu d'une phrase, on parle en mangeant, tout en gardant un œil sur la télé. Dans ces circonstances, nous captons l'énergie du journal télévisé annonçant les drames du monde, drames que nous ingérons en les mêlant à nos aliments. La parole est absorbée même quand elle est indigeste.

BÉNIR

Dernièrement, j'étais invité à déjeuner chez des amis aux Caraïbes. Une fois à table, loin de se précipiter sur les plats, chacun se recueillit quelques secondes, avant que notre hôte n'amorce la rencontre par ces quelques mots que je cite de mémoire : « *Je suis heureux de vous accueillir ici. Je rends hommage à cette nourriture que nous partageons. Je remercie tous ceux qui ont contribué à sa préparation : les animaux qui ont donné leur vie ; les végétaux, ceux qui les ont récoltés, ceux qui les ont préparés ; et la terre mère qui nous offre ce dont nous avons besoin. Je remercie les hôtes qui nous rendent visite et ceux qui, avec moi, les accueillent. Je suis conscient de la chance que nous avons de nous retrouver pour partager ce modeste déjeuner. Je bénis ce repas.* »

Remercier et bénir ; voilà à mes yeux les deux plus hautes fonctions de la parole, qui sont à elles seules l'essence de la prière. Prononcer des paroles de reconnaissance et de gratitude nous élève.

Je bénis depuis des années chacun de mes repas, ce qui me donne une autre conscience de la nourriture que j'absorbe. La bénédiction n'est la propriété d'aucune religion. Il n'est pas nécessaire d'être catholique, bouddhiste ou protestant pour bénir. Cet acte sacré n'est réservé ni aux prêtres ni aux lamas. Nous n'avons besoin d'aucune autorisation pour célébrer une bénédiction. L'existence peut être bénie dans tous les actes du quotidien ; elle n'a besoin que de votre parole pour être reconnue.

Partager un repas, purifier son corps, nettoyer une maison, offrir un objet, le recevoir. Le sacré peut naître de chacune de vos actions quotidiennes. « *Je remercie l'énergie de l'eau qui purifie mon corps* », pouvez-vous formuler alors que vous prenez votre douche. Vous pouvez célébrer ainsi chaque élément de la vie. « *Je remercie l'air, cet élément qui purifie mes pensées* », alors qu'un vent souffle sur votre visage.

C'est très différent de prendre sa douche ou de nettoyer sa maison en ruminant sur le fait qu'on est en retard, ou de prendre sa douche en remerciant l'eau de nous purifier ou dans la conscience de nettoyer son foyer. Le nettoyage ne sera pas le même !

Dès que nous sommes conscients de l'impact de notre parole, nous pouvons célébrer un rituel. Beaucoup d'entre nous aujourd'hui s'ennuient, aimeraient sortir du train-train quotidien. La routine n'est pas liée à l'absence d'événements originaux, mais à l'absence de conscience dans nos gestes les plus quotidiens.

Ce n'est pas le fait de programmer des activités toujours plus insolites qui vous fera sortir de la routine, mais le fait de réaliser chacun de vos gestes quotidiens en conscience. La parole, associée au geste, redonne à chaque acte sa dimension consciente. Paroles simples venant du cœur, mots dits pour se réunir, pour guérir, pour apaiser, pour prier.

Il suffit que vous ayez foi en une dimension plus vaste pour bénir un repas, bénir une maison, un enfant. C'est l'intensité de votre foi qui donnera à votre bénédiction toute son intensité.

PARLER EN CONSCIENCE

Dans les loges maçonniques, la prise de parole est rigoureusement codifiée. Toute parole émise étant porteuse d'information et de sens, personne ne peut s'exprimer en dehors d'un rituel structuré. L'ordre est géré par le savant agencement d'un système global de la parole.

Les modes de communication mis en place par le rituel maçonnique s'appuient sur un système qui n'est pas circulaire, ni interactif, mais triangulaire et à plusieurs niveaux. Dans une loge, on ne prend pas la parole, on la demande. Cette demande ne peut être signifiée directement au *Vénérable Maître*, présidant la tenue, mais à l'un de ses intermédiaires. Lorsque le maître lui-même accorde la parole, il le fait en passant par l'un des deux intercesseurs qui transmettent à leur tour l'autorisation au requérant. L'intéressé peut alors parler ; et nul ne peut l'interrompre, ni s'adresser à lui tant qu'il parle. Le mystère entourant la franc-maçonnerie et le pouvoir qui lui est attribué est lié, en partie, à la façon rigoureuse dont est distribué le droit de parole au cœur de ses réunions. Sacralisée et mise en scène, la parole gagne la puissance de fédérer et de galvaniser les membres.

Dans la tradition celtique, les réunions rituelles s'effectuaient toujours en cercle. Les druides étaient placés à l'est du cercle ; ils s'asseyaient à la même hauteur que chacun, car leur statut et leur savoir ne leur enlevaient rien de leur humilité. Puis, on faisait résonner le tambour avant de parler, pour que la vibration du cœur de la terre mère entre en résonance avec la vibration du cœur des hommes assis en cercle.

La parole chez les Celtes était si précieuse que les druides n'ont consigné aucun de leurs savoirs par écrit. Tous les enseignements passaient par le verbe vivant, oral et temporel. Pourtant, malgré cette absence d'écrits et l'extermination de la culture des druides au temps noir de la chrétienté, la connaissance druidique a traversé les siècles. Les enseignements druidiques se fondaient uniquement sur l'oral, ce qui obligeait les élèves à être attentifs, à travailler leur mémoire. Les apprentis qui souhaitaient être initiés devaient apprendre par cœur un grand nombre de vers. Les études duraient environ vingt ans. Cette forme d'enseignement et de transmission par la parole distingue le savoir de la connaissance.

VERBE DU SAVOIR OU VERBE DE LA CONNAISSANCE

Le savoir concerne les informations qui sont apprises ; la connaissance, celles qui sont intégrées. Le savoir passe par la théorie et la confrontation d'arguments, la connaissance s'acquiert par l'expérimentation. Elle s'assimile par le silence.

Ceux qui répètent des théories transmettent le savoir. Ceux qui enseignent sans livre et sans feuillets transmettent la connaissance. C'est pourquoi l'enseignement des savoirs se valide par des papiers et des diplômes, alors que la transmission de la connaissance se valide par la parole et le silence.

Dans la transmission orale, la qualité de l'enseignement est proportionnelle à l'expérience de celui qui enseigne. Par exemple, il existe aujourd'hui de très nombreux enseignements sur la méditation qui sensiblement disent la même chose et utilisent presque les mêmes mots. Si certains de ces enseignements nous touchent et d'autres non, ce n'est pas que les mots ne sont pas justes, c'est que l'enseignant n'est pas arrivé à maturité. L'instructeur transmet alors un enseignement dont il n'a lui-même pas l'expérience. Si les enseignements des plus grands maîtres spirituels sont limpides, c'est que leur esprit est clair. Les enseignements sont simples et accessibles à tous. L'expérience de l'enseignant transpire à travers les mots eux-mêmes, on parle alors d'une *transmission*.

« *Lorsqu'il m'a transmis l'art de barrer le feu pour guérir les blessures,* me confiait Stanislas, *mon père, rebouteux dans un village de Mayenne, s'est contenté de quelques phrases, qu'il m'a demandé de répéter un après-midi où il me sentait prêt. Cela faisait des années que je le voyais opérer des guérisons ; je ne ratais rien de ses gestes et, parfois, il m'expliquait en quelques mots ce qu'il faisait. Mais il ne m'a jamais vraiment enseigné comme on enseigne la médecine à l'école. Son savoir émergeait de sa présence, même silencieuse. Un jour, il m'a déclaré que j'étais prêt et qu'il pouvait me transmettre cet art qui lui venait de son père. En recevant cette prière, je recevais bien plus que des mots, je recevais une autorisation de perpétuer un savoir de famille.* »

Dans le bouddhisme tibétain, la cérémonie de transmission n'a rien à voir avec un simple enseignement. Cela demande, de la part de celui qui transmet, comme de la part de celui qui s'apprête à recevoir, une grande préparation pour prendre conscience de la connaissance qui va être échangée. Chaque transmission est précédée et suivie de périodes de retraites, de méditations silencieuses qui favorisent l'assimilation et l'enseignement.

LES ÉCRITS MEURENT, LES PAROLES RESTENT

Pour les Celtes, les choses importantes ne s'écrivaient pas ; elles se disaient, à haute et intelligible voix. Les druides considéraient la parole comme active, dynamique, et donc évoluant comme évolue la vie, à la différence de l'écrit qui fige les choses et, dans un certain sens, les tue.

À l'heure des encyclopédies virtuelles et d'Internet, cette notion de transmission a tendance à disparaître. Il suffit de pianoter un terme ou les mots clés d'une histoire sur un moteur de recherche, et de lire en diagonale la réponse donnée, pour avoir la sensation de savoir. On donne à l'écrit plus de légitimité qu'on en donne à l'oral. Dans notre culture, la première réaction, lorsqu'on affirme un point de vue qui nous semble étranger est souvent d'en vérifier les sources : « *Qui te l'a dit ? Où l'as-tu lu ?* », sans chercher plutôt à ressentir de l'intérieur si l'information transmise vibre juste, ou pas. Ce savoir, sans aucun lien reconnu entre celui qui transmet et celui qui reçoit, est fragile ; il renforce les a priori et génère confusion et incompréhension.

La tradition de la parole résiste encore aujourd'hui dans plusieurs civilisations anciennes, dans différents points du globe.

Chez les Berbères du désert, l'essentiel des enseignements sur la position des étoiles, l'art de se retrouver entre les dunes ou la connaissance des plantes médicinales est encore transmis oralement par les anciens aux plus jeunes.

Dans les villages de Nouvelle-Calédonie, le sens vivant de la parole revêt une telle importance qu'il n'existe ni textes de loi ni jurisprudence. La loi mélanésienne n'est pas écrite. Elle repose sur l'écoute de la parole et sur le libre échange des individus et des clans entre eux.

Chez les Canaques, lorsqu'une personne commet un délit, elle est jugée. Le cercle des représentants de la loi écoute la victime, puis l'accusé. Chacun prend le temps nécessaire de parler et d'écouter, sans interrompre. Chacun prend soin de poser au prévenu toutes les questions, pour comprendre les circonstances de son acte. Après avoir longuement pris en considération les circonstances du délit, le cercle des représentants rend sa décision. Si le délit est considéré comme grave, la sanction la plus importante que peut prendre le cercle est l'exclusion du village, ce qui, au milieu de la jungle, correspond à une mort presque certaine. Si c'est l'oral et non l'écrit qui sert de base à la loi canaque et aux affaires juridiques, c'est que les juges entendent la vibration de la parole, écoutent le rythme de celui qui parle ; ils prennent ainsi le soin d'établir un véritable lien à partir de l'histoire de chacun et de la façon dont il la porte, et pas uniquement à partir des faits et arguments. La parole dans ce cas est sacrée et toujours vivante.

Si le tribunal juge parfois durement, il n'existe aucune jurisprudence, aucun texte qui ferait référence à une autre histoire similaire ; aucun barème figé qui permettrait de mesurer la gravité d'un viol, d'un crime, d'un vol en s'appuyant sur un écrit.

La parole a une telle importance qu'il peut arriver qu'une personne qui a volé ou violé soit acquittée : les Canaques ont une forme très poussée de tolérance. En revanche, on peut tuer celui qui a trahi sa parole, car il s'est éloigné de ce qui est.

Cette culture éprouve des difficultés à s'adapter aux documents administratifs contemporains, car ils ne représentent pas grand-chose pour elle. Lorsqu'un Mélanésien achète à crédit, il peut ne pas comprendre le sens du papier qu'on lui fait signer, et ne comprend pas plus que ce papier se retourne contre lui s'il n'a pas payé les échéances. En revanche, s'il a donné sa parole qu'il paiera chaque mois, cet engagement a beaucoup plus de valeur, car la promesse orale est respectée en Nouvelle-Calédonie.

Qu'ils soient maçonniques, druidiques, chamaniques ou religieux, qu'ils viennent d'Asie, d'Afrique ou d'Europe, les rituels ne visent pas à figer la parole dans un protocole, ni à lui couper sa spontanéité ou sa fraîcheur. Ils visent à lui redonner sa valeur sacrée.

« *Si ce que tu as à dire n'est pas plus beau que le silence, garde le silence !* » enseigne un dicton indien. Un mot ne doit pas être dit à la légère. Parler, c'est poser un acte créatif et influant dans l'univers.

LE CERCLE DE PAROLE

Aujourd'hui, presque 8 % des conseils d'administration des grandes entreprises se réunissent en cercle ; elles étaient 4 % il y a dix ans : c'est un progrès apporté par l'adoption du feng shui dans les bâtiments. Les autres entreprises s'entêtent à tenir les réunions autour de tables rectangulaires, disposition défavorable au consensus et à l'échange. Car cette disposition carrée renforce les angles,

les arêtes, les lignes coupées et les oppositions. L'esprit libre qui court dans le cercle ne peut circuler harmonieusement autour d'un carré.

Depuis vingt ans que j'anime des stages, je me suis toujours assis avec les participants en cercle. J'ai pu remarquer à quel point l'intimité du cercle en déstabilisait plus d'un. Je ne compte plus les fois où des stagiaires ironisent nerveusement en découvrant, à leur arrivée, le cercle de chaises qui les attend dans la salle. Ils se renseignent alors s'il s'agit d'une psychothérapie de groupe ou d'une réunion des Alcooliques anonymes... L'ironie permet à certains de camoufler un malaise ou une difficulté à se rencontrer dans la simplicité.

Lorsqu'il s'agit de parole de groupe, le cercle intimide, révèle, déstabilise aussi. Ainsi, par sa structure, le cercle, associé au bâton de parole, permet, lors d'une situation complexe, d'entendre avec respect le point de vue de chacun. Le respect de la parole passe par une qualité d'écoute. Le respect du verbe passe par le respect du silence qui l'accompagne.

Le bâton de parole est plus qu'un accessoire. C'est une disposition qui encourage l'esprit à se concentrer pour établir une véritable écoute empathique.

UNE PAROLE ÉVOLUÉE

À mon sens, ce n'est pas l'évolution de quelques-uns dans un groupe, mais bien l'aptitude à vivre ensemble et à partager la parole, en intégrant les points de vue de chacun dans une communauté, qui marque l'évolution de celle-ci.

« *Notre intelligence,* disait Einstein, *c'est notre faculté de nous adapter à l'autre.* » Une société intelligente est une société qui sait vivre ensemble en intégrant ses personnes âgées, ses enfants, ses actifs et ses inactifs. Cette société, si elle existe, appuie cette intégration sur l'écoute, la transparence et le respect de la parole comme fondement de la relation.

Dans ces sociétés ancestrales qui ont su maintenir intacte la tradition sacrée de la parole, chaque âge de la vie est écouté. C'est lorsque la parole est banalisée, lorsqu'elle est désacralisée, que la société commence à dégénérer.

CHAPITRE V

LA PAROLE D'UNION

« *Écoute tes parents ! Ils savent mieux que toi !* » assènent des adultes en manque d'autorité. « *J'en ai assez... mes parents ne m'écoutent jamais* », gémissent les enfants, en manque de reconnaissance.

Aujourd'hui, enfants, parents et grands-parents cherchent un langage commun et baissent souvent les bras devant la difficulté à communiquer.

Les enfants ont pour eux la fraîcheur du verbe, la spontanéité et l'ouverture du cœur généralement intacte ; ils sont porteurs d'une parole spontanée, simple et authentique.

Les anciens ont pour eux l'expérience et bien souvent le recul. Leur parole devient plus sage. Elle permet de relativiser des événements passés au filtre de leur expérience.

Aujourd'hui, la *Touch Generation* ou *génération Y* traite facilement les anciens de *has been*, parce qu'ils ne font pas la différence entre un iPod et un iBook.

À l'inverse, des anciens qui ont parfois vu l'arrivée de l'électricité ou la disparition de l'unique cabine téléphonique dans leur village vivent mal de n'être pas davantage écoutés. Chacun regarde le monde à travers son prisme.

Entendre le point de vue de l'autre ne veut pas dire pour autant qu'on soit de son avis, mais qu'on accepte le fait qu'il puisse exister différents points de vue sur une même situation.

LES ANCIENS RELATIVISENT, LES ENFANTS REVITALISENT

Dans le cercle familial, la communication entre les générations se dévitalise lorsque les échanges d'expériences, où les uns apprennent des autres, sont remplacés par les débats contradictoires, où les uns s'opposent aux autres.

Nous avons beaucoup à apprendre de ces sociétés que l'on nomme avec beaucoup de déni « sociétés primitives ». Celles-ci, souvent, ont réussi à mieux intégrer les différentes générations dans leur vie quotidienne ; je me souviens de ma gêne, lorsqu'un lama tibétain, venant pour la première fois en France, m'avait demandé s'il était exact que notre civilisation isolait ses anciens dans des hospices, plutôt que de cohabiter avec eux, comme c'est tout à fait naturel chez eux.

J'avais beau lui expliquer que l'homme occidental est plus égotiste, que nous avons privilégié la réussite individuelle sur l'harmonie collective, que pour beaucoup de gens actifs réussir dans sa vie est souvent plus important que réussir sa vie, que nos habitations urbaines ne se prêtent pas à la cohabitation intergénérationnelle, il avait beaucoup de mal à concevoir, malgré son immense ouverture du cœur, que l'on puisse agir ainsi, en isolant ceux qui nous ont donné la vie. Les maisons de retraite n'existent pas au Tibet !

Chez eux, les quatre générations cohabitent, comme cohabitent les quatre saisons de l'année. Les enfants symbolisent le printemps. Dès la naissance, ils explorent l'existence ; c'est la saison des premiers pas, des premiers mots et de la découverte du *Moi, Je*. Les jeunes symbolisent l'été ; dans le rayonnement de la communication, ils incarnent le *Nous*, porteur d'idéal. Les parents symbolisent l'automne. Ils transmettent l'enseignement aux enfants comme les arbres transmettent leurs feuilles à la terre pour la nourrir. C'est la période du *Tu*. Les personnes âgées symbolisent l'hiver. La méditation et le recueillement accompagnent ce dernier âge de l'existence. C'est *la parole du silence*.

LA PAROLE POUR SORTIR DE LA CRISE

Nous traversons une occurrence de crises sans précédent: crise démographique, crise écologique, crise économique, crise sociale. Une occurrence telle qu'elle pourrait, selon grand nombre d'observateurs, remettre en cause la viabilité de notre présence sur terre en moins d'un siècle.

Selon plusieurs spécialistes, il pourrait s'agir de la quatrième extinction massive, après la disparition des dinosaures. L'extinction d'une espèce qui n'a pas réussi à vivre dans l'harmonie et à partager les ressources de la terre.

Cette crise de sens que nous traversons touche toutes les strates de la société. Il est probable que seul un changement de comportement radical puisse apporter une solution en cette période si délicate.

C'est pourquoi, depuis peu, beaucoup d'entre nous réintégrons dans notre vocabulaire les notions de développement durable, de bio-attitude, d'éco-citoyenneté, de commerce équitable et d'hygiène relationnelle.

Ces « nouveaux » comportements s'appuient sur le bon sens, l'empathie, l'amélioration de notre relation à l'autre et le respect de toute forme d'environnement.

En intégrant ces valeurs, nous aiguisons notre conscience sur le fait que nous sommes tous liés les uns aux autres, comme les organes d'un corps humain et que, si un organe est malade, c'est tout le corps qui souffre.

C'est une nouvelle façon de consommer, plus responsable et plus mature, une nouvelle façon d'échanger et de communiquer les uns avec les autres qui sont à la source du succès de ces nouveaux paradigmes, même si, à mon sens, nous n'en sommes qu'aux balbutiements de cette période de changement.

En Europe, l'apparition de mouvements comme les AMAP, les Créatifs culturels et, aujourd'hui, les nouvelles monnaies - le troc, le S.E.L., le J.E.U. - sont les révélateurs d'un besoin de réintégrer la dimension humaine dans tout ce qu'elle a de beau, de généreux et de sacré, au cœur de la relation et de la société. Cette relation humaine s'appuie sur l'authenticité des échanges et de la parole.

Au-delà de sa dimension économique, c'est sur le besoin de tisser des liens chaleureux entre les hommes et les femmes, de rompre avec l'anonymat et l'isolement, que s'appuie l'élan de ces nouveaux mouvements. Nous avons besoin de nous recentrer sur l'essentiel, de donner du sens à l'échange, au partage. Nous avons besoin de communiquer, de dire, de nous livrer pour ce que nous sommes. Notre verbe lui-même a besoin de retrouver son authenticité. Parler vrai, c'est vivre vrai et vivre ensemble !

Dernièrement, l'organisateur d'un salon auquel j'étais invité à participer me demandait si j'acceptais d'être rémunéré par les nouvelles monnaies, telles que le J.E.U. (Jardin d'échange universel) ou le S.E.L. (Système d'échange local), nouvelles formes de commerce, où les billets de banque et les chèques sont remplacés par un échange original de biens et de services.

LE POIDS DES MOTS

Je ne sais quel accueil la société de demain réservera à ces nouvelles monnaies ; mais peut-être l'effondrement de l'euro et du dollar comme le discrédit des banques encourageront de plus en plus d'entre nous à recourir à d'autres formes d'échange reposant sur le troc, le partage et l'équilibre des ressources. Loin de l'anonymat des opérations bancaires menées en salle de marché, le troc s'appuie sur la parole de chacun, la libre expression de nos besoins, la formulation de la demande, bref une négociation dont la parole est le cœur.

Si une telle économie se développe dans les années à venir, cela nous obligera à améliorer les qualités de notre communication.

Nous sommes avant tout des êtres humains animés par le besoin d'échanger, de dire, de parler, d'écouter. Ces qualités ont été mises à mal ces dernières années.

Smartphone, BlackBerry, Facebook, jamais les outils de communication n'ont été si nombreux et ne se sont succédé à un rythme si rapide que durant ces dix dernières années. La communication entre chacun en est-elle améliorée pour autant ? Alors que je prenais le train récemment, je comptabilisais que, sur un wagon transportant 85 personnes, 38 d'entre elles envoyaient ou lisaient des textos ou pianotaient sur leur portable, 12 étaient absorbées dans une communication téléphonique, 8 écoutaient de la musique avec un casque. Combien étaient alors prêtes à s'ouvrir à une nouvelle rencontre, à communiquer avec un inconnu, à intégrer de nouveaux paradigmes ?

Les nouvelles technologies ne répondent pas à nos besoins fondamentaux en matière d'échange. Je suis persuadé que de grands changements de comportement se préparent dans les années à venir. Nous sommes des êtres de communication et notre besoin d'établir des liens se nourrit autrement qu'en multipliant nos amis virtuels sur la toile.

REPLACER L'HUMAIN DANS L'ENTREPRISE

Depuis quelques années, les entreprises, elles aussi, s'accordent sur la nécessité de *remettre l'humain au cœur de l'entreprise,* pour reprendre la formule consacrée.

À l'issue d'une vague de suicides qui a marqué plusieurs entreprises françaises, dont la tristement célèbre vague de France Telecom, le premier ministre a commandé un rapport sur le bien-être au travail, intitulé : *Bien-être et efficacité au travail, 10 propositions pour améliorer la santé psychologique au travail.* Des spécialistes ont enquêté, interrogé des centaines de salariés, pour trouver les causes du mal-être professionnel.

Parmi les causes principales, le manque de reconnaissance arrive dans les premières positions. Nous avons besoin, chacun d'entre nous, d'être reconnus pour ce que nous sommes, nous avons besoin de nous sentir utiles dans nos fonctions, de ressentir le lien avec l'entreprise dans laquelle nous passons le tiers de notre journée. Nous avons besoin de sentir que nos actions ont un sens. Besoin d'être écoutés, de dire et qu'on nous dise. Tous ces besoins, de reconnaissance, d'appartenance, d'évolution, passent par le soin donné à la parole, à la qualité du verbe et au sens de l'écoute dans la relation. En entreprise aussi, on a besoin d'en finir avec la langue de bois et de retrouver l'essence d'un parler vrai et bienveillant.

Devant ce constat, l'essentiel des sociétés françaises multiplie les notes d'intention. Les chartes éthiques encouragent à remettre l'humain au cœur de l'entreprise, sans pour autant qu'elles sachent concrètement comment s'y prendre.

« Mettre de l'humain », c'est distinguer la personne de la fonction qu'elle occupe, c'est intégrer toutes les dimensions humaines de la communication, et notamment la dimension émotionnelle. C'est replacer une parole sincère, chaleureuse, au cœur des échanges.

DE L'HOMME À SA FONCTION

Dernièrement, alors que j'intervenais dans le service gériatrique d'un hôpital de la région parisienne, un chef de service me présentait avec fierté une nouvelle méthode de soins, récemment adoptée et fièrement baptisée *Soin thérapeutique humaniste*.

Cette méthode, considérée comme innovante, ne consiste qu'en cinq points : appeler le patient par son prénom et son nom, le regarder dans les yeux au moment de ses soins, s'asseoir à sa hauteur, établir toujours au préalable un contact physique (caresser le bras, la main) et décrire au présent les soins qu'on lui prodigue.

Ce protocole relationnel, s'il est décrit ici comme une partition innovante, n'est, nous allons le voir, que le fondement de toute relation humaine qui repose sur le bon sens, l'écoute et l'empathie.

En matière de communication, c'est parce que nous avons confondu la personne et la fonction qu'elle occupe que nous avons fragilisé la qualité de nos liens, favorisé le désinvestissement de nombreux salariés et généré de nombreux conflits.

On communique souvent davantage avec notre médecin, notre directeur des ressources humaines, nos clients, qu'avec Jeannine, Séverine ou Rachid. En France, le respect de la hiérarchie impose à un salarié de ne jamais s'adresser à la hiérarchie N+2 ou N+3 sans passer par son N+1, même si celui-ci est absent; le moindre écart génère beaucoup de conflits internes et de susceptibilités. Il y a surtout conflit lorsque nous identifions l'homme à sa fonction, comme lorsque, au théâtre, le public associe l'acteur au rôle qu'il joue. Il me semble que le Québec est beaucoup moins à cheval sur ce principe.

LA SIMPLICITÉ DE LA COMPLEXITÉ

Dans un conflit de société, on peut difficilement résumer et résoudre une situation complexe d'une seule parole tranchée, sans tomber dans un excès manichéen. Pour peu qu'on dispose d'un peu d'ouverture d'esprit, l'écoute des points de vue de chacun ne fait pas qu'enrichir la connaissance de la situation dans sa complexité, elle permet surtout de renforcer le lien entre les différents protagonistes.

Hier, les leaders étaient respectés parce qu'eux-mêmes respectaient la parole. Ils s'appuyaient sur le fameux bâton de parole, ou d'autres symboles, avant de prendre une décision.

Aujourd'hui, trop souvent, le statut de chef dispense l'intéressé du partage de la parole. Les décisions sont prises sans concertation suffisante, sans échange de points de vue. Ces décisions sont par la suite contestées, reprochées, et non suivies d'effet.

En cette ère décisive pour l'évolution de notre société, il est aberrant que des décisions qui concernent des choix tels que l'exploitation des ressources de la terre, les modes d'éducation de nos enfants dans les écoles, la légitimité des différents modes de santé ne soient prises que par un tout petit nombre, souvent dans l'opacité la plus complète, plutôt que de donner lieu à de nouvelles formes de concertation.

Ce manque d'échange et de partage de la parole donne régulièrement lieu à des scandales qui enveniment la crise.

Un exemple récent : l'opacité avec laquelle le gaz de schiste a été exploité dans différentes parties du monde a généré de très nombreux soulèvements des populations. Ceux-ci ont donné lieu à l'abandon de certains chantiers et à des débats organisés à la hâte, alors que les dégâts étaient déjà connus et irréparables. D'autres sujets sensibles tels les OGM, la campagne de vaccination contre la grippe A, le scandale du Médiator - ce médicament antidiabétique, utilisé comme coupe-faim, accusé d'avoir causé 500 morts en France en 30 ans -, sujets pour lesquels il a été si peu tenu compte des avis de chacun, deviennent les symboles de la fracture d'une société qui cherche son unité par un verbe rassembleur.

Il devient impensable, à l'heure où chacun se sent de plus en plus concerné par les sujets écologiques et environnementaux, que des décisions si importantes soient prises avec si peu de concertation et sans échange de parole.

Cercle sacré, bâton de parole, arbre à palabres, conseil de famille, cercle des anciens ; toutes les sociétés primitives ont assis leur évolution et leur pérennité sur la clarté et la transparence des décisions qui sont prises et concernent chacun.

C'est à sa faculté d'intégrer le plus grand nombre de points de vue qu'on mesure la cohésion d'une société, et non à la rapidité avec laquelle elle impose le point de vue de quelques-uns.

L'essentiel des conflits dans notre société, qu'il s'agisse de la crise des banlieues ou de la violence des lycées, vient du fait qu'une tranche de la population a l'impression de n'être pas écoutée. L'arbre à palabres a été déraciné. La parole a perdu de son sens sacré ; la violence due à cette parole réprimée s'est radicalisée en actes violents.

Pour une résolution pérenne d'un conflit, il convient d'en traiter les différentes dimensions : sociétale, écologique, humaine, sociale. C'est l'approche que nous transmet l'école de Palo Alto sous l'appellation d'analyse systémique, approche que les anciennes traditions intégraient en encourageant à vérifier que les mondes humain, animal, végétal et minéral ne souffriront pas d'une décision que l'on s'apprête à prendre.

LANGUE DE BOIS ET RISQUES PSYCHOSOCIAUX

Dans le milieu professionnel, les dysfonctionnements relationnels ont généré toutes sortes de troubles que nous répertorions sous l'appellation de risques psychosociaux.

L'approche des situations toujours envisagée sous l'angle problème/solution, la difficulté à s'exprimer avec des mots simples, la rigidité de certaines structures hiérarchiques, le manque de disponibilité et de compétences relationnelles de nombreux managers fragilisent les rapports humains et l'aptitude de chacun à oser parler et savoir dire.

Les salariés ont besoin de retrouver une facilité de parole, une autorisation à exprimer spontanément ce qu'ils ressentent et une certitude d'être entendus, sans crainte d'être sanctionnés.

Dans les réunions d'entreprise qui ponctuent les journées des managers, la parole a été banalisée à l'extrême. Beaucoup se parlent sans vraiment s'écouter; il est d'usage que les salles de réunion soient meublées de tables carrées autour desquelles les managers posent leur portable et se connectent par WiFi pour continuer à lire leurs courriels pendant que parle l'orateur. Une façon socialement correcte d'être là, sans y être.

La palme d'or de cette parodie de communication en entreprise revient, sans aucun doute, à ce que l'homme moderne a créé sous le nom de PowerPoint, sésame d'une réunion réussie.

Il ne se passe plus une présentation sérieuse aujourd'hui en entreprise sans que son animateur n'utilise le fameux PowerPoint, qui n'est rien d'autre que la forme informatisée de son ancêtre, le diaporama.

N. B.: Ne vous avisez pas pour autant d'inviter vos collègues lundi après-midi à un diaporama, car le nom archaïque de cet ancêtre est réservé aux diapositives de vos vacances à la mer, alors que le respectueux PowerPoint présage une réunion importante, préparée et très sérieuse.

Lorsque la direction financière d'une entreprise fait appel à un cabinet de consultants pour qu'on lui propose des solutions de sorties de crise, l'animateur se ferait certainement houspiller s'il ne présentait que quelques notes rédigées à la hâte sur un bout de papier, tout en proposant à l'entreprise de diminuer les dépenses et d'augmenter les recettes !

En revanche, le subterfuge passera mieux si un consultant habile dans l'art oratoire présente un PowerPoint minutieusement préparé, intitulé par exemple : *Les quatre leviers majeurs de réactivation du succès selon le protocole O.C.I.I.*, suivi de quatre images du type :

1 - ***O**ptimiser le potentiel d'innovation, par la dynamisation des réseaux internes.*
2 - ***C**onsolider les leviers de réussite de l'entreprise.*
3 - ***I**nvestiguer la créativité au sein des postes clés.*
4 - ***I**mpacter sur le marché une image leader.*

Ce qui est une façon obscure de dire qu'il faut réduire les dépenses et augmenter les recettes. La richesse du verbe compense parfois la pauvreté des idées. La présentation sera habilement illustrée de quelques croquis et pourcentages, et suivie de la proposition de créer quatre sous-comités. Cette dérobade recevra plus facilement l'approbation de la salle, ou tout au moins le silence complice des spectateurs.

Cependant, derrière le masque, personne n'est dupe que PowerPoint crée surtout un mur entre l'orateur et son public ; dans la lumière tamisée et le ronflement du projecteur, le présentateur n'aura pas à affronter son public droit dans les yeux.

AU CŒUR DU VERBE

Il y a quelques années, je passais une semaine avec un lama tibétain venu donner des enseignements à Paris. Au cours d'un entretien, je lui expliquai que, dans nos sociétés, les uns et les autres continuent à s'envoyer des textos sur leur téléphone pendant les réunions. Il semblait très affecté. La parole n'est pas une information, elle véhicule une information, mais elle est autant le véhicule que l'information qu'elle porte. Ce véhicule est un lien permettant d'établir un contact intelligent et évolutif. Intelligent, car l'intelligence nous permet de nous adapter à l'autre ; évolutif, car la parole est vivante. À l'instar de l'écrit, qui fige l'information, la parole conserve toute sa vie à l'information.

« *Je te donne ma parole.* » « *Ne me coupez pas la parole !* » « *Silence ! Il va prendre la parole.* » Dans votre quotidien, votre prise de parole ne débutera généralement pas par la transmission du bâton de parole. Mais un rituel est là pour réveiller votre conscience. Un simple claquement de doigts, un bref silence peuvent vous rappeler, au moment où vous allez prendre la parole, que vous vous préparez à célébrer un acte sacré, celui de parler. En y accordant toute votre attention, votre parole retrouvera sa dimension sacrée.

À présent que nous avons évoqué le caractère précieux de la parole, voyons, dans cette deuxième partie, comment renforcer l'authenticité, la clarté et la vie de votre propre parole.

DEUXIÈME PARTIE

À VOUS D'OSER PARLER ET SAVOIR DIRE

CHAPITRE VI

AFFIRMEZ VOS BESOINS

Oser exprimer ses besoins ; soit ! Mais est-ce autorisé de parler de soi ? Dans notre culture, le fait de parler de soi est souvent vu comme un défaut. On montre du doigt celui qui ne parle que de lui, on le taxe d'égoïsme ; on lui reproche de n'être concentré que sur son nombril.

Pourtant, l'égocentrisme est une étape fondamentale dans l'apprentissage de la communication. « *Connais-toi toi-même et tu connaîtras l'univers et les dieux* », enseignait Socrate. Pour prendre soin de l'autre, au préalable, prenez soin de vous. C'est en vous attendrissant vous-même que vous pourrez être tendre avec l'autre. En vous écoutant, vous entendrez l'autre.

Un thérapeute, spécialisé dans la médiation de couple, est plus aidant pour ses patients s'il a lui-même apaisé sa propre histoire conjugale. Un prêtre est plus convaincant s'il a affermi sa propre foi.

Charité bien ordonnée commence par soi-même, nous rappelle cette sentence pleine de bon sens ! En matière d'estime de soi, comme en matière de communication, la congruence et l'exemplarité sont les clés de l'influence et du respect.

Pour mieux communiquer avec l'autre, vous avez besoin d'apaiser les parties de vous qui sont en conflit et de comprendre quels sont vos besoins pour demeurer épanoui, heureux et ouvert... à vous et aux autres.

LES TROIS RENGAINES TOXIQUES

Si vous n'osez exprimer vos besoins, vous risquez de vous laisser envahir par l'une des *trois rengaines toxiques* :

- **La rengaine de la plainte :** « *J'ai des problèmes, personne ne m'aime !* » Vous reprenez en boucle tous vos soucis : « *Avec ce travail, je n'ai pas de temps pour m'occuper de moi. Si encore c'était un travail agréable, mais rédiger des factures toute la journée, si tu crois que ça a un sens ! Je suis la seule à être travailleuse ici ! Quant au week-end, entre les courses et les enfants, qu'est-ce qui me reste comme temps pour moi ?* » Cette rengaine génère beaucoup de mésestime de soi, renforce votre sentiment d'impuissance et ferme votre horizon.
- **La rengaine de la critique :** « *Tout ça,* ***c'est de sa faute !*** » L'autre devient responsable de tous vos problèmes. « *L'autre est égoïste, il ne pense qu'à lui et ne s'occupe pas de moi ; l'autre est inconscient, il se trompe, il ne voit pas la situation comme elle est ; il est naïf et, de plus, il ne sait pas communiquer !* » Vous lui reprochez de ne pas avoir agi comme vous auriez aimé qu'il agisse ; d'être ce qu'il est (ou ce que vous croyez qu'il est), maladroit, pas assez tendre, trop matérialiste, toujours devant la télé, trop peu avec les enfants, trop dépensier, trop violent ou trop collant. Cette rengaine fait naître le ressentiment, le jugement, l'agressivité, la colère ou le mépris. Si vous restez branché sur l'autre et pas sur vous, si vous considérez l'autre comme responsable de vos tracas, vous devenez une victime et l'autre un bourreau. Cette attitude provoque beaucoup de mésestime de l'autre et, à long terme, une fermeture d'esprit pour vous.
- **Le chant du silence :** Troisième rengaine toxique qui consiste, lorsque quelque chose ne va pas, à ne rien dire, à prendre sur vous. Si cette attitude ne règle aucun conflit, elle fait au moins le bonheur des gastro-entérologues, l'ulcère de l'estomac affectant tout de même 8 % de la population active, avec plus de 80 000 nouveaux cas par an. Cette maladie est essentiellement

causée par le stress généré par une communication déficiente. Elle touche majoritairement les 40 à 50 ans, âge de la vie où les capacités d'oser parler et de savoir dire, si elles ne sont pas acquises, peuvent provoquer de grands dérèglements. Cette maladie (mal a dit) est justement liée au mal à dire, à la difficulté à traduire en mots nos besoins insatisfaits qui, n'étant pas exprimés, se retrouvent réprimés et imprimés sur les parois de l'estomac.

À ceux qui s'interrogent à savoir s'il est vrai que les hommes ont plus de mal que les femmes à exprimer ce qu'ils ressentent, s'ils ont tendance à prendre sur eux jusqu'à l'explosion (syndrome de la cocotte minute), le fait que l'ulcère duodénal touche trois hommes pour une femme peut être considéré comme un élément de réponse.

Les besoins de l'être humain, au nombre de trois selon Robert Ardrey, de cinq selon Maslow ou de quatorze dans la théorie de Virginia Anderson, se recoupent et sont sensiblement les mêmes pour chacun.

Lorsque vos besoins sont satisfaits, vous transmettez une belle lumière à votre entourage. Lorsque vous vous sentez frustré ou en colère, c'est que l'un ou plusieurs de vos besoins ne sont pas satisfaits. Difficile alors d'être sensible aux peines de vos voisins.

NOS DIX BESOINS FONDAMENTAUX

- **Besoin physiologique:** besoin de respirer, de manger, de boire, de dormir. Pour savoir si vos besoins physiologiques sont satisfaits, interrogez-vous. La qualité de votre sommeil est-elle respectée? Prenez-vous votre temps pour manger, buvez-vous suffisamment d'eau? Beaucoup de conflits ont lieu parce que les besoins vitaux ne sont pas satisfaits. Lorsque trop de frustrations physiologiques sont emmagasinées, il suffit d'un mot de travers pour que le conflit éclate; ou plutôt, que ne transparaisse un conflit qui dure depuis longtemps. Avant d'être un conflit avec l'autre, c'est un conflit entre ce que vous êtes prêt à accepter et ce que vous acceptez réellement.

- **Besoin de sécurité :** besoin de vivre, de croître et d'évoluer en sécurité. La sécurité va au-delà de l'aspect matériel (être sûr qu'on ne va pas se faire agresser durant la nuit, par exemple) ; d'autres situations peuvent insécuriser. Une femme inquiète de voir son mari partir, prétendument en séminaire d'études, peut craindre qu'il n'entretienne une relation avec une autre femme, surtout si les explications données par le mari sont floues. Surtout si la femme, qui ne veut pas pour autant devenir intrusive, n'ose parler ou ne sait comment dire. Un employé, dont le dirigeant évoque un éventuel licenciement, va se sentir, lui aussi, insécurisé. Dans un cas comme dans l'autre, cette insécurité par rapport à l'avenir fragilise la relation. Si ce besoin de sécurité n'est pas identifié ; si la femme inquiète ou le salarié menacé n'arrivent pas à dire clairement ce qu'ils demandent, la situation peut rapidement dégénérer dans l'une des *trois rengaines toxiques.*
- **Besoin de reconnaissance :** besoin d'être reconnu à votre juste valeur et besoin d'être entendu pour ce que vous êtes. Combien d'hommes et de femmes en entreprise multiplient les heures supplémentaires pour recevoir les compliments de leur hiérarchie. Pourtant, malgré les efforts entrepris, cette reconnaissance n'arrive pas. Au bureau, alors que vous avez travaillé d'arrache-pied pour remettre un dossier à l'heure, les félicitations espérées sont prononcées à l'égard d'un autre qui n'y est pour rien, si ce n'est qu'il est votre chef. C'est alors qu'un sentiment d'injustice vous saisit. « *Ce n'est pas juste ! Pourquoi ne suis-je pas reconnu à ma juste valeur ?* » Dans tous les moments où vous constatez que votre conjoint, votre hiérarchie n'ont pas remarqué votre engagement, votre besoin de reconnaissance est mis à mal.
- **Besoin d'identité :** *Qui sommes-nous vraiment ? Quels sont nos valeurs, nos atouts, nos différences ?* L'enfant a besoin de savoir

qui il est; il est nourri lorsque son parent lui parle de lui avec précision. Dire à un enfant qu'on l'aime est apaisant, mais insuffisant. L'enfant aime savoir pourquoi: «*J'ai remarqué que tu fais preuve de beaucoup de patience quand tu fais un puzzle, tu es vraiment un enfant persévérant à mes yeux. J'ai remarqué aussi que tu as une fossette sur le menton quand tu ris, et je trouve cette fossette adorable! J'adore te voir sourire à ces moments-là.*» Si ces phrases adressées à l'enfant lui font du bien, il ne faudrait pas croire pour autant que le besoin d'identité n'est limité qu'à l'enfance. Adulte aussi, nous avons besoin de savoir qui nous sommes et ce en quoi nous sommes différents.

- **Besoin d'utilité:** *À quoi est-ce que je sers? Pourquoi fait-on appel à moi plutôt qu'à un autre?* Votre besoin d'utilité concerne la façon dont vous pouvez transmettre le meilleur de vous dans vos relations. J'ai souvenir d'un conflit qui avait sévi dans une entreprise technologique. Une assistante avait mis beaucoup de cœur pour remettre un dossier à temps, dossier qui était resté plus de trois semaines sur le bureau de sa chef, sans être consulté. Ce n'était pas l'énergie déployée pour rédiger ce document qui avait touché l'assistante, mais l'impression que son travail était inutile. Elle se posait cette question légitime: «*À quoi je sers?*» L'une des raisons principales du mal-être au travail est le besoin d'utilité non reconnu. Si vous ne faites pas le lien entre votre travail quotidien et son importance pour l'organisation, vous risquez de souffrir de ce sentiment d'inutilité. Aujourd'hui, dans les grandes entreprises, l'association de tâches virtuelles, la multiplication des relations transversales, le cloisonnement des services et l'incompétence de certains managers perturbent le sentiment d'utilité. Beaucoup se demandant au quotidien à quoi ils servent.
- **Besoin d'appartenance:** à un groupe, une fratrie, une ethnie. Lorsqu'un groupe est fort, rien de pire que de s'en sentir exclu. Pour mieux savoir qui nous sommes, nous avons besoin de nous savoir reconnus par nos pairs. Cela nous fait du bien de

nous retrouver entre Bretons, entre célibataires, entre parents, entre managers. Les équipes sportives et les partis politiques savent bien fédérer leurs supporters qui se reconnaissent entre eux, par la couleur de leurs fanions ou de leurs maillots. Même si vous êtes de nature solitaire, vous avez besoin de faire partie d'une famille, d'une fratrie, d'un groupe.

- **Besoin de communication:** besoin de dire, besoin d'écouter et d'être écouté, besoin de partage. Quel que soit son âge, l'être humain a besoin d'exprimer sa différence et de sentir qu'il est entendu. L'enfant est en détresse lorsqu'on lui refuse ce qu'il n'a pas eu le temps de finir de demander. Ce n'est pas tant le refus qui le blesse, mais le manque de communication qui accompagne ce refus. Vous avez besoin de prendre un temps pour parler, pour échanger, pour vous sentir compris, pour que votre point de vue soit entendu. Le fait d'écouter une personne est probablement la façon la plus concrète de lui apporter de l'amour. Surtout si cette écoute est une réelle écoute dénuée de jugements. *Aimer, c'est permettre à l'autre d'être simplement qui il est.* Voilà à mes yeux la plus belle définition de l'amour! Permettre à l'autre d'être qui il est, lui permettre d'exprimer son intimité, en lui portant une écoute sincère.
- **Besoin d'estime:** *J'ai besoin qu'on m'aime et qu'on me le dise.* Voilà certainement l'un des besoins les plus sensibles, car vous ne pouvez pas exiger d'une personne qu'elle vous aime. J'ai accompagné dernièrement une femme sur le point de se séparer de son compagnon. Leur relation était devenue si toxique qu'elle «emmagasinait» tous les griefs que lui infligeait son compagnon. Il n'y avait plus de douceur ni de tendresse dans leur relation, juste des reproches. Malgré cette situation toxique, cette femme avait peur du changement, et culpabilisait à l'idée d'abandonner son compagnon et leurs deux enfants. Elle vidait ainsi son réservoir d'estime d'elle-même. Car notre niveau d'estime fonctionne comme un réservoir. Chaque mot tendre, remerciement, chaque félicitation remplit le réservoir, chaque critique l'assèche. Comme elle ne savait s'exprimer

autrement qu'en se plaignant, cette femme prenait sur elle et se sentait de plus en plus dévalorisée.

Le jour où elle fit sa valise, elle acquit un tel courage pour surmonter sa peur qu'elle fut fière d'elle-même. Son niveau d'estime et de confiance grimpa en flèche.

En effet, bien que nous ayons tous besoin d'estime, nous faisons fausse route si nous attendons que ce besoin soit satisfait par des personnes qui nous sont toxiques.

- **Besoin d'évolution :** besoin d'accomplissement, de réalisation. « *Sacré Gégé, toujours le même !* » Si cette boutade vous fait du bien, car elle vient renforcer votre besoin d'appartenance au clan des copains qui se retrouvent tous les samedis depuis vingt ans, elle peut assécher votre besoin d'évolution.

Nos besoins sont ainsi, ambivalents. Vous pouvez avoir besoin de changement tout en ayant besoin de stabilité. Vous pouvez avoir besoin d'appartenance à un groupe et besoin d'indépendance. Vous pouvez avoir besoin de communication et besoin de silence. « *Il faut savoir ce que tu veux ; improviser ou tout préparer ! Il faut choisir !* » Ne vous laissez pas intimider dans les moments où s'exprime votre ambivalence et sachez prendre soin autant de vos besoins d'improvisation que de sécurité. Cela demande juste de développer votre créativité.

Être à l'écoute de ses besoins, c'est aussi accepter que ceux-ci soient paradoxaux. Vous êtes seul à savoir si votre besoin d'évolution est satisfait. Avez-vous la sensation de faire le même travail aujourd'hui qu'hier ? En ressentez-vous une amertume ? Avez-vous la sensation de vous ennuyer ? Ressentez-vous de la jalousie par rapport à des collègues qui s'épanouissent dans leur vie ? Éprouvez-vous l'envie de vous écarter de la routine ? Prendre soin de votre besoin d'évolution, c'est vérifier que vous vous sentez toujours vivant, en mouvement.

- **Besoin de récréation:** besoin de s'amuser, de se détendre. «*Allons! Un peu de sérieux, on n'est pas là pour s'amuser!*» «*Qu'est-ce que tu as à rire comme ça? C'est ridicule!*» Il n'y a pas besoin d'une raison pour rire et être joyeux. Pour être en bonne santé, il est recommandé de rire environ 12 minutes par jour. Rire de bon cœur, sourire franchement, rire à gorge déployée, toutes les occasions sont bonnes, car le rire permet d'améliorer votre mémoire, votre imagination et renforce votre estime et confiance en vous. Le rire apaise votre stress, facilite la digestion et le sommeil, bref, le rire est bon pour la santé. Si aujourd'hui vous vous sentez trop grave, commencez par rire de votre gravité!

LA CORDE JUSTEMENT TENDUE DE NOS BESOINS

Dans son délicieux livre *La leçon de sitar,* Marie-Josée Tardif illustre nos besoins fondamentaux par la métaphore des cordes de l'instrument indien, le sitar. Ainsi, d'une façon poétique, l'auteur s'appuie sur une jolie métaphore, celle d'un instrument de musique, pour comparer nos besoins fondamentaux. Le musicien accorde son instrument. Ses cordes ont besoin d'être réglées; trop tendues, elles risquent de lâcher; trop peu tendues, elles ne sonneront pas. Ainsi, chaque corde correspond à un besoin particulier:

- **La corde des racines:** «J'occupe ma place.»
- **La corde des nourritures:** «J'ai faim de vivre.»
- **La corde du feu sacré:** «Je me passionne.»
- **La corde des désirs:** «Je me choisis.»
- **La corde des émotions:** «Je laisse couler.»
- **La corde des sentiments:** «Je me sens aimé et j'aime.»
- **La corde de l'expression:** «J'écoute et j'exprime.»
- **La corde de la vision:** «Je vois clair.»
- **La corde de la grâce:** «Je communie.»

C'est l'écoute de votre propre vibration et un réajustement perpétuel qui vous permettent de jouer la musique de votre vie.

Dans notre communication, il est parfois aussi difficile de décrypter nos propres besoins que de décrypter ceux d'un autre. Lorsqu'un enfant se montre agressif vis-à-vis de son petit frère, beaucoup de parents se contentent de proposer une solution en séparant les deux enfants, sans se demander quel besoin n'est pas satisfait chez l'aîné ; un besoin de sécurité ? Peut-être a-t-il peur que son petit frère lui prenne sa place ? Besoin de reconnaissance, il craint de perdre du crédit auprès de ses parents ? Besoin d'estime ? L'enfant perd confiance, car il est confronté à une concurrence ? En trouvant le besoin déficient, le parent prendra d'autres moyens pour le satisfaire et l'enfant s'apaisera. D'une façon générale, lorsque la communication est bien établie entre les protagonistes et que chacun reconnaît et nomme ses besoins, les solutions émergent d'elles-mêmes. En apprenant à identifier vos propres besoins, vous parviendrez facilement à décrypter ceux de l'autre.

UN BAROMÈTRE FIABLE : LE CORPS

« *Oser parler et savoir demander, soit ! Mais comment savoir ce qui est bon pour moi ? Comment identifier quel besoin est satisfait et quel besoin ne l'est pas ?* » Cette interrogation, en apparence naïve, est en fait assez représentative des questions que me posent ceux qui ne savent ni quoi ni comment demander. Ne sachant pas ce qui est bon pour eux, ces gens acceptent des situations toxiques jusqu'à saturation. C'est alors un ras-le-bol, une rupture, une maladie ou une crise qui les amène à réagir.

« *J'ai compris, je vais faire attention à moi* », me confiait une jeune femme qui vivait sa vie dans le sacrifice et la frustration. « *Et pour me faire du bien, je vais commencer par m'offrir un gros sac de bonbons et un double whisky devant ma télé !* » S'agit-il, dans ce cas, d'un acte accompli pour satisfaire ses besoins profonds ou, au contraire, d'une réaction pour compenser une frustration ?

Comment savoir ce qui est bon pour vous ? Comment savoir si la réponse que vous vous préparez à donner à une invitation est animée par une joie vraie ou par la peur d'être jugé ou de décevoir ? Les nuances sont subtiles et il est parfois délicat de les distinguer et de réajuster la corde de vos besoins.

Pour savoir ce qui est bon pour vous, il existe un baromètre qui ne vous trompera jamais et vous indiquera infailliblement si une situation vous fait du bien ou non. Ce baromètre, c'est votre corps physique qui communique avec vous, parfois plus que vous ne l'entendez.

Les Québécois s'interrogent souvent au moyen de cette petite phrase avant de donner leur réponse à une proposition : « *Ça me fait oui ou ça me fait non ?* » Cette phrase m'a toujours plu, et plaît aux Français à qui je la répète, nous qui avons plutôt tendance à nous demander au moment d'un choix : « *Comment va-t-il réagir si je lui dis oui ? Ne va-t-il pas s'offusquer si je lui dis non ?* » et à adapter notre comportement à partir de ce que nous imaginons de la réaction de l'autre ; ce qui atténue notre spontanéité.

Au moment où vous vous interrogez à savoir si une proposition est bonne ou non pour vous, l'écoute de votre corps peut vous transmettre des informations précieuses. Votre corps manifeste toujours, par une contraction ou une ouverture, une détente ou une crispation, si vos besoins sont satisfaits ou non ; encore faut-il que vous soyez prêt à l'écouter !

EXPANSION-CRISPATION, LE BAROMÈTRE FIABLE

Face à une proposition, une suggestion, une invitation, votre corps réagit de façon plus ou moins subtile, mais il réagit. Le plexus solaire se ferme, la mâchoire se crispe, les sourcils se froncent, la respiration se coince : la réponse est non ! Le corps signale par cette crispation que la situation ne vous fait pas du bien.

Le plexus se détend, l'abdomen se relâche, la mâchoire se décrispe, une paix se manifeste, vous ressentez un véritable élan, une joie ; la réponse du corps est positive et vous indique que la proposition vous fait du bien. Plus vous écouterez votre corps, plus vous entretiendrez avec lui une communication subtile ; le moindre frémissement du corps vous indiquera ce qui est bon pour vous.

LES TROIS ENVELOPPES CORPORELLES

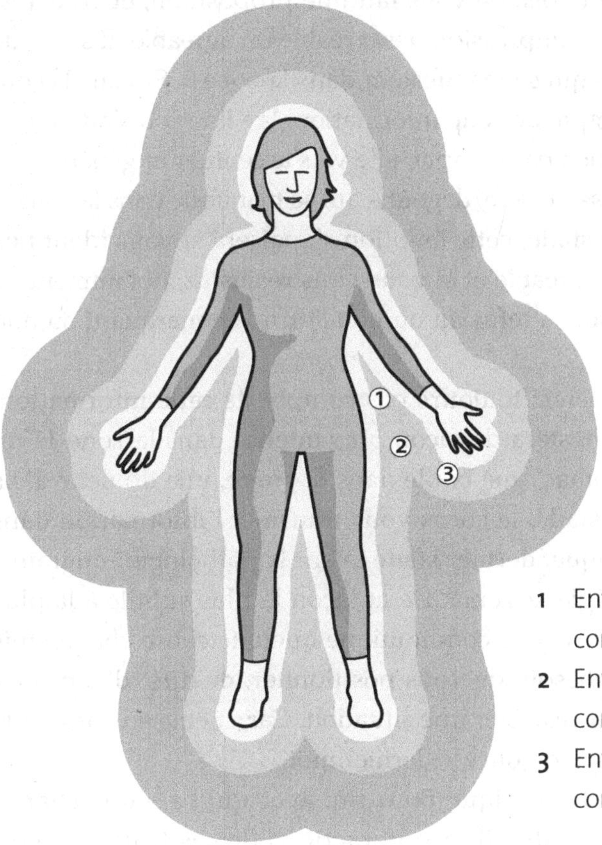

1 Enveloppe du corps physique
2 Enveloppe du corps émotionnel
3 Enveloppe du corps psychique

Illustration 1
Le corps et ses trois enveloppes énergétiques

Le corps est entouré de trois enveloppes énergétiques que les Orientaux appellent l'aura. La première enveloppe, la plus proche du corps, est l'enveloppe physique; la deuxième, l'enveloppe émotionnelle; la troisième, l'enveloppe psychique et spirituelle. L'énergie qui se dégage du corps vibre sur une trame de la plus grossière (zone 1) à la plus subtile (zone 3).

Quand le corps vous donne une réponse, dans un premier temps, il communique par des vibrations à peine perceptibles. Vous poussez la porte d'un bureau, vous rencontrez quelqu'un pour la première fois, on vous fait une proposition, et vous ressentez une vague impression désagréable ou agréable. Il s'agit de sensations fines qui se manifestent dans la zone 3. Si vous l'écoutez et tenez compte de cette information, la vibration s'atténuera. Si vous n'en tenez pas compte, elle va s'accentuer et générer une émotion - tristesse, colère, dégoût - qui se manifeste dans la zone 2. À ce deuxième stade, cette émotion s'apaisera si vous identifiez la situation désagréable et si vous vous réajustez, notamment en prenant position, en refusant ou non l'offre, en marquant ou non une distance.

Si vous ne tenez toujours pas compte de cette information, celle-ci se manifestera de façon plus intense dans la zone 1 : un poids sur l'estomac, une boule dans la gorge, une douleur dans les reins. À ce stade, le corps vous transmet l'information dans la sphère physique, dernier stade avant la pathologie : migraine, asthme, lombalgie, eczéma. De la façon la plus subtile à la plus évidente, le corps vous communique quelque chose chaque fois que vous avez besoin de vous positionner, de dire, d'exprimer un malaise pour réajuster une situation. Car, même en gardant le silence, le corps a toujours le dernier mot.

Le docteur Dominique Bourdin, avec qui j'ai eu la chance d'étudier plus en détail les interactions de ces trois couches, les identifie sous le nom d'ECIS : Enveloppes Conscientes, Intelligentes et Sensibles. Des auteurs comme Christian Flèche, le Dr Hamer, Thierry Janssen ou Lise Bourbeau ont exploré, eux aussi, chacun à leur façon, le décodage biologique des maladies et le lien entre les émotions et les pathologies, et sont parvenus à des conclusions très complètes sur le lien entre l'insatisfaction de nos besoins, les émotions générées et les pathologies résultantes.

DISTINGUER VOS SENSATIONS

Parler de soi demande un entraînement. Lorsque le metteur en scène demande à un acteur d'interpréter la culpabilité, la frustration, l'inquiétude ou la nostalgie, la nuance n'est pas toujours flagrante pour le spectateur, souvent parce que l'acteur lui-même a du mal à distinguer dans son corps comment l'une et l'autre de ces sensations se manifestent physiquement. C'est pourquoi les comédiens font leur gamme pendant des heures pour distinguer les moindres émotions qu'ils ressentent.

Décrypter ses propres sensations physiques demande un entraînement. C'est le thème du prochain exercice.

EXERCICE : Décrivez votre univers intérieur

Cet exercice peut se faire deux par deux, c'est mieux ; auquel cas, vous vous allongerez face à face ; sinon, vous pouvez le faire seul. Allongez-vous sur un tapis au sol. Assurez-vous de n'être pas dérangé. Une fois allongé, observez tout ce qui se joue en vous : les sensations physiques, les émotions, les sentiments, les pensées. Identifiez précisément et décrivez tout ce qui se passe en vous. Cela va de vos sensations physiques, « *Je sens ma nuque tendue* », « *Je sens mon ventre qui gargouille* », « *Je sens mes mollets détendus* », à vos émotions, « *Je suis énervé* », « *Je suis en colère d'avoir accepté de faire cet exercice, je ne tiendrai jamais dix minutes à ce petit jeu-là...* », à vos sentiments, « *Je ressens de la tristesse* », « *Je m'ennuie* ». Lorsqu'une pensée surgit : « *J'entends du bruit dans le couloir, ça doit être mes enfants qui rentrent de l'école* », ne rentrez pas dans la pensée. Contentez-vous de formuler à haute voix « *pensée* » et passez à autre chose. Revenir à la respiration vous aidera à demeurer dans l'ici et maintenant. Dernier point, chaque fois que vous identifiez une sensation, une émotion ou une pensée, nommez-la deux fois : « *J'ai des fourmis dans la jambe. J'ai des fourmis dans la jambe.* » C'est tout ! Si vous faites cet exercice à deux, alternez chacun une observation. Nos pensées sont très nombreuses : environ 80 000 par jour. Toutefois, nous ne sommes pas toujours conscients de cette activité cérébrale qui ronronne dans notre tête comme une radio. Cet exercice consiste à mettre en exergue cette agitation pour mieux l'identifier. La communication avec l'autre commence par une communication avec soi. L'observation attentive de ce qui se joue en vous est la première des phases de cette communication. Aussi, pendant dix minutes, identifiez ; c'est tout !

Avertissement: *Les exercices décrits dans cet ouvrage ne sont pas des pilules magiques qui feront effet dès que vous les aurez lus. Il s'agit d'un florilège d'outils que j'ai exploré au fil de mes vingt ans de pratique autour du verbe et de la parole. Ces exercices sont désormais à votre disposition. Tous ont été testés par des milliers de stagiaires, au fil de séminaires, ce qui m'a permis de les réajuster.*

À mes yeux, un bon exercice n'est jamais compliqué. Il est compréhensible et facilement applicable. Peut-être serez-vous surpris de sa simplicité après en avoir pris connaissance. Car la vie est simple ! Les exercices font appel à la respiration, à la cohérence cardiaque, à la visualisation, à la posture. Je vous recommande de les essayer en y consacrant au minimum quelques minutes par jour. J'ai suffisamment observé de résultats pour conclure à leur efficacité. C'est la constance, l'entraînement et la persévérance avec lesquels vous réaliserez ces exercices qui en feront des outils de transformation.

CHAPITRE VII

LES TROIS PHASES DE LA PAROLE

Beaucoup de familles contournent soigneusement les sujets qui fâchent pour éviter les disputes : la politique, la religion, le sexe et l'argent... En fait, ce ne sont pas tant les divergences de points de vue qui sont à la source de la discorde, mais la façon dont ceux-ci sont abordés. Dès lors que chacun assène ses jugements comme des vérités, communique à partir de critiques et reproches, dès lors que chacun impose son point de vue sans prendre le soin d'écouter l'autre, la conversation vire au règlement de comptes : « *Tu es vraiment naïf de faire confiance à ce parti politique dirigé par des incompétents !* » « *Ça vaut mieux que de voter pour un parti où les magouilles se multiplient ! C'est toi qui es naïf !* » « *Et toi, comment peux-tu continuer d'aller à l'église après les déclarations du pape !* » « *Oh vous, les fonctionnaires, avec votre statut privilégié ! Vous n'êtes jamais contents !* »

Le couple n'est pas épargné dans cette guerre des mots : « *Tu ne fais jamais attention à moi, tu es un vrai macho !* » « *Oui, mais toi, si tu t'occupais un peu plus de tes enfants, j'aurais plus de temps avec toi...* » Etc. Ces discussions engendrent un conflit toxique non pas parce qu'elles évoquent des sujets intimes, mais parce que les protagonistes limitent leur communication aux jugements, à la critique, aux reproches. L'intolérance n'est pas qu'une valeur abstraite ; pour sortir du jugement, plusieurs critères doivent nourrir la conversation :

- parler de soi et non de l'autre ;
- accepter d'écouter le point de vue de l'autre (ce qui ne veut pas dire que l'on soit d'accord avec lui, mais que l'on s'intéresse sincèrement à ses motivations) ;
- ne pas chercher à tout prix à être du même avis, mais être surtout attentif à la qualité du lien au moment de l'échange.

OSER PARLER DE SOI

La première de ces étapes consiste donc à ne plus parler de l'autre, « *Tu ne respectes rien, tu n'y connais rien, tu es égoïste* », ni de cet « on » indéfini, « *Ce n'est pas comme ça qu'on fait* », « *On ne dit pas ça quand on est poli* », « *Quand on est quelqu'un d'intelligent, on sait que…* » pour parler de soi, de ses sentiments, en livrant son intimité et son authenticité. C'est la phase de *l'égocentrisme.* « *Je suis en colère* », « *J'ai peur, je ne me sens pas en sécurité* », « *Je me sens apaisé* », « *Je ne suis pas convaincu* ».

Dans un second temps, prenez le soin de dire ce qui vous ferait du bien : « *J'ai besoin de passer plus de temps avec toi* », « *J'ai besoin d'approfondir ce sujet* », « *J'ai besoin que mon point de vue soit entendu* ». Enfin, ne vous considérez plus comme une victime, et posez une demande précise : « *Es-tu d'accord pour que nous prenions du temps pour parler ?* » « *Veux-tu bien me dire si tu partages mon point de vue ?* » « *Es-tu d'accord pour m'expliquer comment, toi, tu vois les choses ?* »

Léon voulait parler à son père. Leur communication était devenue toxique. Un déjeuner par mois où le père de Léon lui reprochait son métier, son mariage, l'éducation de ses enfants. Se sentant toujours infantilisé, Léon ne bronchait pas et prenait sur lui. À 45 ans, il commença un travail thérapeutique. Le thérapeute avait mis en lumière à quel point l'éducation rigide de son père avait laissé des séquelles chez le petit garçon qu'il avait été. Léon voulait régler ses comptes. Mais 35 ans après, à quoi bon remuer de mauvais souvenirs. Il gardait alors cette mémoire lourde comme une grosse pierre dans son cœur d'enfant.

L'ÉGOCENTRISME, PREMIER PAS VERS LA GÉNÉROSITÉ

Il existe chez beaucoup une culpabilité à parler de soi, à poser ses besoins au cœur de la conversation : « *Ne vais-je pas passer pour un égoïste, si je dis ce qui est bon pour moi ?* »

Le paradoxe est tel qu'il existe une gêne à dire ce qui nous ferait du bien : « *On va dire de moi que je ne pense qu'à moi* », comme il existe une gêne à dire du bien de soi : « *On va dire de moi que je suis vaniteux.* » Il existe une autre gêne à dire que nous avons des lacunes, que nous ne savons pas : « *On va dire de moi que je suis nul et sans intérêt.* » Notre culture nous a encouragés à ne pas parler de nous, à nous considérer comme indignes d'affirmer haut et fort nos besoins.

L'égocentrisme est la tendance à ramener à soi. Mais l'égocentrisme peut être généreux, notamment si vous vous intéressez à vous pour mieux comprendre les autres. Cet égocentrisme passe par l'introspection. Vous descendez dans votre puits intérieur pour comprendre vos mécanismes de défense, vos paradoxes, vos contradictions, votre part d'ombre. Lorsque cette étape de *l'égocentrisme* est franchie, vous comprenez mieux votre propre fonctionnement, vous avez moins peur de vous et, par effet miroir, vous pouvez vous intéresser aux autres et leur porter une écoute aiguisée.

C'est le passage du *stade égocentrique* au *stade ethnocentrique*. Lorsque vous êtes au *stade ethnocentrique*, vous vous reconnaissez comme faisant partie d'une communauté, d'un groupe professionnel ou familial bien distinct du reste de l'humanité. Vous avez alors de l'empathie pour les membres de votre famille, vos proches, vos amis. Toutefois, au *stade ethnocentrique*, le reste du monde semble encore mystérieux ou hostile et vous vous limitez avec eux à de simples relations de politesse.

LE STADE *ETHNOCENTRIQUE*

La personne *ethnocentrique* vit en circuit fermé. Elle entretient une relation intime avec sa famille et ses amis proches, cordiale avec ses collègues et distante avec les inconnus. Son intimité se limite au premier cercle relationnel.

Plus vous vous ouvrirez sur l'extérieur, plus vous vous élèverez vers la troisième étape qui consiste à intégrer dans votre communication la totalité du monde : c'est la dimension *mondocentrique*, ou dimension intégrale, pour reprendre le terme cher à Ken Wilber[2]. Dans cette vision, vous ne vous considérez plus comme étant au centre, mais vous considérez chaque être humain comme un frère humain vivant sur cette même planète. Vous aurez autant d'empathie envers vos proches qu'envers des inconnus que vous rencontrez dans la rue.

LE STADE *MONDOCENTRIQUE*

L'individu *mondocentrique* est sensible à l'autre en général, qu'il s'agisse des membres de sa famille ou d'inconnus qu'il croise dans la rue. Il est capable de la même empathie pour chaque être humain, sans placer le lien de parentalité ou le lien professionnel en privilège ou en obstacle à la fraternité, à la tendresse et à la bienveillance.

L'individu *mondocentrique* communique facilement. Il ne redoute pas de parler à des inconnus, car la frontière entre lui et les autres s'est estompée dans son esprit et personne ne lui semble inconnu. Les différences de statut, de situation socioprofessionnelle, de convictions politiques ne peuvent plus être un obstacle pour cet individu *mondocentrique*.

L'individu mondocentrique comprend les autres, car il est passé par l'introspection de sa propre personnalité. Il n'est plus choqué ou dans le jugement face à l'avarice ou l'égoïsme d'un tiers,

---

2. Ken Wilber, *Le livre de la vision intégrale*, Interéditions, 2008.

car il a pris le temps d'identifier lui-même son ombre. Il a pris le temps de se connaître et cette introspection lui permet désormais de comprendre les autres.

En apprivoisant les facettes paradoxales de votre propre personnalité, vous entrerez plus facilement en contact avec la mosaïque des personnalités qui vous entourent. Vous aurez une facilité d'adaptation pour prendre la parole. Vous serez aussi à l'aise au Café du commerce que dans un cercle littéraire, dans votre ville de naissance ou dans d'autres pays. Vous pourrez alors vous adresser à un groupe de façon spontanée sans craindre d'être rejeté. Les frontières entre votre monde et le monde s'estompent.

Toutefois, le passage au mode *mondocentrique* reste pour beaucoup un idéal. Vous aimeriez pouvoir vous intéresser à chacun, mais rien à faire, lorsque vous discutez avec votre belle-sœur, vous la trouvez trop vulgaire, trop superficielle. Lorsque vous discutez avec des personnes plus âgées, vous les trouvez trop conventionnelles et lorsque vous discutez avec des personnes d'une autre culture, le jugement reprend le dessus ; vous trouvez alors les autres trop naïfs, trop violents ou trop cultivés, en un mot, trop différents pour envisager une relation plus approfondie.

LES TROIS OBSTACLES AU PASSAGE À L'ÊTRE *MONDOCENTRIQUE*

Pourquoi éprouvez-vous de la difficulté à communiquer avec une personne dont vous ne savez rien ? Pourquoi le style de cet inconnu ne vous donne-t-il pas envie de l'approcher ? Pourquoi êtes-vous, au contraire, attiré par cette personne que d'autres rejettent ?

Dans un groupe, dès les premières secondes, les affinités se découvrent entre les uns et les autres. Vous vous sentez attiré par cette femme que vous trouvez élégante, alors que votre amie la trouve vulgaire. Vous êtes intimidé par son voisin qui laisse votre voisine à l'aise. Chacun vous attire, vous intimide ou vous agace, parfois même lorsqu'ils se taisent et parfois dès les premières minutes.

Si vous jugez cette prof de yoga superficielle alors que d'autres lui reconnaissent de la profondeur, ou si vous trouvez ce garagiste sincère quand d'autres le trouvent manipulateur, c'est qu'il ne s'agit pas tant de l'autre que des projections que vous affichez sur lui et des liens qui vous unissent à lui. Les affinités se font ainsi en société, en famille, au quotidien à partir des projections que nous avons tous les uns sur les autres. Trois obstacles vous empêchent de considérer l'autre avec autant de discernement que vous le souhaiteriez.

Premier obstacle : l'autre vous gêne, car il s'autorise à exprimer quelque chose que vous réprimez vous-même. « *Pour qui se prend-il à arriver avec dix minutes de retard et sans même s'excuser ! Et puis, qu'est-ce que cette façon de s'habiller ? Une chemise rouge et une cravate jaune ! Nous ne sommes pas au cirque ; c'est ridicule !* » Sous-entendu : « *Jamais je ne me permettrais une telle audace. Cet homme doit disposer d'une grande confiance en lui, pour oser s'affirmer ainsi et être libre du regard des autres.* » Inconsciemment, il est probable que vous enviez non pas sa chemise rouge, mais son audace à la porter.

Deuxième obstacle : l'autre vous gêne, car il vous ressemble. « *Je n'aime pas ce genre de personne qui s'autorise à faire ce type d'humour en réunion ; c'est un vrai mégalo pour attirer les regards sur lui avec son humour à deux sous.* » Sous-entendu : « *Je suis en train de perdre la vedette, me voici avec un concurrent de taille, je déteste ça.* » Lorsque l'autre vous ressemble, vous pouvez craindre qu'il attire l'attention sur lui et que vous-même perdiez l'attention de ceux qui appréciaient chez vous ces traits de caractère.

Troisième obstacle : l'autre vous gêne, car il vous rappelle quelqu'un. « *Je déteste ce genre de type, rasé de près, coincé dans un costume cravate, toujours en couleur sombre, avec une belle BMW, et une gourmette en or, vous voyez le genre de type dont je parle ?* » Dans ce troisième cas, ce n'est toujours pas l'autre, pour ce qu'il est, qui vous dérange, mais pour ce qu'il vous rappelle. J'ai vu en stages tant de personnes qui ne se supportaient pas dès les premières minutes et finissaient dans les bras l'une de l'autre au bout de deux jours, lorsque les projections des uns et des autres étaient tombées, pour conclure que ce qui nous gêne chez l'autre n'est que l'image de nous que nous projetons sur lui.

Ces trois filtres, qui empêchent de voir l'autre pour ce qu'il est, peuvent être atténués par la pratique de la non-dualité et le passage au stade *mondocentrique*.

Nous l'avons vu, passer du stade égocentrique au stade *mondocentrique* demande un entraînement. Voici un exercice qui va vous accompagner vers ce stade. Comme beaucoup d'exercices de transformation, il s'appuie sur la respiration et sur la visualisation.

EXERCICE : Passez du stade *égocentrique* au stade *mondocentrique*

Faites cet exercice assis, la colonne vertébrale droite. Laissez votre corps se détendre et placez votre attention sur votre respiration : « *J'inspire et je suis conscient que j'inspire, j'expire et je suis conscient que j'expire.* »

Première phase, stade égocentrique : Associez votre respiration à une visualisation. Quand vous inspirez, visualisez une lumière blanche, légèrement dorée, pénétrer par vos narines et apaiser la totalité de votre corps. Associez cette lumière aux qualités que vous souhaitez améliorer en vous : la joie, la confiance, la bienveillance, la persévérance. À chaque inspiration, laissez ces qualités pénétrer en profondeur et modifier naturellement la structure de vos cellules. À chaque expiration, visualisez une fumée noire qui s'expulse de vos narines. Cette fumée noire porte vos peurs, vos tensions, votre culpabilité, en un mot, vos « négativités ». Tout ce négatif est expiré de votre corps et s'évapore en fumée dans l'espace. Continuez cette respiration de façon régulière pendant 3 minutes.

Deuxième phase, stade ethnocentrique : À présent, le processus respiratoire va s'inverser. Visualisez les personnes que vous aimez et que vous avez envie d'apaiser. Dans un premier temps, les personnes les plus proches, vos enfants, votre compagnon, votre compagne, vos parents, ainsi que vos amis qui vous sont le plus chers. À chaque inspiration, visualisez que vous absorbez leurs tensions et leurs peines. Inspirez cette fumée noire. Sentez cette fumée qui passe par vos narines, descend jusqu'à votre cœur. À votre expiration, soufflez une lumière blanche sur ces personnes qui vous sont chères et vous entourent. Le souffle doit être discret, léger et régulier. Associez cette lumière aux qualités de confiance, de bienveillance et d'amour, de façon que vos proches reçoivent ce qui leur fait du bien. Sentez vos proches apaisés.

N. B. : Il arrive, lorsque je propose cette respiration, que les stagiaires me demandent s'il n'y a pas d'effet secondaire à prendre sur soi les souffrances d'un autre. Il est important de ne pas vous percevoir dans cette respiration comme une victime ou un héros qui se sacrifie pour le bien-être des autres. C'est beaucoup plus simple et plus léger que cela ! Visualisez-vous vous-même dans un corps de lumière lorsque vous faites cette respiration du don et pratiquez avec le même naturel que lorsque vous caressez un petit chat qui a peur, ou que vous réconfortez un enfant qui attend sa maman.

Troisième phase, le stade mondocentrique : Le passage au stade mondocentrique n'est rien d'autre qu'un prolongement de la deuxième phase. Élargissez votre respiration aux amis de votre famille, à vos voisins, puis aux personnes que vous avez rencontrées dans la rue ; aux personnes qui habitent votre quartier, celles qui sont malades, qui ont peur, qui sont emprisonnées. Englobez votre ville en maintenant une respiration souple et légère. Si votre cœur est assez détendu, ouvrez cette respiration aux animaux, particulièrement ceux qui donnent leur vie pour nous ; les bêtes qui sont exploitées, maltraitées sur la terre. Élargissez à présent à tous les êtres de votre pays, puis à votre continent et au monde entier. Élargissez cette respiration à tout l'univers. Prenez conscience que vous n'êtes pas coupé de cet univers.

Cet exercice est inspiré d'une pratique tibétaine, le *Tonglen,* qui signifie donner et recevoir. Soyez détendu pour pratiquer cette respiration. Ne la pratiquez ni pour sauver le monde, ni pour vous sacrifier. On peut donner sans se priver. Les pommes que vous donne le pommier ne lui manquent nullement; le pommier sait qu'il s'agit d'un rythme naturel. Un arbre en bonne santé est un arbre qui donne beaucoup! Pour cette raison, commencez toujours par vous donner à vous-même. Prenez le temps de respirer selon la première phase avant de passer aux deux suivantes.

PARLER DE SOI POUR TOUCHER LES AUTRES

Lors des stages que j'anime, j'ai remarqué à quel point il est difficile pour beaucoup de participants de parler d'eux-mêmes. Tant qu'il s'agit de parler de son métier, de ses enfants, chacun y arrive relativement facilement. Mais lorsqu'il s'agit de parler de soi, de décrire une situation en donnant son point de vue, le participant perd ses ressources.

Il en est de même dans notre relation de couple. Beaucoup d'hommes éprouvent de la difficulté à parler d'eux. Ils n'osent décrire leurs peurs, leurs chagrins, qu'ils considèrent comme des faiblesses. L'homme qui n'ose parler de lui parle alors à la place de sa femme; ce qu'elle devrait faire, ce qu'elle devrait être, ce qui exaspère tant de femmes qui aimeraient entendre leur compagnon parler d'eux et non d'elles.

Une fois qu'il a traversé les trois stades, égocentrique, ethnocentrique et mondocentrique, l'individu peut partager un verbe authentique, qu'il y ait une personne ou qu'il y en ait cent. Il n'est plus gêné par le regard de l'autre.

Dans bien des familles, on demande à l'enfant qui est au cœur de sa période égocentrique de s'ouvrir au stade mondocentrique, sans passer par les étapes intermédiaires. L'enfant soumis cherche alors à s'intéresser aux autres sans savoir qui il est lui-même.

Résumé. Les trois étapes d'évolution intérieure de l'être humain sont successives:

1- *Étape égocentrique:* vous placer vous-même au cœur de votre exploration émotionnelle et relationnelle.
2- *Étape ethnocentrique:* intégrer les besoins de vos proches et en prendre conscience.
3- *Étape mondocentrique:* réaliser que vous êtes en lien permanent avec chacun sur terre, et que prendre soin de l'autre, c'est aussi prendre soin de vous! Tout comme soigner un arbre, c'est soigner la forêt!

CHAPITRE VIII

LES DIFFÉRENTS STYLES DE COMMUNICANTS : LES 12 ANIMAUX DE PAROLE

Dans les stages que j'anime, j'ai beaucoup observé les différents types de communicants. Certains projettent leur voix, d'autres parlent doucement; certains ont plaisir à parler d'eux, d'autres sont trop timides pour ça ; certains sont pragmatiques, d'autres poétiques.

Dès le premier tour de parole, il s'établit un accord tacite entre les participants pour se distribuer les rôles dans le groupe ; comme des comédiens se distribuent les personnages de théâtre, en fonction de leurs caractères.

Dès les premières minutes, un leader impose sa personnalité en parlant le premier ou le dernier, places de choix pour qu'on se souvienne de lui. Ce leader regarde chacun dans les yeux et projette la voix. Un sceptique remet en question systématiquement les points de vue évoqués. Un émotionnel raconte, en décalage avec le groupe, une anecdote intime. Un silencieux se tient sur sa réserve et observe plus qu'il ne parle.

En poussant cette observation, j'ai même remarqué que, lorsque je crée un demi-cercle de fauteuils, il n'est pas rare que le leader s'assoie au centre ; le plus silencieux sur le siège le plus éloigné et le sceptique sur le fauteuil le plus près de la porte, ainsi rassuré de savoir qu'il peut s'éclipser facilement. Cette particularité est assez fréquente pour que je la souligne. Les affinités se distinguent aussi. Le silencieux s'assied loin du leader, le pragmatique, près de l'émotionnel. La place que prend chacun dans une salle en dit beaucoup sur ses intentions. Je recense ainsi des informations précieuses, avant qu'aucun n'ait parlé.

Dans la commedia dell'arte italienne, les acteurs portaient des masques pour forcer le trait et être identifiés sans ambiguïté par le public qui connaissait ces archétypes. Cette forme de caricature permet au spectateur de se concentrer sur l'histoire plus que sur la complexité des caractères. Il y a la famille des Pantalon, des Brighella, des Arlequin, des Polichinelle.

Pour ma part, j'ai identifié différentes familles d'orateurs en fonction de leurs vibrations, de leur façon de communiquer, de leur rythme. Je les ai associés à différents animaux. Les animaux sont des exemples en matière de comportement. Ils sont authentiques, se comportent à partir de leurs besoins et ne sont pas préoccupés par le regard qu'on porte sur eux. À l'image des signes du zodiaque, les animaux de parole sont douze. Chacun se distingue par la dominante de son caractère et par sa façon de communiquer. Voici les douze animaux de parole et leur essence. Y retrouverez-vous le vôtre ?

LES DOUZE ANIMAUX DE PAROLE ET LEUR ESSENCE

- **L'aigle - l'essence des leaders.** Il est probable qu'enfant déjà c'est lui qui, par son autorité naturelle, faisait la répartition des groupes dans les équipes de football. L'aigle a une personnalité à part. De son cri strident, il impose le respect sans effort. Mais ce n'est pas parce qu'il crie qu'on le respecte ; au contraire, l'aigle s'impose par son absence. Il n'est pas à notre niveau. Parfois, on ressent sa présence. On lève alors le regard vers le ciel, on plisse des yeux ; c'est un cadeau que d'apercevoir son vol majestueux en contre-jour. Il existe, au sein même des leaders, différents styles, du plus autoritaire au plus laxiste. Mais tous les leaders se distinguent par leur charisme, leur autonomie et leur authenticité. Les aigles assument de parler d'eux à la première personne du singulier: « *Je choisis* », « *Je préfère* », « *J'ai décidé* ». Dans la nature, lorsqu'un aigle a repéré sa proie, il fonce à plus de 160 km/h, ce qui laisse peu de chance à sa victime de s'échapper. Il en est de même pour le leader. À partir du moment où il a affiché son objectif, gare à ceux qui lui font obstacle. C'est parce qu'il assume son élégance naturelle qu'on aime suivre l'aigle. Porté par une forte confiance et estime de lui, ce leader est respecté, parfois jalousé, toujours admiré... même quand il prend de la hauteur.

Autre atout de ce leader, l'aigle fait partie des animaux qui peuvent vivre le plus vieux: jusqu'à 70 ans. Pour atteindre cet âge, il doit prendre une difficile décision vers 40 ans: ses longues serres, devenues trop flexibles, ne peuvent plus saisir ses proies. Son long bec pointu devient trop coudé. Ses ailes, alourdies en raison de leurs anciennes plumes, rendent son vol pénible.

L'aigle est face à un choix difficile: mourir, ou passer par un processus douloureux de métamorphose, qui durera 150 jours. Ce processus exige que l'aigle vole jusqu'en haut de la plus haute montagne et y établisse son nid. L'aigle va frotter son bec contre une roche jusqu'à ce qu'elle l'érode. Il attendra la repousse d'une corne neuve et rigide qui formera un nouveau bec. Ensuite, il tentera d'arracher et d'user ses serres; de nouvelles serres se développeront selon un processus de repousse permanente. Puis encore, l'aigle commencera à arracher ses plumes âgées pour permettre à de jeunes plumes de repousser. Après cinq mois de patience, l'aigle prendra son vol de renaissance et pourra vivre 30 années supplémentaires. À l'image de ce récit, certains leaders sont confrontés à ce même choix. Établis jeunes à des postes à responsabilité, de par leurs compétences techniques, ils se retrouvent chefs malgré eux. Ils sont, à un moment de leur carrière, confrontés à un choix: continuer à subir cette responsabilité; ou assumer pleinement leur fonction de leader, se former en conséquence au management et à la psychologie des hommes, et s'envoler vers le soleil.

- **Vous devez communiquer avec un aigle :** l'aigle est un leader. La première précaution à prendre est de lui reconnaître cette place, sans quoi il ne prendra même pas le soin de vous écouter. L'aigle ne laisse cette responsabilité à personne. Totalement indépendant, il est toujours capable de prendre de la hauteur et de voler vers d'autres cieux, si son statut n'est pas respecté. En revanche, dès que vous lui reconnaissez sa place de chef, l'aigle est prêt à vous écouter. Il tient compte de votre avis, pourvu que celui-ci soit argumenté. L'aigle sait autant déléguer, encourager les initiatives, que se remettre en question. Si vous intégrez ces conseils dans votre approche, vous pourrez vivre facilement avec un leader de cette espèce.

- **Le bélier - l'essence des rebelles.** Par nature, le bélier aime s'opposer. Sa tête massive est pourvue de deux lourdes cornes avec lesquelles il est prêt à défoncer les portes les plus solides. Lorsqu'il participe à un débat, le bélier argumente plus par goût de la contradiction que pour en apprendre sur lui-même ou sur ses interlocuteurs. Le bélier préfère les débats contradictoires aux confessions intimes. Du reste, le bélier se sent insécurisé lorsque tout est en harmonie, un peu comme un marchand du souk à qui on offrirait d'entrée un bon prix pour un tapis, sans chercher à négocier. Le bélier a besoin d'échange. Lorsqu'on lui propose un argument, il y réagit du tac au tac. Son verbe est direct, brutal, parfois renversant. Le bélier a une forte tête, c'est pourquoi il raisonne sans cesse plutôt que de laisser résonner les mots en lui. Le bélier manque parfois de profondeur ; c'est là sa faiblesse. Il préfère affronter plutôt que de partager ses goûts intimes. Dans la discussion, plutôt que d'utiliser le *oui, et,* qui marque l'acceptation d'une différence, le bélier dit plutôt *oui, mais,* qui signifie au contraire non !

  Le bélier jouit d'un fort charisme. À sa façon, c'est aussi un meneur, qui est généralement suivi tant il est convaincu. Dans les entreprises, beaucoup de béliers tiennent des fonctions de contrepoint du pouvoir. Responsable syndical, responsable du comité d'entreprise. Le bélier est fascinant quand il tente de défoncer une porte à coups d'arguments. Rien ne l'arrête et la porte finit toujours par céder! Donner des coups de tête, c'est sa nature! Le bélier a besoin pour exister d'être confronté à un leader. Il aime le conflit et jubile quand celui-ci tourne au pugilat. La qualité de son panache est proportionnelle à la personnalité à laquelle il se confronte. C'est parce qu'il porte en lui un profond sentiment d'injustice que le bélier aime défendre la veuve et l'orphelin; c'est souvent une blessure fondamentale qui lui fait voir le monde à travers ce sentiment d'injustice.

- **Vous devez communiquer avec un bélier:** cela va vous demander autant de psychologie, de patience que d'ouverture d'esprit. Il vaut mieux avoir le bélier comme ami que comme ennemi, tant ses coups de tête sont renversants. Ne réagissez pas au quart de tour à ses excès et à ses provocations, il n'attend que ça. Le bélier veut prendre du terrain, donnez-lui-en. Il veut prendre la parole, offrez-lui un micro. Il veut des responsabilités, offrez-lui un défi: car le bélier craint les défis et est assez fier pour les relever avec brio. Prendre le bélier de front est sans doute la plus grossière erreur que vous puissiez faire. En revanche, si le bélier sent que vous le considérez à sa juste valeur, il vous respectera. Le bélier a besoin d'un cadre précis. Si le cadre que vous lui proposez est clair et que vous-même le respectez, le bélier le respectera aussi, car le bélier respecte l'autorité, même s'il aime la contrarier.

- **Le chien – l'essence des émotifs.** Il a les yeux qui brillent lorsqu'il s'exprime. Dans une réunion, un tour de table, le chien ne parle pas parce que c'est son tour, il prend la parole parce qu'il vit une émotion si intime qu'il veut la partager, ici et maintenant. Il pleure facilement, autant lorsqu'il évoque un sujet sensible qui le concerne que lorsqu'il écoute quelqu'un livrer une confidence. Car le chien est capable d'une authentique empathie. Saint-Bernard à la rescousse, chien d'aveugle, ou griffon ami des enfants, le chien aime aider et le fait sans arrière-pensée. Ces qualités font de cet archétype un numéro deux, ou un assistant d'exception. Il est familier pourvu qu'on joue franc-jeu avec lui. Il vient facilement vers vous et ne s'encombre pas de protocole pour établir le contact. C'est pourquoi le chien est apprécié dans toutes les fonctions de relations publiques, d'encadrement, et dans les domaines artistiques.

L'un des meilleurs amis de l'homme, le chien est fidèle. Il est capable de parcourir des kilomètres pour retrouver celui qu'il aime. L'homme abandonne parfois le chien, mais le chien n'abandonne jamais son maître. Proche de ses auditeurs et de ses émotions, il rit aussi facilement qu'il pleure. Il aime exprimer ce qu'il ressent, ce qu'il imagine. Souvent, le chien préfère éviter le conflit, car le conflit le pousse à sortir ses crocs, ce qu'il déteste. Il sait qu'il peut faire mal et n'y prend aucun plaisir. Il est tellement fidèle et dévoué qu'il est prêt à se sacrifier, s'il sent un proche en détresse. Cet archétype privilégie tant la qualité de la relation qu'il en perd de vue ses intérêts. En ce sens, le chien peut devenir son pire ennemi !

- **Vous devez communiquer avec un chien:** cela vous demandera de distinguer la sensibilité de la sensiblerie. Si le chien est sensible, et c'est sa grande qualité, il peut aussi se laisser aller à la sensiblerie en passant des heures à pleurer devant un oiseau tombé du nid, sans prendre d'initiative pour le sauver. Dans ce cas, la relation, dominée par les émotions, va générer beaucoup d'instabilité. Le chien a besoin de rapports humains vrais, chaleureux et profonds. Ne faites pas l'erreur de passer devant son bureau sans le saluer; il en serait très affecté. Parfois, le chien est si sensible à la relation qu'il peut en perdre ses objectifs de vue. Il appréciera que vous les lui rappeliez avec toute l'humanité et l'affection qui sont de mises quand on communique avec le chien. S'il sait où vous allez, il ne demandera qu'à vous suivre. Le chien est fidèle, il n'est pas susceptible, il se remet en question facilement si vous avez un peu de tact. Si le chien ne sait pas où il va, il va errer, la truffe au vent. Mais pour peu que vous ayez pris soin d'être précis et d'avancer vous-même avec entrain, vous aurez à votre côté un compagnon de route de la première heure !

- **L'éléphant - l'essence des philosophes.** Tout le monde le sait, les éléphants ont de la mémoire. Ils font partie des ancêtres dont le savoir traverse les générations. Pourtant, ils nous font le privilège de leur compagnie. S'ils sont avec nous, c'est pour nous enseigner, nous transmettre leur expérience. Mais ils ne vous révéleront rien si vous ne le demandez pas. Car les éléphants sont d'une grande sagesse et, malgré leur grande taille, ils n'aiment pas s'incruster. Ce sont de véritables piliers. Leur présence imposante n'empêche pas une infinie délicatesse et une grande agilité. En Thaïlande, certains éléphants sont capables de tenir un pinceau de soie avec l'extrémité de leur trompe et de peindre une fleur sur un tableau de moins d'un mètre carré.

Certains s'émerveillent de leur posture étonnante, sans prendre le temps de se mettre à leur rythme, car les éléphants sont lents. Dans la nature, après la mise bas, le troupeau ralentit pour accorder sa progression avec celle des bébés qui marchent au centre. Les éléphants ont le sens de la fratrie et sont protecteurs. Ils savent que les enfants d'aujourd'hui seront les maîtres de demain. Les éléphants sont philosophes et pleins de bon sens. Ils prennent peu d'initiative, car ils ont le temps pour eux. Assez peu doués pour les relations publiques et les dîners mondains, ils aiment vivre en autarcie. Ces animaux peuvent supporter une situation injuste sans s'en offusquer, car ils savent que l'être humain a ses faiblesses. En cas de conflit, leur sérénité et leur sens de la philosophie peuvent être précieux. Les éléphants ont une grande constance. Ils ne se laissent pas influencer par leurs émotions et ont beaucoup de sagesse. Si un jour ils se mettent en colère, c'est que vous êtes allé vraiment trop loin. Attention alors à ne pas être là au moment de la charge.

- **Vous devez communiquer avec un éléphant:** respectez le droit d'aînesse, mais n'en faites pas trop pour autant. Si les éléphants aiment qu'on les reconnaisse pour ce qu'ils sont, ils n'aiment pas les viles courtoisies. Ce sont des animaux francs, authentiques et entiers. Ne cherchez pas à les domestiquer, les éléphants sont de nature indépendante. Faites preuve, vous aussi, de philosophie et ils vous adopteront. Laissez-les enseigner ce qu'ils ont à transmettre et vous bénéficierez de leur sagesse. Les éléphants sont ouverts et prêts à collaborer, même avec des personnalités différentes de la leur. Ainsi, l'éléphant s'entend aussi bien avec l'aigle que le bélier. C'est un bon médiateur en cas de conflit.

- **Le lapin - l'essence des silencieux.** Enfant, déjà, le lapin préférait le plaisir des temps solitaires aux jeux d'équipe. Le lapin est de nature craintive. Il a déterminé un territoire sur lequel il a creusé son terrier. Dès que le vent tourne et que son entourage parle trop fort ou devient agressif ou intrusif, le lapin détale et disparaît dans son trou. Inutile de le forcer à revenir. Toute tentative d'intrusion dans son espace intime ne ferait que le porter à se terrer davantage. Le lapin n'aime pas qu'on le force à se positionner, à choisir à haute voix, à donner son avis, sans quoi il en perd toute sa nature spontanée. Prendre la parole en public n'est pas son occupation favorite ! Le lapin a facilement peur : peur du bruit, peur des gestes brusques, des explosions émotionnelles. Si le lapin a de grandes oreilles, c'est qu'il écoute beaucoup. Il dispose par ailleurs d'une très bonne mémoire. Il répond aux questions qu'on lui pose, mais le fait avec le moins de mots possible. Le lapin n'aime pas être sous le feu des projecteurs. D'une énergie monacale, le lapin peut être très efficace dans une fonction qui demande concentration, persévérance et isolement. Car le lapin est d'une patience à en faire pâlir plus d'un.
- **Vous devez communiquer avec un lapin :** soyez patient. Ne forcez rien et laissez-le venir à vous. Si le lapin est craintif, il

n'est pas asocial pour autant ! Au contraire, s'il se sent en sécurité, il aime vivre en communauté et tisser des liens. Le lapin est excellent même dans des fonctions qui demandent à créer un réseau. Le lapin réussit très bien à construire une famille où chacun est à sa place et rares sont les animaux qui réussissent à entretenir leur communauté aussi bien que lui. Le lapin est joueur, ne l'oubliez pas ! C'est un animal léger et joyeux ! Il fait partie des animaux qu'on aime surprendre et observer. C'est sa nature légère qui en a fait l'un des compagnons les plus recherchés des enfants. Inutile de le solliciter pour partager des considérations abstraites et philosophiques, le lapin est un jouisseur de l'instant. Laissez-le venir à vous et il s'installera avec toute sa famille. Vous bénéficierez d'une des compagnies les plus apaisantes qui soit !

- **L'otarie – l'essence des amuseurs.** Faire rire est le jeu préféré de l'otarie lorsqu'elle prend la parole. Une intervention où le public n'a pas ri est, pour l'otarie, un échec. L'otarie aime le théâtre, le cirque et les grandes scènes où elle peut faire son numéro. Elle aime les défis, les situations délicates qui demandent du brio. L'otarie est une artiste de la parole. Plus que tout, l'otarie a besoin de plaire ; du reste, elle parle bien et y met beaucoup de cœur. Mais elle a besoin d'être rassurée sur le fait que son numéro est apprécié, sans quoi elle en sera très affectée.

  Ce trait de caractère se traduit par une séduction parfois excessive et une difficulté à être sincère. Dans ce cas, son sourire affiché devient proche de la grimace. Du reste, l'otarie aime tant jouer et être en valeur que, lorsque le public applaudit ses facéties, elle en est si excitée qu'elle ne voit plus le danger. D'autres prédateurs peuvent alors la surprendre et la dévorer sans qu'elle ait le temps de fuir. L'otarie ne sait pas bien défendre son territoire autrement que par la séduction. Or, tous les animaux ne sont pas sensibles à ses tours de piste. Cet archétype n'est pas toujours sincère, c'est là son moindre défaut. Tant que le public rit, l'otarie en rajoute et renforce son assurance. Mais qu'elle sente de l'indifférence ou de l'opposition et l'otarie peut devenir agressive ou fermée tant elle se sent impuissante. De par ses compétences relationnelles, l'otarie excelle dans les métiers de la vente, de la représentation, de la formation, mais aussi dans les professions artistiques et dans tous les métiers qui lui demandent de prendre le devant de la scène.

- **Vous devez communiquer avec l'otarie:** prenez-la à part. Privilégiez les moments intimes, et les face-à-face, pour lui dire ce que vous avez à dire, plutôt que de couper son numéro lorsqu'elle est en public. Dans l'intimité d'un tête-à-tête, l'otarie sera rassurée. Car son besoin de reconnaissance cache une grande sensibilité et une grande ouverture. Si l'otarie manque de profondeur, c'est qu'on ne l'a jamais prise au sérieux. On lui jetait un ballon, car la réputation précède cet animal de cirque. Mais l'otarie est prête à plus de profondeur qu'on ne lui en donne. Accompagnez l'otarie en étant vous-même sincère. Les otaries sont très sensibles. Parlez sans faux-semblant, avec beaucoup de douceur et de bienveillance. Soyez authentique. Comme beaucoup d'animaux de piste, l'otarie est très observatrice et devient une très bonne imitatrice. Elle est prête à imiter la sincérité jusqu'à en devenir sincère. L'otarie alors vous remerciera de l'avoir aidée à laisser tomber le masque.

• **L'ours - l'essence des bâtisseurs.** L'ours aime ce qui est concret. Cet archétype fait peu d'efforts pour se mettre au-devant de la scène; cependant, lorsqu'on demande son avis à l'ours, il le donne sans état d'âme et, si nécessaire, avec beaucoup de précision. L'ours ne parle pas pour ne rien dire. C'est un bâtisseur, il prend du plaisir aux travaux manuels. Il aime créer et modifier les espaces. Il est ambitieux et aime investir. Il ne fuit pas les responsabilités, mais va rarement au-devant d'elles. Il n'en a pas besoin, il est lui-même son propre patron. On reconnaît sa place centrale à l'ours, plus qu'il ne vient la chercher. L'ours a souvent peu d'ambition personnelle. C'est ce qui fait que, fréquemment, l'ours est sous-estimé dans ses fonctions. Ce qui ne lui pose pas de souci. L'ours n'est pas un carriériste et se plaît à des fonctions de terrain. Si vous êtes le patron d'un ours, inutile de vouloir le porter à son plus haut degré de compétence. L'ours aime le terrain et les épreuves de force pour entraîner sa stature. Maçon, paysagiste, architecte, il s'ennuie en revanche dans les fonctions trop abstraites pour lui.

L'ours sait se montrer social lorsqu'il s'agit de travailler en équipe. De par sa forte corpulence, la présence de l'ours rassure. Dans une négociation, on préfère l'avoir à ses côtés que contre nous. L'ours fait assez peu d'effort pour soigner son image. Quand il s'exprime, il est plus à l'aise pour parler de son œuvre que de lui-même. Conscient de ses responsabilités, il construit sa communication avec engagement et n'aime pas les promesses non tenues ou les déclarations abstraites. On raconte que l'ours aime qu'on lui caresse le ventre, et qu'il est pour cette raison le compagnon privilégié des enfants. Pourtant, rares sont ceux qui ont approché de près un ours dans la nature. Mais l'ours n'y est pour rien dans ce paradoxe. Ce n'est pas lui qui se charge d'entretenir son image, mais bien les hommes. L'ours, du reste, ne fait rien pour entretenir sa réputation. En groupe, on le sent venir de loin tant son odeur est forte. Être authentique, ne pas faire de compromis et ne pas jouer de la séduction, voilà sans nul doute la qualité de ce grand personnage.

- **Vous devez communiquer avec l'ours:** prenez ça comme un cadeau, car l'ours est une compagnie rassurante. Soyez précis dans ce que vous lui demandez. Si vous avez été en conflit avec lui, inutile d'insister sur ce qui vous a déplu. Cet angle de vue ennuie profondément l'ours, qui est plus humaniste que psychologue. En revanche, concentrez votre communication sur ce que vous désirez obtenir. Soyez bref, précis et juste: l'ours aime ce qui est concret. Si vous vous engagez avec lui, tenez parole. On ne déçoit l'ours qu'une seule fois. L'ours aime les défis. S'il s'engage à en relever un, soyez confiant, il atteindra son objectif.

- **Le perroquet gris du Gabon - l'essence des artistes.** À l'école déjà, on repérait cet oiseau rare. Il détournait certains matériaux dans les cours d'arts plastiques pour en créer de nouveaux. Cet archétype original est un artiste. Il évolue dans son univers à lui, univers que vous pourrez davantage observer que pénétrer. Cela vous demandera de respecter son territoire et son rythme. Lorsqu'il communique, le perroquet gris peut faire preuve d'un génie et d'une créativité comme nul autre animal. Le perroquet gris aime faire chanter les mots. Il fait preuve d'originalité dans sa communication. Il utilise les métaphores, les anecdotes, il aime donner du relief, surprendre et donner de la grandeur à son verbe. Cet oiseau est aussi sensible au fond de son intervention qu'à la forme de celle-ci. Il aime moduler sa voix. Il joue de ses intonations comme un musicien avec son instrument, car, pour lui, le verbe est autant musique que paroles.

  Si le perroquet gris peut être génial certains jours, il faut vous attendre à ce qu'il puisse être totalement inexistant le lendemain. C'est paradoxal, mais le perroquet n'aime pas se répéter, c'est un créateur. Il a une structure que souvent lui seul comprend. Il n'acceptera pas l'organisation trop rigide que vous voudriez lui imposer. Cela fragilise trop sa créativité qui est l'essence de sa personnalité. En revanche, tant qu'il est inspiré, il est si génial que personne ne peut l'égaler.

- **Vous devez communiquer avec un perroquet gris:** prenez le temps de vous approcher. Ne forcez pas son territoire. Ne le brusquez pas. Sans quoi, vous risquez qu'il vous ferme la porte. Cet animal est capable de s'automutiler. Il s'arrache des plumes dans un premier temps, puis donne des coups de bec dans sa chair. Il peut déprimer si on le prive de compagnie et si on ne renouvelle pas ses activités. Le perroquet gris est l'un des animaux les plus sensibles. Il est attentif, observe tout et est remarquablement intelligent. Ses qualités peuvent faire de lui un scénariste, un décorateur, un acteur, un musicien. Soyez précis dans ce que vous lui demandez. Si vous laissez le perroquet gris être ce qu'il est, vous aurez dans votre entourage l'un des artistes les plus géniaux.

- **La chèvre – l'essence des adaptables.** Comme elle-même se connaît peu, il est difficile de la cerner. Influençable, la chèvre change de point de vue aussi facilement que d'humeur. Cela fait partie de son tempérament. C'est aussi une faculté d'adaptation à mettre à son actif.

  La chèvre n'aime pas parler d'elle. Elle manque de confiance. Elle communique davantage avec des généralités qu'en prenant le risque de donner son point de vue et de s'engager. Car la chèvre a souvent peur. Cérébrale, elle parle davantage avec sa tête qu'avec son cœur. Elle ne prend pas de risque, car elle aime conserver une bonne image avec chacun. Peut-être parce qu'elle n'a pas toujours été considérée avec autant de dignité qu'elle le mérite, elle appréciera que vous la considériez avec attention. Lorsqu'elle communique, la chèvre parle assez peu d'elle et ne fera que rarement des propositions. Elle ne prend pas de risque, ne se met pas en avant, mais prend souvent l'avis contradictoire par plaisir de participer au débat. Sa phrase privilégiée est: « *Je vais me faire l'avocat du diable, mais comment se fait-il que…* » Il est toujours intéressant avant de répondre à ce commentaire de savoir de quel diable il s'agit et où il est caché ! La chèvre est têtue, voire obstinée. Son entêtement en fait une personnalité persévérante, consciencieuse et structurée. C'est une compagnie indispensable dans tout groupe, car elle reste facile d'accès et s'entend bien avec presque tout le monde.

  Comme la fameuse chèvre de monsieur Seguin, c'est lorsqu'elle n'est plus là qu'on réalise à quel point elle nous manque.

- **Vous devez communiquer avec la chèvre:** elle n'a pas toujours eu bonne réputation; à ce titre, la chèvre a beaucoup été exploitée. On a fait du fromage avec son lait, des tapis et des tambours avec sa peau et, en même temps, on ne l'a jamais reconnue comme un animal sacré. C'est pourquoi elle est méfiante. Si vous souhaitez l'approcher, considérez-la avec tout le respect et la délicatesse qu'elle mérite, car une chèvre est d'une grande délicatesse. Pour peu que vous sachiez l'approcher, la chèvre sera une alliée précieuse. Elle est travailleuse. Elle est idéale dans des fonctions de secrétariat, de comptabilité, de documentaliste, de bibliothécaire et autres fonctions exigeant concentration, minutie et persévérance. Elle est déterminée et engagée. La chèvre sait vivre dans peu d'espace comme dans les hauts sommets. Elle se plaît à la ferme et sait grimper aux arbres dans les rocailles. De plus, elle s'entend relativement bien avec la majorité des animaux. Si elle a la réputation d'être têtue, c'est juste aux yeux de ceux qui ont voulu la persuader qu'elle n'était bonne qu'à être au piquet. Elle a une grande force de travail et beaucoup de ressources. Sachez lui apporter affection et cadre. La chèvre sera sécurisée par votre stabilité. Elle a besoin de reconnaître le leader qui doit faire preuve à ses yeux d'exemplarité, mais lorsqu'elle l'a reconnu et qu'elle est elle-même reconnue, la chèvre est prête à travailler en équipe.

- **Le chat – l'essence des guérisseurs.** De tout temps, le chat aime soigner, c'est sa nature. Il occupe les métiers de la santé, mais aussi les métiers liés à l'accompagnement ou à l'aide, que ce soit pour une guérison physique ou psychologique. C'est pourquoi on retrouve les chats dans les fonctions sociales ou de ressources humaines. Les chats soignent par leur présence. Le fait d'être au côté d'un chat fait du bien à chacun. Le chat est très indépendant, très calme aussi. Alors que le chien soigne en apportant du réconfort, le chat soigne en absorbant. Le chien est yang, le chat est yin. Lorsqu'une personne est malade, il se couche à ses côtés. Le chat est très observateur. Il aime voir la situation dans sa globalité. Le chat communique facilement de façon naturelle et conviviale. Son verbe est chaleureux et il ne fait aucun effort pour cela. Seul le chat peut regarder le roi dans les yeux, dit l'adage. C'est un animal qui est bien partout. Vous l'emmenez dans un endroit rustre et mal fréquenté, il marche sur la pointe des pattes et prend soin de nettoyer son poil soyeux. Vous l'emmenez dans un château, il se fond dans le décor et s'installe devant la cheminée. Le chat a une grande faculté d'adaptation. Il passe partout et est apprécié de chacun. Il existe au sein de cet archétype des sous-personnalités très différentes : le caractère indépendant et solitaire du siamois n'a rien à voir avec celui du chartreux ou du persan, qui aime davantage la compagnie.

La communication du chat est simple et directe. Les chats sont très sociaux. Aussi social qu'il soit, le chat a besoin d'avancer à son rythme. Il privilégie le savoir-être au savoir-faire. Respectez son besoin d'indépendance et le fait qu'il puisse disparaître puis réapparaître. Le chat n'est pas sensible aux titres ; il a du mal à s'adapter à une hiérarchie, surtout si celle-ci est plus structurelle qu'humaine. Le chat, par exemple, ne s'entend pas très bien avec l'aigle, car le chat est déjà son propre patron. Ne cherchez pas à le dresser plus qu'il ne l'est. Il vous a déjà démontré à quel point il pouvait se rapprocher de vous.

- **Vous devez communiquer avec un chat :** annoncez votre venue et approchez doucement. À l'inverse du chien, les chats n'aiment pas les coups de théâtre. Choisissez votre moment. Évitez les jours où vous êtes énervé ou en colère, le chat vous fuirait avant même que vous ne l'approchiez. Le chat est l'un des animaux avec qui le contact peut être le plus apaisant. Mais prenez le temps. Alors, vous pourrez recevoir du chat sa douce bienveillance.

- **Le merle – l'essence des facilitateurs.** Le merle a le verbe facile. Il aime s'entendre parler ! Il est sensible à la musicalité.

Son ton est chantant. Il n'hésite pas à prendre la parole. Mais, si le merle est un petit animal léger, son enseignement est plus profond qu'il n'y paraît. L'un des noms gaéliques du merle est *Druid Dhubh,* qui signifie le druide noir. Le merle, dans la tradition druidique, est un oiseau qui chante la transition. À l'aube comme au crépuscule, il chante au moment où tout change autour de nous. Le merle nous rappelle la grande beauté de tous ces moments de seuil. Le merle est l'oiseau de la transformation, de la maturité et de l'impermanence. Il chante à la fin de la nuit et au début du jour. C'est l'oiseau de la transition.

Une légende française raconte comment le merle devint noir et pourquoi son bec est doré. Conseillé par une pie, un oiseau blanc était entré dans une grotte à la recherche d'un trésor sacré. L'oiseau y découvre un tas de poudre d'or. Plongeant son bec dans la poudre, il est surpris par le gardien du trésor, un démon qui se précipite sur lui en crachant feu et fumée. Le merle réussit à s'échapper. Une fois libre, l'oiseau blanc s'aperçoit qu'il est devenu noir et que son bec est resté jaune d'or. Le merle est ainsi, précédé de sa légende. Sa parole est sacrée. Le merle fait du bien à notre âme. S'il est bien entouré, le merle fait un bon intermédiaire. C'est un bon émissaire. Il saura vous représenter avec délicatesse. Attaché de presse, relations publiques, agent artistique; les fonctions de représentation lui conviennent bien, ainsi que les fonctions liées à l'image, publicitaire, chargée d'information, correspondent bien au chant du merle.

- **Vous devez communiquer avec un merle:** commencez par le saluer et par lui rendre hommage. Inventez un chant à votre façon, créez un poème d'introduction, car le merle est sensible aux belles histoires. N'oubliez pas que le merle est un animal entre deux mondes. Le merle aime les métaphores, les parallèles, les digressions. N'ayez pas peur de les utiliser, vous le ravirez. N'en perdez pas pour autant le fil de votre histoire, et souvenez-vous pourquoi vous le sollicitez. Le merle est un chanteur autant qu'un enchanteur. Il aime autant les mots que la musique. Évitez de communiquer avec lui sur le style télégraphique, vous n'en tireriez rien de bon. À cheval entre le monde matériel et le monde spirituel, entre le visible et l'invisible, le merle peut vous aider à donner plus de sens à vos actions et plus de corps à vos valeurs.

- **La fourmi - l'essence des organisateurs.** Régulièrement, lors des conférences que je donne, un certain type de questions émane de la salle. La fourmi qui pose ces questions ne dit pas grand-chose sur elle, mais demande à connaître les sources ou les références que j'utilise dans mon exposé. Les fourmis ont avant tout besoin d'un plan précis.

  Très présente, voir envahissante certains jours, la fourmi est discrète et n'aime pas parler d'elle. Pour une fourmi, quel intérêt que de parler de sa personnalité ! Elle préfère parler de sa communauté. La fourmi est fidèle à sa communauté et semble n'avoir aucun ego. Difficile de faire parler une fourmi de son intimité émotionnelle. Elle a besoin d'informations rationnelles et pragmatiques pour suivre un exposé. Les fourmis aiment la structure et l'anticipation. Pour elles, un discours doit être bien structuré. Elles seront rassurées si, dès le début de l'intervention, l'orateur annonce la durée de la conférence, le plan, et qu'il s'y tient. Les fourmis n'aiment pas passer du coq à l'âne. Elles sont appréciées dans les domaines techniques, la physique, la chimie, l'électronique. Elles y réussissent de belles carrières d'ingénieur, de chercheur, de technicien.

- **Vous devez communiquer avec une fourmi :** la fourmi ayant besoin d'un cadre, ne la prenez pas à l'improviste. Donnez-lui un rendez-vous, annoncez d'entrée de jeu ce que vous attendez d'elle ; prévoyez une durée pour votre rencontre et, surtout, tenez votre engagement. Un rendez-vous qui débuterait avec vingt minutes de retard n'aurait aucune chance d'aboutir, car la fourmi se braque facilement si on ne respecte pas ses engagements et le cadre que l'on a fixé. Dans votre communication avec la fourmi, soyez précis et ayez le souci du détail ; évitez les généralités, les métaphores et les images auxquelles la fourmi n'est pas sensible, pour vous appuyer sur des faits et des repères précis.

Avec la chèvre, la fourmi est une travailleuse de fond. Elle n'aime pas l'oisiveté. Elle est patiente et persévérante ; elle sait très bien travailler en réseau.

Cette description des douze animaux de parole est réalisée à partir d'une sensibilité occidentale. Si vous voyagez, vous découvrirez à quel point les sensibilités sont différentes d'un pays à l'autre. On ne prend pas la parole de la même façon en Chine, aux États-Unis ou au Japon. Si on distribue ses cartes de visite comme des sourires au Canada, au Japon, on reçoit la carte de visite des deux mains et en s'inclinant. On se prend facilement dans les bras au Québec, même pour un premier contact, ce qui est moins bienvenu en France.

Certains animaux peuvent facilement s'épanouir dans certains pays, et être très mal vus dans d'autres. En voyageant, vous aurez besoin de toute votre intuition pour décrypter de nouveaux animaux de parole et distinguer leurs us et coutumes.

TROUVER SON ANIMAL DE PAROLE

À partir de ces descriptions, trouvez l'essence de l'animal qui vous anime. Vous sentez-vous l'âme de leader de l'aigle ? Dans une conversation, aimez-vous prendre le contre-pied, comme le bélier ? Vous sentez-vous émotif, comme le chien ? Préférez-vous le silence du lapin ? Aimez-vous faire rire comme l'otarie ? Vous sentez-vous l'âme d'un guérisseur comme le chat ? Êtes-vous travailleur et organisé, comme la fourmi ou la chèvre ? Vous a-t-on déjà comparé à un ours ? Aimez-vous le chant des mots comme le merle ? Vous considérez-vous comme artiste comme le perroquet gris ? Il se pourrait que vous vous retrouviez dans plusieurs descriptions, c'est possible ; nous sommes des êtres kaléidoscopiques.

Ces descriptions n'ont pas pour but de vous ranger dans une case, mais de vous aider à mieux vous connaître à travers vos dominantes, en exploitant les qualités archaïques qu'ont exploitées les animaux.

EXERCICE : Découvrez votre animal de parole

Les animaux ont tous de grandes qualités de comportement, loin de l'image, du paraître. Chaque animal a mis au point le comportement le plus adapté pour survivre dans la nature.

Vous allez à présent découvrir quel est votre animal de parole. Vous n'allez pas avoir à le choisir, c'est l'animal qui va venir à vous. En ce sens, la rencontre de votre animal de parole est plus une guérison qu'une façon de s'inventer une nouvelle personnalité. Dans la tradition des animaux, aucun animal n'est inférieur ou supérieur à un autre. Chacun est juste adapté à son environnement. Détendez-vous. Prenez quelques minutes pour revenir à l'instant présent en vous appuyant sur votre respiration. Une fois détendu, pensez à toutes les situations où vous devez parler en public, négocier, communiquer, gérer un conflit. Vous allez à présent intérieurement appeler votre animal de parole. Posez votre main sur votre cœur. À cet instant où vous avez posé votre main sur le cœur, un animal apparaît. Il s'agit de l'un des douze animaux de parole que nous venons d'évoquer. Prenez le temps de le rencontrer, de l'observer et de comprendre son comportement, et en quoi il peut vous aider. Il se peut qu'au moment de poser la main sur la poitrine, ce soit un autre animal qui se présente à vous qu'un de ceux qui sont décrits ici ; cette liste n'est pas exhaustive. Dans ce cas, servez-vous de votre intuition pour trouver quelles qualités vient vous transmettre cet animal.

Vous pouvez aussi utiliser une autre technique pour rencontrer votre animal de parole. Écrivez le nom de chaque animal sur un papier que vous pliez. Puis, tirez un papier de la main gauche. La main gauche est liée à l'hémisphère droit du cerveau et donc à notre partie intuitive. Découvrez l'animal qui est venu vous visiter en dépliant votre papier. Si vous êtes visuel, n'hésitez pas à regarder une image de cet animal, dans une encyclopédie ou sur Internet, et laissez-vous toucher par sa vibration.

Dans un deuxième temps, demandez à votre animal de vous enseigner la façon dont vous pouvez améliorer vos qualités de communicant. Notez toutes les réponses qui vous viennent à l'instant dans un cahier ; vous y reviendrez à tête reposée.

Pour peu que vous vous prêtiez au jeu de la rencontre avec votre animal de parole avec tout votre cœur, vous pouvez être certain qu'une belle rencontre se prépare.

Un jour, dans un groupe, chacun a tiré son animal de parole au moyen des petits papiers. Une jeune femme qui tirait la fourmi était très déçue. Chef d'entreprise, elle aurait préféré tirer un animal qu'elle jugeait plus digne. Bien que je ne fasse jamais tirer une seconde fois, ce jour-là, j'ai fait une exception. Nous avons remis la fourmi avec les autres animaux, mélangé les papiers, et lui avons laissé tirer à nouveau… C'est encore la fourmi qui est venue la visiter ! Lorsqu'un animal vous choisit, laissez-le venir ! En l'occurrence, la fourmi venait lui permettre de réveiller son sens de l'organisation, et l'avertir qu'elle s'était coupée de sa base.

Une autre fois, c'est la grenouille qu'un participant avait tirée dans ce qui est plus un synchronisme qu'un hasard (il ne s'agissait pas des animaux de parole, mais des animaux de guérison, que j'utilise par ailleurs ; c'est pourquoi la grenouille n'est pas sur notre liste). Le stagiaire déçu n'était pas prêt à accueillir le batracien. Je lui ai parlé longuement de la grenouille, de sa peau, l'une des plus douces de tout le règne animal. La peau de la grenouille était utilisée en médecine par les druides pour faire des onguents dans le cas de maladies de peau. Le stagiaire a senti une grande émotion le saisir ; il était atteint lui-même d'une dépigmentation congénitale de certaines zones de la peau ! Il arrive qu'un animal vienne vous visiter à une période précise. C'est pourquoi vous pouvez effectuer ce tirage dès que vous en éprouvez le besoin.

LA CORRESPONDANCE DES ANIMAUX DE PAROLE ENTRE EUX

Si chaque animal est porteur d'une qualité de communication, la communication des animaux entre eux n'est pas toujours harmonieuse. La fourmi qui a besoin d'un cadre précis a du mal à s'entendre avec le perroquet gris qui, lui, a besoin d'improviser. Pour vous y retrouver, voici un tableau des principales relations des animaux entre eux.

L'aigle	**Essence des leaders**
S'entend souvent bien avec	l'ours, la fourmi, la chèvre
Entre facilement en conflit avec	le bélier, l'otarie, le chat, l'aigle
Le bélier	**Essence des rebelles**
S'entend souvent bien avec	le perroquet gris, l'otarie, le merle
Entre facilement en conflit avec	l'aigle, l'éléphant, l'ours
Le chien	**Essence des émotifs**
S'entend souvent bien avec	le lapin, le merle, l'aigle
Entre facilement en conflit avec	la fourmi, le bélier, la chèvre
L'éléphant	**Essence des philosophes**
S'entend souvent bien avec	l'ours, l'aigle, la fourmi
Entre facilement en conflit avec	l'otarie, le perroquet gris, le merle
Le lapin	**Essence des silencieux**
S'entend souvent bien avec	le chat, le merle, l'ours
Est facilement en conflit avec	la chèvre, la fourmi, le perroquet gris
L'otarie	**Essence des amuseurs**
S'entend souvent bien avec	le perroquet gris, l'otarie, le chat
Entre facilement en conflit avec	la fourmi, l'aigle, la chèvre

L'ours	**Essence des bâtisseurs**
S'entend souvent bien avec	l'ours, l'aigle, l'éléphant
Entre facilement en conflit avec	l'otarie, le perroquet gris
Le perroquet gris	**Essence des artistes**
S'entend souvent bien avec	l'otarie, le perroquet gris, le chat
Entre facilement en conflit avec	la fourmi, le merle
La chèvre	**Essence des indécis**
S'entend souvent bien avec	le bélier, l'aigle, le merle
Entre facilement en conflit avec	l'otarie, le perroquet gris
Le chat	**Essence des guérisseurs**
S'entend souvent bien avec	le chien, le chat, le lapin
Entre facilement en conflit avec	l'éléphant, le bélier, le merle
Le merle	**Essence des facilitateurs**
S'entend souvent bien avec	le perroquet gris, le lapin, l'éléphant
Entre facilement en conflit avec	la fourmi, la chèvre, l'otarie
La fourmi	**Essence des organisateurs**
S'entend souvent bien avec	le chat, l'aigle, la fourmi
Entre facilement en conflit avec	le chien, l'éléphant, le perroquet gris

Remarque : Certains animaux s'entendent bien avec des membres de leur propre espèce ; ainsi, la fourmi s'entend bien avec la fourmi. D'autres pas : l'aigle a du mal à s'entendre avec d'autres aigles. Par ailleurs, certains animaux sont attirés par certaines espèces avec qui ils entreront en conflit ; c'est dans ce cas la base des relations conflictuelles. Enfin, la relation n'est pas forcément transitive : ainsi, le perroquet gris s'entend bien avec la chèvre, alors que la chèvre entre facilement en conflit avec le perroquet gris. Cette distorsion de la relation peut créer une relation de dépendance.

Il ne faudrait pas, compte tenu des différences, éviter pour autant les rencontres. Si le merle s'entend bien avec le perroquet gris, une société peuplée de merles et de perroquets gris tournerait vite à l'oisiveté et à l'anarchie. De même, si le bélier s'entend peu avec l'aigle, c'est justement sa fréquentation qui peut lui permettre d'adoucir son caractère et d'apprendre l'ouverture et la tolérance.

Pour qu'un groupe soit harmonieux, il a besoin d'accueillir des oiseaux, des rampants, des mammifères ; ce qui correspond à des artistes, des organisateurs, des bâtisseurs et des facilitateurs. Enfin, chaque relation est évolutive. Vous pouvez aujourd'hui être visité par le bélier et demain par l'aigle. C'est une question de période.

LA PERSONNALITÉ KALÉIDOSCOPIQUE

Vous pouvez recevoir l'influence et l'aide de plusieurs animaux, ce n'est pas contradictoire, mais complémentaire. Ainsi, votre personnalité de communicant peut s'appuyer sur l'essence de l'aigle, pour peu que vous ayez le sens du leadership ; vous pouvez également être influencé par l'essence du perroquet gris et son côté artiste ou encore du chat guérisseur.

Si elle devait se matérialiser, votre essence personnelle pourrait être composée à 70 % d'essence d'aigle, à 20 % d'essence de perroquet et à 10 % d'essence de chat.

Lorsque deux aigles sont en présence l'un de l'autre, car cela arrive que deux leaders se partagent un projet, l'essence secondaire va jouer un rôle déterminant. Deux communicants de la nature de l'aigle cohabiteront mieux ensemble si l'un dispose de l'essence de la fourmi en essence secondaire et l'autre de l'essence du perroquet gris. Pour qu'une coopération soit équilibrée, surtout dans un groupe, nous avons besoin d'artistes, d'organisateurs, de leaders, de facilitateurs. Il n'y a pas d'animaux meilleurs que d'autres, il y a juste des équilibres à assurer.

Nous disposons de différentes essences pour permettre un meilleur mariage des associations. Ainsi, vous ne révélez pas les mêmes essences en fonction de votre entourage. J'ai souvenir d'un manager que j'observais en petit groupe et qui apparaissait incontestablement comme le leader. C'est lui qui se plaçait au centre, qui faisait les ouvertures et les conclusions, qui jouait un rôle central dans les réunions. En revanche, lorsque ce même leader était en compagnie de son propre manager, il disparaissait dans l'ombre de celui-ci pour laisser exprimer son essence secondaire, celle d'une fourmi organisée et fidèle.

Vous ne disposez pas d'une personnalité unique. Vous pouvez être à la fois un leader et un artiste, ou encore un leader organisé. De même, vous pouvez être organisé et aventurier. Ce type de personnalité donne parfois les chercheurs particulièrement originaux, imprévisibles et audacieux.

Le tout est que vous preniez conscience de votre personnalité dominante. Ce n'est qu'à partir d'elle que vous pourrez exploiter réellement qui vous êtes, car, alors que la répression de votre personnalité dominante peut donner lieu aux plus grandes frustrations, la découverte, puis l'expression complète de votre personnalité donneront lieu à la libération de votre talent.

Tableau récapitulatif des animaux de parole et de leur essence

L'aigle	Essence des leaders
Le bélier	Essence des rebelles
Le chien	Essence des émotifs
L'éléphant	Essence des philosophes
Le lapin	Essence des silencieux
L'otarie	Essence des amuseurs
L'ours	Essence des bâtisseurs
Le perroquet gris	Essence des artistes
La chèvre	Essence des adaptables
Le chat	Essence des guérisseurs
Le merle	Essence des facilitateurs
La fourmi	Essence des organisateurs

CHAPITRE IX
LES ÉMOTIONS DE LA PAROLE

Les occasions de parler en groupe sont nombreuses. Tours de table, dîners en famille, réunions professionnelles, assemblées de copropriétaires, autant de situations pour parler et écouter les autres parler. Dans ces circonstances, la charge émotionnelle est proportionnelle au contexte affectif plus qu'à l'enjeu rationnel. Certaines situations quotidiennes avec des inconnus peuvent créer plus de stress que des situations dont l'enjeu est élevé avec des interlocuteurs familiers. Je me souviens ainsi de Ludovic, chez qui la perspective de rapporter au magasin un article défectueux générait plus de trac que de passer ses oraux à l'école de la magistrature. Les raisons pour lesquelles Ludovic appréhendait davantage le regard de la caissière de l'épicerie qu'un jury d'examen restaient en partie mystérieuses.

TOUT LE MONDE A-T-IL LE TRAC AU MOMENT DE PARLER EN PUBLIC ?

Depuis vingt ans que j'accompagne les patrons dans leurs interventions en public, et après une longue carrière au théâtre en tant que comédien et metteur en scène, je suis enclin à croire que oui. Tout le monde serait-il sujet au trac ? En fait, c'est à souhaiter ! Le trac se manifeste dans une situation considérée comme extraordinaire pour nous permettre de nous surpasser.

Beaucoup de personnes qui participent aux stages de communication font la même observation. « *Quand je parle à bâtons rompus avec des amis, autour d'un café, je n'éprouve aucune difficulté particulière à trouver mes arguments. Mais au moment de parler seul face à un groupe, le trac me paralyse.* »

Ce trac ne se manifeste ni de la même façon ni au même moment pour chacun. J'ai connu certains dirigeants, très à l'aise pour prendre la parole devant 200 personnes, qui se figeaient dès qu'il s'agissait de parler devant une caméra. D'autres étaient détendus assis, mais perdaient tous leurs moyens s'il leur fallait parler debout. Pour d'autres encore, parler en public ne posait pas de difficulté s'ils avaient longuement préparé leur intervention; c'est le fait de devoir improviser qui les inquiétait.

« *Maître, je n'ai plus le trac !* » avait confié une élève à Louis Jouvet. « *Continuez, ça peut revenir si un jour vous avez du talent* », avait répondu du tac au tac le maître du Conservatoire. Car au théâtre, jouer, c'est être vivant!

Le trac est une émotion naturelle liée à une situation nouvelle. L'acteur a davantage le trac au moment de la représentation qu'en répétition, car la situation est inédite et va lui demander de se dépasser. C'est l'essence de ce trac qui lui offre d'être brillant le soir du spectacle. Un entraînement physique et mental permet à l'acteur de transformer ce trac en émotion dynamisante. Le trac ne se supprime pas, il se recycle en faisant circuler l'énergie générée par cette émotion, sans en subir les effets secondaires.

Vous vous préparez à prendre la parole devant une caméra, vous vous levez de table pour un discours, alors que chacun a son regard braqué sur vous: la situation vous impressionne, car vous y mettez un enjeu. De plus, des informations nouvelles doivent être intégrées rapidement. Il vous faut parler devant le micro, regarder chacun dans les yeux, respecter le temps alloué, projeter la voix. Cet enjeu supplémentaire est considéré par le cerveau comme un danger. Celui-ci transmet l'information à l'hypothalamus qui envoie au corps une dose importante de testostérone, d'adrénaline et de noradrénaline, hormones qui vont vous aider à vous surpasser.

Cet afflux chimique modifie votre comportement de trois façons:

- Accélération des battements du cœur ;
- Augmentation de la température interne ;
- Modification de la respiration.

Ces trois modifications peuvent générer elles-mêmes, et en fonction de chacun, différentes incidences :
- Excès de transpiration ;
- Bouffées de chaleur ;
- Palpitations ;
- Pertes de sensation dans certaines parties du corps ;
- Grande agitation.

Ces gênes sont à peine perceptibles pour certains et paralysantes pour d'autres. Malgré la diversité de toutes les sensations secondaires qui peuvent se manifester, seuls deux systèmes sont concernés :
- Le système cardiaque ;
- Le système respiratoire.

Lorsque ces deux systèmes ne sont pas synchronisés, c'est la porte ouverte à toutes les manifestations gênantes ; depuis la transpiration excessive, le fait de rougir, de bégayer, de cligner des yeux exagérément.

Lorsque le cœur et le cerveau s'harmonisent, on parle de cohérence cardiaque.

Les pilotes de chasse de l'armée de l'air sont soumis à de nombreux tests pour vérifier leur cohérence cardiaque. Par exemple, ils sont installés sur un simulateur de vol, équipés des électrodes mesurant l'activité électrique du cerveau, et d'autres la fréquence cardiaque. Puis différentes informations leur sont communiquées sur leur écran. Par exemple : « Vous êtes pris pour cible par l'ennemi. » L'instructeur va, au moment où le pilote prend connaissance de ce message, mesurer la cohérence cardiaque en comparant l'accélération de l'activité cérébrale et celle des battements du cœur.

Les recherches sur la cohérence cardiaque nous ont appris que, si le cerveau envoie l'information au cœur qui modifie ses battements, le cœur n'est pas que récepteur, il envoie, lui aussi, une information au cerveau pour lui demander de ralentir son activité cérébrale. Cette harmonisation des informations va être rendue possible par la respiration.

C'est pourquoi, au moment où vous êtes saisi par le trac, vous allez pouvoir agir simultanément sur deux systèmes :

- Le cerveau : par la programmation de visualisations et la programmation d'images créatives rassurantes ;
- Le système respiratoire : par un rythme apaisant, adapté à la situation.

L'ÉMOTION, CETTE AMIE QUI VOUS VEUT DU BIEN

Pour celui qui y est habitué, cette modification du comportement générée par le trac est une bénédiction. Les sportifs, les acteurs, les journalistes, toutes les personnes qui donnent le meilleur d'elles-mêmes en un court laps de temps, ont besoin de cette adrénaline, voire la recherchent. Elles ne sont plus, avec l'expérience, déstabilisées par cette modification de la chimie de leur corps ; au contraire, cette modification leur permet de performer. Elles savent comment la réguler, car elles ont acquis les outils adaptés.

Certains orateurs expérimentés attendent, par exemple, le dernier moment avant de préparer leur conférence pour accentuer cet afflux de stress qui stimule leur créativité.

Que ce soit par l'ancrage, la respiration, les visualisations créatrices, vous allez pouvoir transformer cet afflux chimique en énergie dynamisante. On parle alors de stress positif. Ce stress positif n'a rien à voir avec le stress toxique, stress où vous ruminez un événement qui vous est arrivé ou qui se prépare. Le stress toxique à la base de toute pathologie vous fait perdre vos moyens ; le stress positif vous permet, au contraire, d'exploiter vos ressources.

LE TRAC À SA SOURCE

Le trac est parfois un stimulant, parfois un paralysant, selon qu'il s'agit d'un sentiment ou d'une émotion. Comment les distinguer et comment les définir ?

Chaque être humain est exposé aux cinq émotions fondamentales que sont la peur, la colère, l'attirance/répulsion, la tristesse, la joie. Ces cinq émotions, que connaissent tous les animaux, sont utiles à chacun pour s'adapter à tous les imprévus :

- **La peur** vous permet de réagir à un événement menaçant et de vous protéger physiquement.
- **La colère** réveille votre combativité, vous permet de vous positionner en défendant votre territoire et vos besoins.
- **L'attirance/répulsion** vous permet de discerner les aliments toxiques de ceux qui vous font du bien.
- **La tristesse** vous aide à vous détacher et à vous attacher aux personnes qui vous sont précieuses. (S'il ne connaissait pas la tristesse d'être séparé de sa maman, le nouveau-né pourrait se perdre et mourir ; la tristesse lui est essentielle pour reconnaître l'état de manque. Il pleure de voir partir sa mère et comprend ainsi qu'il a besoin d'elle.)
- **La joie** vous encourage à reconnaître ce qui vous fait du bien.

Parmi ces cinq émotions utiles, le trac est rattaché à la première émotion mère qu'est la peur.

Quelle différence, alors, entre une émotion et un sentiment ? Le sentiment est le prolongement d'une émotion refoulée. C'est sa durée de vie qui distingue l'émotion du sentiment.

Lorsqu'une émotion a besoin d'être exprimée, elle se manifeste, généralement, en à peine plus d'une minute. Si, en revanche, elle est réprimée, elle se transforme en sentiment qui peut vous accompagner plusieurs années. D'où la nécessité d'exprimer vos émotions au fur et à mesure qu'elles se présentent, ce qui peut se faire sans violence. Contrairement à des idées reçues, la violence n'est pas la conséquence de l'expression de la colère, mais plutôt l'expression d'une colère refoulée.

La peur refoulée génère un sentiment d'insécurité.
La colère refoulée se transforme en haine.
La joie refoulée se transforme en hystérie.
La tristesse refoulée se transforme en état dépressif.
L'attirance refoulée se transforme en compulsion.
La répulsion refoulée se transforme en jugement.

N. B. : Attirance et répulsion représentent la même émotion ; ce sont les deux faces opposées d'une même émotion. Le fait d'apaiser l'une permet d'apaiser l'autre.

Notre culture et notre éducation nous ont convaincus qu'il était mal d'exprimer nos émotions. On dit d'une femme en colère qu'elle est une hystérique ; d'un homme qui a peur qu'il est une mauviette. On cache son désir en société ; même la joie est réprimée. À l'enfant qui s'esclaffe trop fort, on lui dit qu'il est ridicule à rire bêtement et sans raison. La culture de la répression des émotions est à l'origine du si pauvre quotient d'intelligence émotionnelle chez nos contemporains qui ont privilégié le seul quotient intellectuel. Le fait d'exprimer votre émotion dans l'instant est salutaire pour la relation. Cela permet d'éviter d'accumuler ressentiment et mal-être.

DOIT-ON AVOIR PEUR DU TRAC ?

Premier cas : Vous vous préparez à prendre la parole en public. Vous vous levez et sentez vos jambes qui flageolent. Alors que vous étiez bien quelques minutes auparavant, vous voici exposé à une modification subite de votre comportement ; il s'agit d'une émotion.

Second cas : Vous vous apprêtez à prendre la parole en public. Cela fait trois semaines que vous ruminez, que vous ne vous sentez pas à la hauteur, que vous vous dites que vous n'y arriverez jamais ; il s'agit alors d'un sentiment et non plus d'une émotion.

Si, dans le premier cas, l'émotion peut se réguler par quelques exercices d'ancrage et de respiration, dans le second, le sentiment qui génère cette peur n'est plus tant le fait de parler en public ; il est lié à des mémoires anciennes réveillées par cette exposition en public. L'émotion du trac réveille une émotion plus ancienne : la peur du jugement. « *Qu'est-ce que les gens vont dire de moi ? Qu'est-ce qu'ils pensent de moi ?* » Cette peur peut réveiller d'autres croyances plus archaïques sur vous-même et d'autres souvenirs de dévalorisation : « *Je ne mérite pas qu'on m'écoute* », « *Je ne suis pas assez intéressant* », « *Les autres ont plus de valeur que moi* », « *Je ne serai pas à la hauteur* ». Cette peur est alimentée par d'autres peurs : la peur de n'être pas reconnu, de se tromper et, plus intensément, la peur d'être rejeté.

ÉMOTION OU SENTIMENT ?

S'il s'agit d'une émotion, vous aurez besoin, pour prendre du plaisir à parler en public, d'acquérir des outils : notamment les *cinq actions majeures pour oser parler et savoir dire* (que nous évoquerons plus loin), qui vont vous aider à vous stabiliser.

S'il s'agit d'un sentiment, vous aurez besoin d'explorer votre mémoire. Il vous faudra trouver quels sont les événements de votre histoire à la source de cette dévalorisation, de façon à déprogrammer la mémoire toxique et à reprogrammer une mémoire positive. Vous aurez probablement besoin de vous faire accompagner pour cette reprogrammation.

Pour celui qui ne la maîtrise pas, la peur de prendre la parole peut lui faire perdre ses moyens : confusion, transpiration excessive, blocage de la respiration, panique, autant de signes indiquant un stress non contrôlé. Devant la peur, il n'existe aucune rationalité.

Pour dépasser une peur, il est nécessaire d'en connaître la source. Voici le panorama des différentes peurs auxquelles vous pouvez être exposé lorsque vous parlez.

LA PEUR DU JUGEMENT

Dès que vous prenez la parole, vous prenez un risque ; celui de partager votre point de vue, d'être jugé et éventuellement désavoué par l'autre. Vous prenez le risque de ne pas paraître conforme à l'image que les autres ont de vous. Cette peur du jugement est renforcée lorsqu'il s'agit d'un monologue, la solitude accentuant l'effet grossissant de vos propos.

Pourtant, fréquentes sont les situations où le fait de dépasser la peur du jugement peut vous faire du bien. Vous assistez à une réunion où un collaborateur présente un point de vue que vous ne partagez pas. Cependant, il parle bien et son public semble conquis par son aisance. Vous restez silencieux et confiez à un proche à la fin de la réunion : « *Je n'étais pas d'accord ! Il s'en est fallu d'un cheveu que je prenne la parole et lui dise ma façon de penser…* », « *J'ai failli lui démontrer que ses arguments ne tenaient pas la route ! La prochaine fois, je le ferai* ». Mais il n'y aura pas forcément de prochaine fois et tant de mots resteront à jamais engloutis dans l'océan du silence.

La peur est souvent renforcée s'il s'agit de s'exprimer devant un public d'inconnus. Elle est accentuée pour certains encore devant des interlocuteurs qui jouissent d'une bonne réputation, ou qui sont reconnus eux-mêmes pour leur charisme ou leur autorité.

Un étudiant sera plus impressionné de parler devant un jury d'experts que devant une bande de copains. Un salarié sera probablement plus intimidé de présenter son activité au comité de direction que devant ses collaborateurs.

La peur peut être accentuée lorsqu'il s'agit de s'adresser à des personnes qui ne sont pas « de notre milieu ». Autant d'ouvriers m'ont témoigné de leur difficulté à prendre la parole au milieu d'une assemblée d'administrateurs que d'administrateurs se sont sentis intimidés devant une assemblée d'ouvriers.

C'est cette sensation d'être dans un monde différent, un monde qui ne peut pas vous comprendre (phase ethnocentrique) qui perturbe la fluidité de vos propos.

LA PEUR DE LA COMPARAISON

Cette forme de peur est bien sûr exacerbée dans les situations où il y a plusieurs orateurs. Vous vous préparez à parler, vous connaissez vos atouts, vous avez préparé votre discours, mais le fait que vous ayez vu un autre - que vous estimez plus drôle, plus documenté, plus grand ou mieux habillé que vous - vous fait perdre vos moyens. Cette émotion prend souvent sa source dans l'enfance ; notamment si l'enfant a été comparé de façon répétée à des frères et sœurs, à des élèves de sa classe ou si ses parents, tellement brillants, lui faisaient de l'ombre. C'est l'ancrage, que nous évoquerons plus loin, qui vous servira à atténuer cette peur.

Il y a une vingtaine d'années, je participais au casting d'un film pour la télévision. Je me sentais, ce jour-là, confiant et sûr de moi. Mon niveau d'estime était relativement élevé ; je m'étais bien préparé, ce qui est nécessaire pour ce type d'entretien où le sentiment de compétition est très présent. Dans la salle d'attente de la production, j'ai découvert trois autres comédiens qui, comme moi, se présentaient à la même audition : 1,90 m, stature très athlétique, bronzés. Il s'agissait de trois beaux gosses qui semblaient eux aussi très bien dans leurs baskets. Dans le quart d'heure qui a suivi, j'ai senti mon niveau de confiance baisser à vue d'œil. En me comparant à ces trois athlètes, je me sentais soudainement trop petit, trop pâle. Ce n'est que lorsque la réalisatrice m'a décrit le scénario que j'ai compris que ces trois athlètes ne venaient pas pour le même rôle. Le sentiment d'être unique a remplacé progressivement la peur de disparaître en étant comparé.

C'est dans la comparaison que nous perdons la confiance en nous au moment de nous exprimer. Celui qui souffre de la comparaison n'a pas assez développé son axe vertical. C'est pourquoi, plus vous êtes ancré et en lien avec votre propre source, plus vous augmentez votre confiance. C'est la notion de verticalité, que nous évoquerons plus tard, qui vous aidera à apprivoiser cette peur.

LA PEUR DE L'ÉCHEC

J'ai observé un jour, lors d'un stage de percussions, à quel point la peur de se tromper pouvait être paralysante. Il s'agissait d'un stage de tambours africains, les djembés. Tous en cercle, nous faisions longuement tourner un rythme simple. Personne n'éprouvait de difficulté particulière. Régulièrement, le groupe s'arrêtait pour permettre d'entendre le son de chaque joueur, qui devait alors continuer à jouer comme il le faisait en groupe. Chacun jouait correctement et maîtrisait le rythme appris ; pourtant, quand venait son tour, dès que le joueur était mis en lumière par le simple silence des autres membres du groupe, il perdait le tempo, se trompait et mélangeait les sonorités.

Cette peur est liée à la pression que l'on se met lorsque l'on veut trop bien faire et que l'on a peur de se tromper. La peur de l'échec appelle l'échec. Lorsque vous vous préparez à prendre la parole, il peut arriver que vous vous mettiez une pression ; que vous ne vouliez pas décevoir. Il peut arriver que vous souhaitiez tant ne pas vous tromper que vous en sentez vos jambes flageoler. Vous imaginez le pire. Vous imaginez le public ironiser, vous critiquer. Vous vous persuadez que vous ne serez pas à la hauteur.

Il n'est pas rare qu'avant une échéance importante l'orateur imagine ou rêve de scénarios catastrophes. Renverser son café sur sa chemise blanche, recevoir des tomates ou des huées du public, avoir un trou de mémoire.

Ces rêves sont une manifestation naturelle de l'inconscient. En vous autorisant à exprimer ces peurs dans votre espace onirique, vous libérez la tension de votre espace conscient. Ces cauchemars agissent comme un exorcisme. Reconnaître votre peur est le premier pas pour en comprendre l'essence et vous en libérer.

Comme dans toutes les situations sensibles, c'est en vous libérant de l'enjeu que vous atteindrez votre objectif. Comme un bon joueur de golf qui n'impulse que le mouvement nécessaire à son coup, ni plus ni moins ; plus vous vous libérerez de la recherche du résultat, plus vos mots et vos gestes seront naturels.

Lorsque vous vous présentez à un examen, vous perdrez beaucoup de vos moyens en vous concentrant sur les conséquences d'un éventuel échec (repasser l'année suivante, humiliation, perte de temps, nécessité de redoubler). Si, en revanche, vous demeurez concentré sur votre ancrage, sur l'ici et maintenant, sur le contrôle de vos gestes et sur votre respiration abdominale dans l'instant présent, votre prestation orale sera sûrement d'un meilleur effet.

LA PEUR DU RIDICULE

Cette autre peur est associée, elle aussi, à l'image que l'on a de soi. La peur d'être ridicule s'exprime si fréquemment chez les personnes qui se préparent à prendre la parole en public qu'elle suffit en elle-même à éradiquer toute initiative de sortir du rang, toute originalité, ou même toute forme de vie naturelle sur la scène.

C'est l'une des raisons pour lesquelles les présentations publiques manquent si souvent de fantaisie et sont terriblement ennuyeuses, conventionnelles et se ressemblent. Dès lors qu'il s'apprête à parler en public, l'orateur craignant le ridicule s'immobilise derrière un pupitre pour sécuriser son discours à partir d'un style connu.

J'ai souvent accompagné des orateurs qui préparaient des anecdotes originales, des accessoires insolites pour ponctuer leur présentation et lui donner du relief. Au moment de passer à l'action, une fois face au public, ils se jugeaient, craignaient le ridicule et perdaient toute vie en supprimant leurs effets prévus.

En matière de communication, ce n'est pas tant le ridicule qui tue que l'ennui !

LA PEUR D'ÊTRE BRILLANT

Nous terminerons ce florilège des peurs par celle qui est peut-être la plus paradoxale : la peur de la réussite. « *Notre plus grande peur est la peur de rayonner* », disait Nelson Mandela, car réussir totalement à incarner votre puissance, c'est assumer votre grandeur sur la terre. C'est sortir du schéma de dépendance et d'immaturité confortable de l'enfance, c'est assumer sa transformation de chenille en papillon. Or, pour beaucoup, il est plus confortable de ne pas assumer totalement cette part de lumière qui demande courage, constance et engagement.

Le fait de parler en public renforce cette peur. « *Que vont-ils dire de moi ?* », « *Pour qui je me prends à parler comme un leader ; restons modeste !* » vous dites-vous parfois, alors que vous étiez inspiré et prêt pourtant à réaliser une belle prestation.

Prendre la parole demande de l'audace, du courage et de l'ambition. Communiquer, oser parler et savoir dire, c'est affirmer haut et fort votre place sur terre, votre sensibilité et devenir le créateur de votre vie.

La peur étant consommatrice d'énergie, concentrez-vous non pas sur cette peur, mais sur votre objectif. L'esprit qui a peur est un esprit dissipé. Il vous appartient de le canaliser sur ce que vous voulez et non sur ce que vous redoutez.

EXERCICE : Offrez votre peur à la terre

Cet exercice s'appuie sur l'association d'une visualisation et d'une respiration. Vous pouvez faire ce mouvement à l'extérieur (en forêt, dans un jardin), mais également chez vous. Asseyez-vous, ou agenouillez-vous à même le sol ou sur un coussin, et posez vos deux mains, la paume sur la terre. De la main gauche, visualisez un liquide brunâtre coulant depuis votre épaule, le long de votre bras et de la paume de votre main, jusqu'à la terre. Ce liquide représente votre peur ou toute autre émotion paralysante (confusion, manque de confiance, jugement, manque d'estime). Prenez une profonde respiration abdominale. À chaque expiration, visualisez ce liquide coulant le long de votre bras et se répandre dans la terre. Prononcez à voix haute (c'est préférable !) : « *Je confie à la terre mes peurs et mes inquiétudes. Je remercie la terre d'absorber mes peurs et mes inquiétudes. Ainsi, je me sens soulagé dans l'instant même.* » Dans un second temps, recevez, de votre main droite, une énergie de couleur rouge vermillon montant du centre de la terre jusque dans votre main. À chaque nouvelle inspiration, visualisez cette énergie montant le long du bras. Répétez cette phrase : « *Je remercie la terre de cette confiance, cette assurance et cette foi que je reçois d'elle. Ainsi, je me sens apaisé dans l'instant même.* » Visualisez cette énergie positive sous forme d'une lumière rouge montant le long du bras, de l'épaule, de la poitrine et se logeant dans votre ventre. La pratique de cet exercice ne vous prendra pas plus de deux minutes et renforcera votre assurance avant de prendre la parole dans une situation délicate.

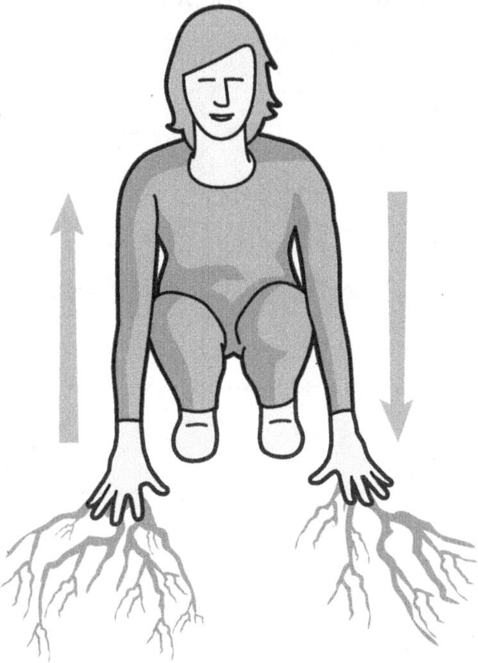

Illustration 2

EXERCICE : Dissociez la peur de l'acte

Plus vous exprimez à voix haute le fait que vous avez peur, plus cette peur se manifeste en vous. Le fait de prononcer : « *Je n'ai peur de rien* » n'a que peu d'effet, car la peur existe et la renier augmentera son impact. En revanche, vous pouvez reconnaître autant votre peur que votre élan vital. Dans un moment de peur, prononcez alors les phrases suivantes : « *Malgré les peurs que je ressens à dire ce qui me tient à cœur, je m'autorise à dire ce que j'ai à dire.* » « *Malgré ma peur de déplaire, je m'autorise à me tenir droit, à articuler et à regarder mon interlocuteur dans les yeux.* » « *Malgré ma peur de paraître en public, je me sens capable de respirer profondément.* » Répétez chaque phrase trois fois en tapotant au niveau du thymus (au-dessus de la poitrine) : ce point d'acupuncture est lié à la confiance et à l'estime de vous. Pour cet exercice et les suivants, je vous encourage à prononcer les phrases à voix haute. Cela a le pouvoir non seulement de modifier votre croyance, mais de transmettre physiquement une nouvelle information aux milliards de cellules de votre corps.

CHAPITRE X

COMMUNIQUER, C'EST SE BRANCHER SUR LA MÊME LONGUEUR D'ONDE

Lorsque, dans une pièce dans laquelle sont posés différents violoncelles, un musicien fait vibrer avec son archet les cordes de l'un des instruments, toutes les cordes des autres violoncelles se mettent à vibrer, sans pour autant que personne ne les touche. Elles entrent en résonance avec le premier instrument. C'est l'effet diapason ou effet de résonance vibratoire.

À l'image de ces violoncelles, chacun vibre à une fréquence différente et nous nous reconnaissons avec ceux qui vibrent à la même fréquence que nous. On dit alors, dans le langage commun, que nous sommes branchés sur la même longueur d'onde.

Le diapason vibre à 440 Hz ; ce qui correspond, en musique, à la note *la*. L'être humain vibre, quant à lui, sur un répertoire de différentes ondes : delta, thêta, alpha, bêta, gamma, classées de 0,5 Hz à 50 Hz.

- Les ondes delta sont les ondes du sommeil profond (0,5 à 4 Hz).
- Les ondes thêta sont celles de la relaxation profonde (4 à 7 Hz).
- Les ondes alpha apparaissent au repos ou lors de la fermeture des yeux. Ce sont les ondes de la relaxation légère (8 à 13 Hz).
- Les ondes bêta apparaissent à l'occasion d'une situation d'action intense (15 à 20 Hz) ; elles s'élèvent jusqu'à 50 Hz en cas de grand stress.

- Les ondes gamma témoignent d'une grande activité cérébrale, notamment dans le processus créatif ou lors de la résolution de problèmes (au-dessus de 35 Hz).

Un hertz équivaut à une ondulation électrique du cerveau par seconde. Les ondes sont donc évolutives, elles sont aussi contagieuses.

Plus vous êtes stressé, plus votre fréquence vibratoire s'élève dans les ondes bêta. Plus vous êtes calme, plus vous vibrez dans les basses fréquences alpha. La fréquence de votre cerveau est influencée par la totalité des stimuli que vous recevez : qualité de l'environnement, sons que vous entendez, paroles qui vous sont adressées, mais aussi couleurs et parfums.

Si certains cris stridents provoquent une élévation des ondes bêta, le son apaisant d'un chant d'oiseau génère des ondes alpha. Une voix peut générer des ondes bêta lorsqu'elle est stridente, ou alpha lorsqu'elle est profonde, et ce, quels que soient les mots prononcés.

LA RÉSONANCE

Lorsque vous vous apprêtez à parler sous le coup d'un trac intense, vous pouvez stresser une assemblée avant même d'avoir dit un mot. En revanche, votre présence apaisée calme le public. Des études récentes ont montré que ces ondes circulent à distance entre deux individus, même lorsque ceux-ci sont séparés par un mur isolé. Ainsi, si vous devez prendre la parole et que, dans les coulisses déjà, vous méditez, vous respirez profondément, ou écoutez une musique douce, non seulement vous modifiez votre propre fréquence vibratoire, mais influencez déjà, à distance, la fréquence du public qui vous attend, cela avant même que l'on ne vous ait vu ! Les animaux ressentent très bien ces ondes : un chat, par exemple, sent votre humeur à distance et se rapprochera ou s'éloignera en fonction d'elle.

Si vos ondes sont stabilisées en mode alpha, vous serez capable, par votre seule présence, d'influencer une salle pleine et de permettre à chacun de modifier sa fréquence vibratoire.

Hypnose

Les thérapeutes qui utilisent les techniques d'hypnose s'appuient sur cette modification de fréquence vibratoire dans le son de leur voix et dans leur attitude pour transformer chez leur patient le rythme, et donc le comportement. Ils s'adressent ainsi à vous sans passer par le filtre du mental.

Ce phénomène va être particulièrement important par la suite, pour mieux comprendre, dans votre communication, les effets d'influence ou *l'effet miroir*.

Mieux vous vous connaîtrez vous-même, mieux vous identifierez la fréquence à laquelle vous vibrez. Vous pourrez modifier cette fréquence pour en proposer une qui soit agréable à votre interlocuteur. Inconsciemment, celui-ci syntonisera la vôtre. La nature veut qu'une personne qui s'exprime à une fréquence plus basse, et donc plus agréable, soit plus influente qu'une personne s'exprimant sur une fréquence haute, et donc stressante. Toute la difficulté est de maintenir un état de calme intérieur dans un environnement stressant. Difficile ainsi de parler calmement face à une personne en colère. C'est là, en résumé, l'un des buts de la méditation et de la relaxation.

Votre taux vibratoire est lié à votre cohérence cardiaque. Deux axes vont vous permettre de modifier votre fréquence :

- La régulation de votre respiration ;
- La modification de votre activité cérébrale par la création d'images.

L'EFFET MIROIR

Ce jour-là, je formais Marc à la prise de parole en public. Marc, âgé de 55 ans, directeur de production principal d'une société pharmaceutique, préparait un discours de transition. Son entreprise s'apprêtait à déménager. Les quatre cents personnes qui y travaillaient allaient quitter un immeuble devenu exigu au fil des ans pour un bâtiment spacieux et mieux desservi. Toutefois, malgré les avantages de ce déménagement, les collaborateurs, inquiets du changement, avaient besoin d'être rassurés. Le discours de Marc avait été programmé dans ce sens.

Marc avait travaillé son discours, du moins son contenu. Cet homme pragmatique était à l'aise dans la communication écrite, mais il n'aimait pas se donner en spectacle. Il était nerveux et se raccrochait au papier sur lequel il avait rédigé son argumentaire. Il se dégageait de son attitude une inquiétude, qui allait devenir communicative.

Au bout de quelques minutes à écouter Marc, je sentis mon plexus bloqué, ma propre respiration s'étouffer entre le haut de l'abdomen et le bas de la poitrine. J'observai autour de moi l'attitude des cinq autres personnes qui participaient à la formation.

Sur les cinq participants, trois avaient les bras croisés sur le ventre, pour protéger leur plexus, le quatrième écoutait distraitement; quant au cinquième, il regardait franchement par terre. J'interrompis la répétition du discours et demandai aux participants de décrire ce qu'ils ressentaient physiquement. Je ne leur demandais pas de juger la prestation de Marc, mais de décrire leurs propres sensations. Chacun trouva les mots pour dépeindre une oppression dans la poitrine, une compression du thorax, une entrave à la respiration. Je demandai à Marc de nous décrire à présent sa propre respiration.

Sans surprise, Marc utilisa les mêmes termes. Il décrivit une compression du plexus solaire, un blocage à la poitrine; en un mot, il était en apnée et venait d'asphyxier ses spectateurs.

Lorsque vous parlez en public, il se crée un *effet miroir*. Si vous êtes crispé, votre public va se tendre. Si vous êtes agressif, votre public va se défendre.

Lorsqu'un orateur croise les bras ou regarde au sol, spontanément les auditeurs croisent les bras ou regardent le sol. De même qu'un orateur qui respire mal va influencer la respiration de tout un groupe, un communiquant qui maintient une souplesse dans sa respiration peut détendre toute une salle.

Utilisé de façon positive, le principe du miroir devient un moyen de vous mettre en synchronisation avec votre interlocuteur pour établir un lien plus intime avec lui.

NOUS SOMMES LE MONDE – DU MICROCOSME AU MACROCOSME

Plusieurs approches de médecine nouvelle telles que l'auriculothérapie, l'iridologie ou la réflexologie plantaire nous révèlent une dimension importante de l'être humain : celui-ci fonctionne comme un hologramme.

Selon l'auriculothérapie, on retrouve dans le pavillon de l'oreille une représentation de tous les organes du corps. Les reins, le foie, l'estomac sont représentés en miniature sur les quelques centimètres carrés de l'oreille. Partant du fait que la totalité du corps se retrouve en hologramme dans chaque partie, on peut, en posant des aiguilles ou des aimants sur le centre de l'oreille, qui est la *source hologramme* du corps, apaiser des douleurs dans les reins ou l'estomac.

Toutes les parties du corps se retrouvent en hologramme dans chaque organe : le microcosme et le macrocosme se rejoignent. Le monde végétal, le monde animal et le monde humain fonctionnent comme cet hologramme.

Ainsi, lorsque vous vous adressez à votre public, vous devenez la *source hologramme* de votre assemblée. Plus vous prenez soin de vous, plus vous prenez soin de l'assemblée.

Pourtant, en communication, beaucoup d'orateurs cherchent à mettre le public à l'aise sans s'occuper d'eux au préalable. Théodore en est un spécialiste. De nature angoissée et très rigide, Théodore veut absolument distraire son public à chaque fois qu'il intervient dans une conférence. Il a beau faire de l'humour, intégrer les mêmes anecdotes, les mêmes jeux de mots pour détendre l'atmosphère, ses efforts ne suffisent pas à rompre la glace ; pour une raison simple, il est lui-même sous tension. Le public n'est pas dupe de ce cabotin.

Pour détendre des interlocuteurs anxieux, respirez plus profondément qu'eux. Avant de prendre la parole, bougez votre corps, détendez vos épaules, respirez profondément, vous détendrez ainsi la *source hologramme* et, bientôt, la salle.

La puissance de votre communication dépasse largement vos simples mots. Lorsque vous prenez la parole, vous créez un univers. Plus vous donnez de l'amplitude à votre respiration, plus ce décor s'enrichit.

Que vos gestes soient répétitifs et votre public gardera la sensation que votre projet manque de relief. Que vous le présentiez sans projeter la voix, et il en percevra un manque d'ambition.

Maintenant que nous avons pris conscience à quel point la qualité du message va dépendre de l'orateur, voyons, au fil des chapitres suivants, comment atteindre la stabilité, l'ancrage et le charisme nécessaires pour transmettre votre message en toutes circonstances.

CHAPITRE XI

COMMUNIQUER DANS LE FOND ET DANS LA FORME

Pourquoi prend-on plus de plaisir à écouter certains orateurs que d'autres ? Est-ce une raison de fond ou de forme ?

Au-delà des points de vue rationnels, d'autres facteurs plus subjectifs entrent en jeu : « *Il parle bien, lui !* », « *J'aime bien son style, c'est un bon orateur* », « *Il a de l'humour, du charisme, je le sens honnête !* » ou, au contraire : « *Il n'est pas clair, je ne comprends pas où il veut en venir* », « *Il m'énerve à parler dans sa barbe, il n'a pas l'air sûr de lui* ».

Pourquoi préfère-t-on écouter tel communicant ? Pourquoi tel autre nous exaspère-t-il ? Lorsqu'on doit motiver notre choix, on parle de charisme, d'aura, de personnalité. Le fait est que, sur scène comme dans la vie, certains passent la rampe, et d'autres non.

Aujourd'hui, dans toutes les entreprises, de nombreux techniciens, ingénieurs, comptables communiquent sur ce qu'ils font avec leurs clients, leur hiérarchie, leurs élèves. Ils utilisent pour cela des arguments, des mots, un raisonnement, mais aussi une voix ; qu'elle soit douce et rassurante ou autoritaire et haut perchée. Ils s'expriment par des gestes plus ou moins contrôlés, plus ou moins harmonieux, plus ou moins conscients ; sur leur visage se lisent quantité d'émotions. Le fait qu'ils soient érudits ou qu'ils aient préparé leur dossier avec soin est un atout, mais cela ne suffit pas à accrocher leur public. S'ils ne savent pas établir le contact, ils auront du mal à faire adhérer leurs auditeurs à leur point de vue. Même si celui-ci est par ailleurs passionnant.

Pour être convaincant, il faut être convaincu. Certains orateurs sont capables d'ennuyer une salle entière sur des sujets captivants.

D'autres peuvent tenir en éveil une assemblée à partir d'une anecdote tout à fait quelconque. Le public préfère généralement des interlocuteurs moins savants, mais plus vivants.

COMMUNICATION ET COMPORTEMENT

Différents chercheurs ont étudié l'influence du comportement et de la communication dite non verbale dans la portée d'un message oral. L'une des études de référence (parue en 1967, reprise dans *Silent Messages*, en 1971) est celle du Dr Albert Mehrabian, chercheur à l'université UCLA de Los Angeles et né en 1939.

Mehrabian arrive à la conclusion que, lorsque nous communiquons, la voix et l'image influencent davantage notre interlocuteur que les mots eux-mêmes.

Ainsi, selon lui, notre message serait perçu dans la proportion suivante : 7 % de l'impact viendrait des mots, 38 % de notre voix et 55 % de l'image.

Les chiffres de cette étude sont à nuancer en fonction de la particularité du discours. Lors de certains propos très techniques, par exemple, le pourcentage d'influence visuelle diminue, alors que celui des arguments augmente.

Pour ma part, après avoir formé plus de 2 000 personnes à la communication orale, dans des domaines aussi variés que l'industrie, la grande distribution, le tourisme, le sport, la politique ; après avoir décrypté des milliers de bandes vidéo, j'arrive à la conclusion suivante : lorsque nous nous exprimons durant trois à quatre minutes, le texte, les mots, les arguments que nous utilisons impactent environ 15 % du message. Le *paraverbal* (l'intonation, le volume sonore, l'articulation) représente environ 25 %. Les 60 % restant représentent le non-verbal.

Ainsi, lorsque vous intervenez en réunion pour donner votre point de vue, votre conclusion terminée, votre public se souviendra de votre discours dans les pourcentages suivants :

- **À 15 %, des arguments que vous avez utilisés.** Les arguments, ce sont les mots, les chiffres, les sources, en un mot, le fond : les valeurs que vous défendez, les anecdotes auxquelles vous faites référence, les courants de pensée ou les principes auxquels vous êtes fidèle. Également, le public se souviendra que votre langage est familier, populaire, scientifique ou imagé.

  La communication verbale elle-même ne s'arrête pas là. Dans ces 15 %, votre interlocuteur distinguera si vous utilisez la première personne du singulier : « *J'ai la sensation* », « *Je privilégie* », « *Je suis touché* », ce qui traduit un engagement, une prise de position ; ou si vous utilisez la troisième personne, le « on » : « *On ne dit pas ça* », « *Quand on vieillit, on préfère la campagne* », pronom qui révèle la pudeur à parler de soi.

  Lorsque vous vous adressez à lui, l'auditeur note également si vous narrez votre histoire en relatant les détails ou si vous privilégiez une vue d'ensemble du récit. Il sera marqué par le fait que vous le tutoyez ou le vouvoyez. Il notera les expressions familières et repérera les tics de langage.

- **À 25 %, du son de votre voix.** Votre voix est-elle posée ? Prend-elle sa source dans la gorge, dans le plexus, dans le ventre ? Votre voix est-elle grave, éraillée, chantante ou monocorde ? Le volume sonore est-il adapté à votre interlocuteur ? Parlez-vous fort, même si l'interlocuteur n'est qu'à un mètre, ou, au contraire, chuchotez-vous votre texte dans un endroit bruyant ? Cette observation renseigne sur le soin que vous portez à vous adapter à vos interlocuteurs et aux circonstances.

  Votre voix nous renseigne également sur votre générosité et votre sens de l'adaptation ; sur votre souplesse d'esprit (rythme harmonieux, phrasé chantant) ou votre rigidité (dureté de l'articulation et volume sonore élevé, voix de tête) ; sur votre créativité (voix chantante, modulée). D'une façon générale, votre voix renseigne sur l'image que vous avez de vous et sur la place que vous prenez dans un groupe.

Qu'en est-il de votre diction ? Avalez-vous les voyelles et les consonnes ? Ou les martelez-vous de façon militaire ? Ponctuez-vous vos phrases de virgules et d'exclamations, marquant votre engagement ? Votre rythme est-il lent ou êtes-vous, au contraire, pressé d'en finir ? Savez-vous conclure d'un point final ou laissez-vous vos phrases en suspens, comme par difficulté à achever ce que vous commencez ? Êtes-vous sujet aux tics de langage, aux onomatopées ?

J'ai souvenir d'un patron qui avait, lors d'une présentation de 4 minutes, utilisé 48 fois le terme « petit » : « *Je vais vous faire une petite présentation, pour vous dire un petit peu qui je suis, je travaille dans cette entreprise depuis un petit bout de temps...* » Bien qu'il n'en ait pas été conscient, son tic de langage le trahissait. Il manquait tant de confiance en lui qu'il ne pouvait atteindre la grandeur de ses ambitions.

Lorsque vous parlez, votre verbe est-il sec, fleuri, imagé, technique, fluide ? Parlez-vous avec un accent, un cheveu sur la langue ? C'est sur ces détails que votre interlocuteur accordera 25 % de son attention.

- **Enfin, à 60 %, votre interlocuteur se souviendra de votre image.** En l'occurrence, l'image n'est pas liée uniquement à la couleur de votre cravate ou à la forme de votre tailleur, mais représente tout ce qui se dégage de vous. La place que vous utilisez dans la pièce : osez-vous vous installer au centre de l'espace ou préférez-vous rester près de la sortie ? Êtes-vous assis, debout, protégé derrière un fauteuil ? Êtes-vous stable et ancré lorsque vous parlez ? Ou faites-vous les cent pas comme un lion en cage ? Regardez-vous vos auditeurs dans les yeux ou votre regard a-t-il tendance à fuir vers le tapis ou le bleu du ciel ?

  Les 60 %, c'est encore la totalité de vos mouvements. Même s'il n'en est pas conscient, votre auditeur vous écoute en enregistrant toutes ces informations. Qu'en est-il de vos mains ? Les laissez-vous derrière le dos ? Les cachez-vous dans vos poches ? Écrasez-vous vos doigts comme on brise des brindilles de bois ou les laissez-vous s'exprimer dans leur propre langage ? Cette maîtrise des mains traduit chez l'orateur une disposition à contrôler ou à lâcher prise. Vos mains elles-mêmes sont-elles souples lorsqu'elles s'expriment ou vos doigts sont-ils crispés et l'index, accusateur ? Enfin, quelle impression nous communiquent votre corps, vos épaules, vos hanches ? Vous sentez-vous nerveux, détendu ? Quelle est votre allure générale ?

Nous ne communiquons pas ce que nous disons, nous communiquons ce que nous sommes.

Avant d'enregistrer le contenu de votre propos, votre interlocuteur traversera le filtre de votre comportement. C'est à travers ce filtre qu'il décryptera votre point de vue, et c'est à partir de ce filtre qu'il se fera son opinion. La maturité de l'orateur dépend de la conscience qu'il a de son image.

LA COMMUNICATION NON VERBALE

Tous les jours, je rencontre des hommes et des femmes confrontés à cet exercice de la prise de parole : un exposé à présenter à un jury, un rapport à proposer à un conseil d'administration, une déclaration d'amour à offrir, une requête à déposer, un point de vue à défendre, une position à négocier. Dans la majorité des cas, les protagonistes qui préparent ces événements s'évertuent à ne préparer que les 15 % de leur intervention, à savoir le contenu, que par ailleurs ils maîtrisent déjà. Ils revoient leur raisonnement, dissèquent leurs arguments, sans prendre conscience que la faiblesse de leur communication ne réside pas dans le savoir-faire, mais dans le faire-savoir.

Ces orateurs peu communicants consacrent plusieurs heures à relire les fiches, à préparer des phrases, de façon à renforcer les 15 % de leur intervention, plutôt que d'améliorer leur ancrage, leur calme intérieur, leur respiration.

15 %, 25 % et 60 %. Ces trois chiffres nous interrogent. Le sujet n'a-t-il pas d'importance si nous maîtrisons l'art oratoire ? Peut-on captiver un auditoire si on n'a rien à dire ?

Il y a quelques mois, j'avais été invité à un cocktail de fin de tournage. Lors de cette soirée, j'avais repéré Max Alafar, un jeune réalisateur colombien qui venait de réaliser un film sur la survie en jungle. Ce réalisateur avait passé six semaines dans des conditions époustouflantes. Intéressé par son sujet, je rejoignis rapidement une petite table où Max expliquait la façon dont il avait organisé ce tournage.

Une retraitée, un couple de Colombiens et un passionné de cinéma écoutaient eux aussi son récit. Si l'expérience de Max aurait pu inspirer un best-seller, lui-même n'était pas un orateur. Il parlait dans sa barbe, regardait à peine ses quelques spectateurs et répondait assez brièvement d'un ton monocorde. Au bout de quelques minutes, je me lassai et fus distrait par un attroupement. Une vingtaine de personnes écoutait un personnage que je ne reconnaissais pas, mais qui semblait assez populaire pour attirer l'attention.

Je me rapprochai de la tablée et découvris la vedette au centre du cercle : Sergio, un chauffeur de cinquante ans à l'air goguenard, qui racontait à des inconnus ses péripéties à décharger son camion de matériel en plein embouteillage. Un récit ubuesque, ponctué d'anecdotes et de blagues potaches qui faisaient le bonheur de ses auditeurs.

Clairement, le sujet de Max était bien plus intéressant que l'anecdote de Sergio. Le déchargement d'un camion un jour d'embouteillage peut être pittoresque, mais tout de même moins riche que six semaines dans la jungle colombienne ! Pourtant, les qualités d'orateurs de Sergio le faisaient gagner à l'applaudimètre. Peu importe le sujet, le public de cette soirée avait choisi son orateur.

Le seul fait de maîtriser l'art oratoire n'est pas la garantie absolue (et heureusement !) que chacun se range à votre avis. Pourtant, nous pouvons suivre à la télévision tant de politiciens, d'industriels ou d'artistes qui maîtrisent si bien la communication qu'ils changent de point de vue du jour au lendemain sans choquer personne. D'autres fidèles à des idées solides n'arrivent pas à les transmettre tant ils manquent de qualités d'orateur.

Vous avez vous-même beaucoup à dire, n'en doutez pas ! Votre histoire est riche de votre expérience ; même si vous n'avez pas descendu les chutes du Niagara en kayak, votre parcours est riche d'émotions, car c'est l'histoire d'un homme, d'une femme, dans ses différents épisodes. Qu'il s'agisse de raconter votre premier rendez-vous amoureux, des doutes auxquels vous êtes confronté dans l'orientation scolaire de vos enfants ou des actes que vous adoptez pour vivre plus écolo, tous ces épisodes, dès lors que vous en parlez avec cœur et authenticité, toucheront votre entourage. Car partager le témoignage sincère d'un de nos congénères est toujours un cadeau.

Ne doutez pas que votre histoire soit riche. Il vous suffira d'un peu d'audace et d'authenticité pour la transmettre. Parlez avec votre cœur, aidez-vous d'un peu de technique pour que chaque prise de parole vous permette de dire ce qui vous tient à cœur.

CHAPITRE XII

COMMUNIQUER À CERVEAU TOTAL

L'observation du cerveau nous aide à mieux comprendre l'influence du fond et de la forme dans un message oral. Lorsqu'une personne s'adresse à vous, les deux hémisphères de votre cerveau sont sollicités à la même seconde.

Votre hémisphère gauche, siège de la pensée rationnelle, enregistre les informations objectives énoncées : les mots, les chiffres, les arguments, en un mot, le fond du message.

Dans le même temps, votre hémisphère droit, siège de la pensée intuitive, est attentif à l'impression générale, aux sentiments, au ressenti, à la forme du message.

Par exemple, la question : « *Depuis combien de temps exercez-vous cette profession ?* », posée au jeune directeur marketing, peut avoir des sens différents en fonction de l'intonation de celui qui la pose. « *Depuis combien de temps exercez-vous cette profession ?* », sous-entendu : « *Vous m'avez l'air bien jeune pour exercer un métier si complexe* » (illustration 3). Ou : « *Depuis combien de temps exercez-vous ce métier ?* », sous-entendu : « *Je suis admiratif de voir une personne aussi jeune à un poste de responsabilité* » (illustration 4). Ou encore : « *Depuis combien de temps exercez-vous ce métier ?* », sous-entendu : « *Je m'intéresse moi-même à cette carrière et ma curiosité est sincère* » (illustration 5). D'autres variantes sont possibles en fonction du rythme et de l'intonation.

Illustration 3
L'attitude corporelle indique un scepticisme de l'interlocuteur.

Illustration 4
L'attitude corporelle indique admiration et enthousiasme.

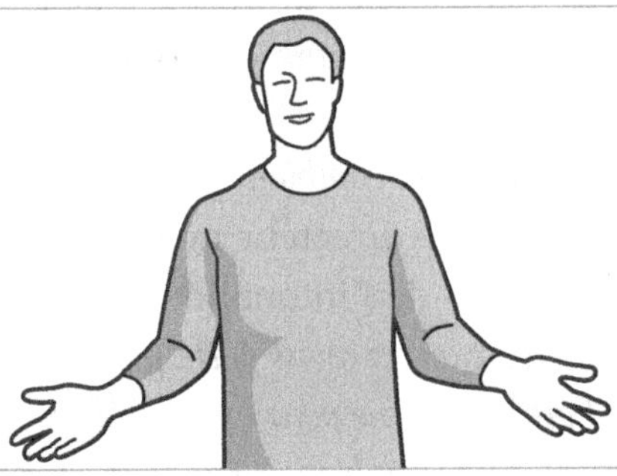

Illustration 5
L'ouverture de l'interlocuteur indique un intérêt sincère.

Pour le directeur marketing qui se voit poser la question, la sensation sera différente. La phrase est-elle en suspens ou conclue clairement? Le cerveau sera également attentif au volume sonore, à la façon dont l'interlocuteur regarde dans les yeux avec insistance ou non. Enfin, le directeur marketing observera si celui qui lui pose la question a les bras croisés, les mains dans les poches, ou s'il le montre du doigt.

Certains d'entre nous ont peu aiguisé leur perception du comportement. Ils ont une nature rationnelle plus développée, un esprit cartésien. Ils ont davantage exploité l'hémisphère gauche.

Ils vont être sensibles aux arguments, vont retenir les faits, mais ne vont pas forcément faire attention à toutes les attitudes liées à la communication non verbale. Par exemple, si un interlocuteur vous signale: « *Vous pouvez me faire confiance, je tiendrai ma parole* », croirez-vous cette personne sur parole? Peut-être dans cette phrase de nombreux indices corporels indiquent que votre interlocuteur n'est pas fiable. Il regarde au sol, penche la tête sur le côté, passe les mains sur son cou... Tous ces indices passeront inaperçus pour celui qui n'écoute que les arguments rationnels.

Si, au contraire, vous avez exploité l'hémisphère droit, vous serez sensible aux changements de ton, aux expressions du visage de l'interlocuteur. Vous épierez ses mimiques, chercherez leur coordination, guetterez les signes confirmant une congruence entre ce que dit l'orateur et ce que son corps exprime.

Cette différence dans notre perception du monde est à la source de nombreuses difficultés à se comprendre.

AU CARREFOUR DE LA COMMUNICATION

Prenons l'exemple de deux personnes à bord d'une voiture. Admettons que le conducteur ait une perception plus influencée par le cerveau gauche et le passager une perception influencée par le cerveau droit.

Ces deux personnes se perdent en route et demandent leur chemin à un vieux monsieur qui promène son chien. La voiture s'arrête, le passager demande sa route. Le passant leur indique un itinéraire. Une fois la voiture repartie, le conducteur aura été plus attentif aux informations factuelles: « *Troisième rue à gauche, deuxième rond-point à droite après le feu rouge.* » Quant au passager, lui, il aura été plus sensible au non-verbal du passant: « *J'ai remarqué que son sac était ouvert, j'ai remarqué son fort accent du Sud; sûrement un Marseillais. Je me demande quel âge pouvait avoir son chien...* »

Dans cet exemple précis, pour continuer la route, les informations recueillies par le conducteur seront plus utiles que celles du passager. Mais dans notre communication quotidienne, ça peut être l'inverse. Dans de nombreuses circonstances, les informations non verbales qui vous sont communiquées vous transmettent des indices précieux. Dans la communication avec les enfants, il est fréquent que les informations paraverbales soient plus précieuses que les mots.

Même dans notre exemple, l'observation de certains indices de comportement peut nous renseigner sur le fait que le passant a hésité avant de répondre, qu'il se mordait la lèvre et se grattait la tête. Peut-être se trompe-t-il lui-même en nous indiquant la route ?

Il y a quelques années, un homme était venu me consulter après le départ de sa femme. Celle-ci l'avait quitté, pour reprendre ses mots, « *du jour au lendemain, sans explication* ». J'ai du mal à imaginer, dans un couple harmonieux au sein duquel la communication est fluide, qu'une femme puisse quitter un homme qu'elle aime sans donner aucun signe préalable. Cette femme a certainement exprimé sa lassitude par différents signaux non verbaux indiquant une irascibilité, un ennui, un chagrin. Cependant, peut-être que cette lassitude ne se traduisait pas dans ses arguments : « *... Non, non... Tout va bien* », disait la femme en regardant ailleurs. C'est sur ces affirmations que s'appuyait l'homme : « *Pourtant, quand je lui demandais ce qui se passait, elle me disait que tout allait bien.* » Ses mots le disaient, oui, mais que disait son corps dans le même instant? Son visage était-il détendu, son regard était-il clair, ses gestes apaisés, contrôlés ? Jouait-elle machinalement avec son alliance ? Peut-être, si l'homme avait été plus attentif à la relation, celle-ci aurait gagné en authenticité ; les non-dits auraient été débusqués, la parole vraie se serait imposée et peut-être la relation aurait-elle pris un tournant bien différent.

L'équilibre des perceptions des deux hémisphères nous aidera à communiquer à cerveau total.

Plus les émotions sont fortes chez l'orateur, plus le cerveau droit influe. Un jeune enfant à qui on montre dix photos de membres de sa famille dans des expressions de colère, de tristesse et de peur va, une fois le test terminé, être capable de reconnaître et de citer chaque émotion vue sur la photo, mais aura plus de mal à se souvenir de l'identité des personnes qu'il a vues.

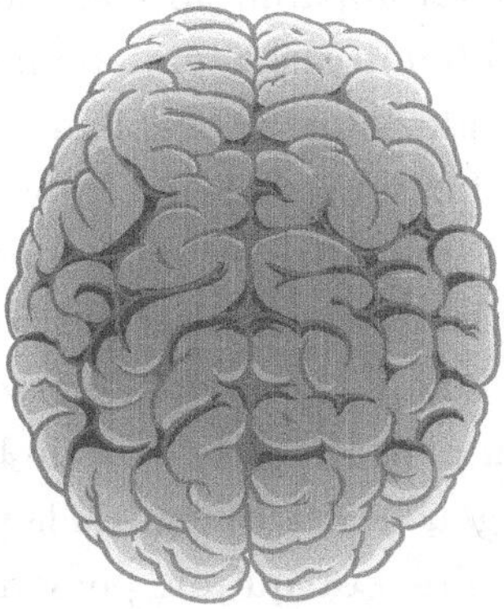

Hémisphère gauche, siège de la pensée analytique et objective

Illustration 6
Hémisphère droit, siège de la pensée intuitive et du non-verbal

Illustration 7
L'iceberg de la communication. Les 15 % de glace visible symbolisent la communication verbale.

Les 25 % + 60 % de glace sous l'eau représentent la communication non verbale.

Dans la relation, la communication verbale représente la face visible de l'iceberg ; la communication non verbale représente la face cachée.

ÊTES-VOUS CERVEAU GAUCHE OU CERVEAU DROIT ?

Différents indices permettent de repérer quel est l'hémisphère en activité dominante. Lorsque vous téléphonez, observez sur quelle oreille vous posez le plus fréquemment le combiné. Le corps humain fonctionnant en croisé, l'oreille gauche correspond à l'hémisphère droit du cerveau alors que l'oreille droite correspond à l'hémisphère gauche.

Ainsi, vous posez votre appareil sur votre oreille droite lorsque vous voulez nourrir l'hémisphère gauche (siège de la pensée rationnelle). Vous attendez alors probablement des informations concrètes et précises. Lorsque vous posez votre téléphone sur l'oreille gauche, c'est l'inverse ; c'est signe que vous recherchez davantage à établir un lien qu'à recenser des informations.

Il en est de même lorsque l'on vous interroge. L'hémisphère droit est le siège de la pensée subjective, de l'imagination, des projets. L'hémisphère gauche est le siège de la pensée rationnelle, objective et des souvenirs. Lorsqu'une personne vous pose une question, pour y répondre, vous allez chercher cette information soit dans l'hémisphère gauche s'il s'agit d'un souvenir vécu, soit dans l'hémisphère droit s'il s'agit d'un conte ou d'un idéal à atteindre. Au moment où vous cherchez cette information, votre regard s'oriente vers la droite ou vers la gauche, ce qui est décelable par un observateur extérieur.

Avec l'expérience, en regardant une personne s'exprimer, on peut savoir si elle puise l'information dans sa mémoire vécue ou dans son imaginaire. Si elle cherche dans l'hémisphère gauche, son regard va aller vers la droite en répondant. Si elle cherche dans son hémisphère droit, son regard se portera vers la gauche. Toutefois, une seule occurrence ne suffit pas. Ce déplacement du regard, pour être interprété justement, doit être franc et répété. Les indices comportementaux sont utilisés d'une façon générale par les recruteurs, les enquêteurs, et toutes les fois où l'on doit vérifier si l'interrogé dit la vérité.

LA CONGRUENCE, SOURCE D'AUTHENTICITÉ

Dans mon métier de metteur en scène, j'ai observé pendant des journées entières le comportement de mes congénères. Assis à la terrasse d'un café, je regardais passer les personnages de la vie ordinaire ; leurs attitudes, les tics, les comportements, la façon dont ils se tenaient la main, dont ils portaient leur sac, la façon dont ils communiquaient entre eux, en se regardant dans les yeux ou pas, en parlant fort ou en chuchotant, en se tenant droit, voûté, cambré. J'observais les regards, les démarches, les rythmes, puis je répertoriais minutieusement dans mes carnets toutes ces informations. C'est de cette longue observation que sont nées les démarches de mes personnages sur la scène et ma connaissance de la communication et de la relation.

Pendant des années, j'ai cherché l'authenticité des personnages que je mettais en scène. J'ai affiné chaque sourire, orienté chaque regard, modifié la posture des pieds, des mains pour arriver à une congruence, de sorte que le public croie à l'histoire racontée sur scène.

Mon interlocuteur peut me dire: «*Je suis très courageux*», «*Tu verras, je suis quelqu'un de fidèle*» ou «*Tu peux compter sur moi*». Ce n'est pas sur ses mots que je m'appuierai pour décrypter son intention, mais sur la congruence entre son texte et son comportement.

La congruence est l'équilibre entre les mots que dit une personne et ce que dit son corps au moment où elle parle. Si la personne est congruente, l'auditeur sent la vérité dans chacun de ses gestes. Si elle ment, ou si sa vérité n'est pas intégrée dans son corps, un décalage s'opérera entre ce qu'elle dit et son comportement. C'est pour l'acteur un travail d'orfèvre que d'adopter le comportement juste pour sembler vrai avec les mots d'un autre. L'étude de ce comportement me permet aujourd'hui bien plus facilement de décrypter lorsqu'une personne est sincère et lorsqu'elle ne l'est pas.

Le mensonge n'est pas toujours intentionnel; ainsi, il est très fréquent que des personnes me disent être détendues en étant convaincues de l'être. Pourtant, le fait que leur mâchoire soit crispée, leur respiration bloquée et leur plexus fermé m'indique une tension, même si elles n'en sont pas conscientes.

La synergologie est l'étude du comportement. Certains livres vous aideront à décrypter la signification des principales attitudes. Mais la lecture d'ouvrages écrits par d'autres ne doit pas freiner l'utilisation de votre propre intuition. Je vous encourage à ressentir ce que vous inspire une personne qui croise les jambes, qui se gratte le menton, qui passe sa main dans ses cheveux. Dans un premier temps, vous saurez décrypter les signes les plus caricaturaux ; mais avec l'expérience, votre observation s'affinera et vous prendrez le réflexe de décrypter ce que dit le corps de votre interlocuteur.

MIROIR, MON BEAU MIROIR

Dans votre observation, c'est sur *l'effet miroir* que vous vous appuierez. Lorsque vous écoutez une personne, pour peu que vous soyez ouvert, vous pouvez percevoir physiquement ce qu'elle ressent. C'est l'empathie : se mettre physiquement à la place de l'autre pour percevoir sa détresse ou son hésitation. Les techniques d'écoute active fonctionnent sur ce procédé. Un enfant vous raconte qu'il s'est senti humilié à la cour de récréation parce que ses copains se sont moqués de lui ; et vous sentez des larmes couler de vos yeux. C'est l'empathie. L'empathie consiste à ne pas chercher à solutionner, mais à accueillir l'émotion de l'autre pour lui permettre de trouver de lui-même la bonne réponse. Avec cette approche, le corps fonctionne comme une antenne.

Ainsi, en écoutant sincèrement une personne, non seulement vous améliorerez votre compréhension de son ressenti, mais vous affinerez vos sensations et serez capable de décrypter lorsqu'il y a un décalage entre ce que vous entendez et ce que vous ressentez, si la personne dit vrai ou non.

L'un des principaux défis que j'avais à relever en tant que metteur en scène, lorsque je montais des pièces au théâtre, était de rendre l'acteur crédible dans la peau de son personnage. La crédibilité est complémentaire à la congruence. Si l'acteur ne vit pas ce qu'il dit, le public ne va pas croire à l'histoire. C'est donc, pour le metteur en scène, un véritable travail d'orfèvre que de vérifier que les gestes soient en adéquation avec le texte. Et cela vaut dans la vie comme sur scène.

COMMUNIQUER À CERVEAU TOTAL

Une bonne lecture des deux hémisphères vous permet d'acquérir deux qualités.

En tant qu'auditeur: Le fait d'être attentif au verbal et au non-verbal vous renseigne sur les arguments autant objectifs que subjectifs. Cette observation aiguise l'intuition et la connaissance intérieure.

En tant qu'orateur: L'équilibre du verbal et du non-verbal est à la base de la congruence. C'est sur cette congruence que s'appuie votre charisme.

L'orateur congruent incarne ce qu'il dit et affirme ce qu'il est. Son comportement est cohérent avec ses propos; c'est pourquoi il est charismatique.

Trois exercices permettent d'améliorer de façon harmonieuse la lecture des deux hémisphères de votre cerveau, lorsque vous parlez, comme lorsque vous vous écoutez.

EXERCICE : Améliorez la lecture de l'hémisphère droit

Lorsqu'une personne s'adresse à vous, portez un tiers de votre attention à ce qu'elle dit: les arguments, les anecdotes, les faits... Portez deux tiers de votre attention à ce qu'elle ne dit pas, mais que son corps vous dit: votre interlocuteur est-il ancré, enraciné ou toujours en mouvement? Sa colonne vertébrale est-elle voûtée ou droite? Vous fixe-t-il dans les yeux ou regarde-t-il le tapis? Sa respiration est-elle profonde ou bloquée? Son visage est-il détendu? Tout en écoutant ses arguments, établissez mentalement un scanneur sur ces cinq repères: « Qualité de l'ancrage et de l'enracinement », « Tenue de la colonne vertébrale », « Qualité du regard », « Profondeur de la respiration », « Détente du visage ». Comme nous le verrons plus loin, ces cinq repères sont des indices fiables pour vous renseigner sur la stabilité et la congruence de la personne qui s'adresse à vous.

EXERCICE : Améliorez la lecture de l'hémisphère gauche

Lorsqu'une personne s'adresse à vous, et d'autant plus si elle est en colère, en pleurs, ou sous le coup d'une émotion forte, accordez un tiers de votre attention à son non-verbal : « *Cette personne parle fort, sa voix est désagréable...* » Dans le même temps, retenez tous les arguments qu'utilise cette personne afin de les lister mentalement de la façon la plus objective qui soit. Aussi, portez votre attention sur votre propre respiration. Ayez conscience de votre respiration dans sa zone abdominale. C'est un entraînement que de pouvoir écouter une personne qui est sous le coup d'une émotion forte sans pour autant se laisser influencer. Cette seconde attitude vous permet d'avoir une meilleure conscience du non-verbal et renforce votre calme dans les moments où vous vous sentez déstabilisé.

EXERCICE : Rééquilibrez la lecture des deux hémisphères par la respiration

Cet exercice de respiration va vous aider à rééquilibrer vos deux hémisphères. Il se pratique assis, la colonne vertébrale droite. Levez le bras droit plié sur le côté droit. De l'index droit, bouchez la narine droite et inspirez pendant sept secondes de la narine gauche. Puis, bloquez votre respiration sept secondes en apnée en restant détendu, levez ensuite le bras gauche, bloquez la narine gauche et expirez de la narine droite pendant sept secondes en vidant totalement vos poumons. Demeurez à nouveau sept secondes en apnée. Reproduisez ce cycle 21 fois. Cet exercice ne vous prendra pas plus de trois minutes. Au-delà du rééquilibrage de vos hémisphères, l'entraînement à cette respiration alternée va vous aider à renforcer votre équilibre intérieur et votre calme mental.

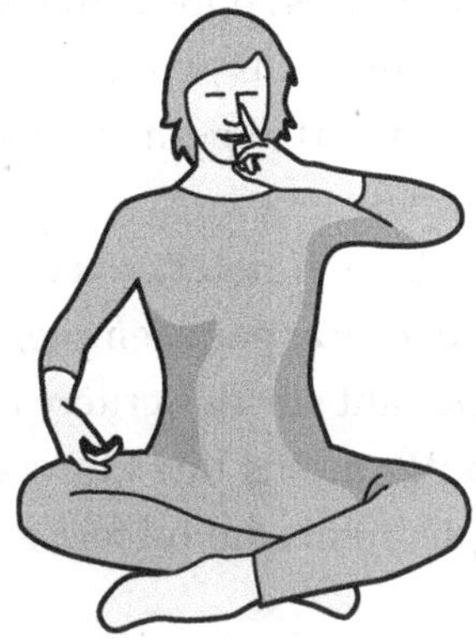

Illustration 8
Position
respiration alternée

LES TROIS COUPS DU BRIGADIER

La tradition théâtrale fait frapper avant chaque représentation les trois coups du brigadier (qui sont en fait onze coups, comme les douze apôtres, moins Judas) suivis de trois coups espacés, tapés en coulisse par le régisseur, à l'aide d'un manche de bois. À la source, la représentation théâtrale se veut une représentation de la vie ; c'est pourquoi les acteurs apprennent à être congruents en incarnant les personnages qu'ils interprètent.

Frapper les trois coups au théâtre permet à l'acteur d'unifier son corps, sa parole et son esprit. C'est un rappel à l'ordre qui l'invite à rassembler la trinité de son être pour exprimer son authenticité. Au théâtre, l'acteur ne joue pas à être un autre ; il exprime une autre facette de lui-même.

Il en est de même dans votre vie quotidienne ; en fonction de l'alignement de vos trois corps, vous communiquerez certaines opinions sans les incarner véritablement ou exprimerez totalement qui vous êtes.

Prenons l'exemple d'une visite surprise que vous faites à votre voisin. Au moment où celui-ci vous ouvre la porte, son visage se ferme, il a un léger mouvement de recul et il porte une main à son plexus. Trois signes de fermeture. Dans le même temps, il affiche un sourire figé et s'exclame : « *Quelle bonne surprise !* » Il en est souvent ainsi avec les personnes qui manquent d'authenticité. Elles vous assurent qu'elles ne sont pas gênées ; dans le même temps, le ton de la voix baisse, le regard devient moins précis et de nombreux gestes traduisent un malaise. Le non-verbal permet de décrypter si votre interlocuteur est sincère ou pas.

Si l'observateur est un spécialiste, il notera avec précision la nature des gestes incohérents et déduira, par exemple, que la personne n'est pas sincère en s'appuyant sur des critères précis. S'il est néophyte, il n'en conservera pas moins une impression générale qu'il n'arrivera pas à décrypter, mais qui lui fera entrevoir un manque de sincérité.

Lorsque vous écoutez une personne, l'écoute des arguments accompagnée d'une lecture (intuitive ou experte) de sa communication non verbale vous renseignera sur la sincérité de son propos.

CONGRUENCE ET PERSUASION

Le *savoir-dire* repose sur une alchimie subtile entre le fond et la forme, une mélodie harmonieuse entre le *savoir-être* et le *faire-savoir.*

Mon expérience me fait dire qu'il est certainement moins difficile à un bon orateur de maintenir l'intérêt d'un public à partir d'un sujet qu'il maîtrise moyennement qu'à un orateur moyen d'intéresser une salle, même s'il maîtrise parfaitement son sujet.

Au moment où vous vous apprêtez à parler, tapez mentalement les trois coups du brigadier. C'est cet alignement corps-parole-esprit qui vous permettra d'être ce que vous dites et de dire ce que vous êtes.

CHAPITRE XIII

LA CROIX DU COMPORTEMENT : LES *SOURDS-À-SOI* ET LES *AVEUGLES-AUX-AUTRES*

Les *sourds-à-soi* ne sont pas à l'écoute d'eux-mêmes ; en revanche, ils sont très à l'écoute des autres. Très serviables, ils sont toujours prêts à aider, même quand on ne leur demande rien. Rendre service, faire plaisir, se sacrifier pour l'autre est leur raison de vivre. Les *aveugles-aux-autres,* au contraire, parlent très bien d'eux. Ils sont très ancrés dans l'expression de leurs besoins, mais ont du mal à s'adapter à l'autre. Ils ne prennent pas le temps d'écouter la réponse lorsqu'ils s'intéressent à l'autre.

Symbolisons ici la relation à soi et à l'autre par une croix. L'axe vertical correspond à la communication avec soi-même ; l'axe horizontal à la relation avec l'autre.

« *Quand l'homme étend ses bras, son ombre est celle d'une croix* », écrit le poète Louis Aragon.

Pour harmoniser notre relation à soi et aux autres, cette croix doit être en position d'équilibre.

DÉFICIENCE DE L'AXE VERTICAL CHEZ LES *SOURDS-À-SOI*

Les *sourds-à-soi* sont toujours prêts à écouter leurs congénères se plaindre, sans oser les interrompre. Ils se font un point d'honneur à afficher un sourire jovial, même quand ils cachent une grande tristesse intérieure. Les *sourds-à-soi* devancent les demandes, cèdent leur place. Inhibés par la peur de dire non, autant que par la peur de mal faire, ils acceptent de sacrifier leurs besoins pour éviter le conflit.

Leur phrase préférée est : « *Pensez-vous, ça ne me dérange pas. Pas de souci, laissez tout ça, je vais le faire.* » Pourtant, lorsqu'ils se retrouvent seuls, ils regrettent de ne pas avoir réussi à dire non, à se positionner, à écouter ce qui est bon pour eux. En aidant autant les autres, ne nourrissent-ils pas le désir secret que les autres s'occupent d'eux ?

Les *sourds-à-soi* aimeraient savoir dire non, penser à eux, écouter leurs besoins. Ils se privent lorsqu'ils affirment : « *Non, ça ne me gêne pas* », élaborant alors un subtil mécanisme de compensation. C'est souvent physiquement que le corps compense. Douleurs dans le dos, aigreurs d'estomac, difficulté à digérer.

Les *sourds-à-soi* communiquent excessivement dans une dimension horizontale, mais trop peu dans une dimension verticale. (Voir illustration 9.)

DÉFICIENCE DE L'AXE HORIZONTAL CHEZ LES *AVEUGLES-AUX-AUTRES*

Les *aveugles-aux-autres*, au contraire, sont très à l'écoute d'eux-mêmes, mais pas du tout des autres. Ils n'ont aucun mal à demander et sont reliés à leurs besoins fondamentaux.

Lorsqu'entre amis ils choisissent un restaurant, les *aveugles-aux-autres* donnent spontanément leur avis, critiquent cette pizzeria vraiment trop kitch, dénigrent ce restaurant chinois où l'on mange très mal et imposent naturellement ce restaurant mexicain que tout le monde adorera (très pratique puisque à deux pas de chez eux).

Les *aveugles-aux-autres* n'hésitent pas à demander de l'aide pour les petites choses : « *Tu veux bien passer me chercher à la gare, puisque tu ne travailles pas cet après-midi ?* », « *Ça ne t'ennuie pas de changer de place ? Je préfère être au hublot* », « *Tu veux bien me préparer un café, puisque tu es déjà dans la cuisine ?* », et imposent les plus importantes : « *On va plutôt partir en vacances chez mes parents, c'est plus pratique ; ça ne te gêne pas ?* » Ils ne prennent pas le temps de vérifier si la personne à qui ils s'adressent est disponible et si elle est d'accord.

Dans la représentation de la croix (voir illustration 10), les *aveugles-aux-autres* sont très en lien avec leur axe vertical - la communication de soi à soi -, mais très peu à l'écoute de la réaction de l'autre, axe horizontal.

Oser parler et savoir dire est un équilibre dans le lien qu'on établit avec soi et le lien qu'on établit avec l'autre.

Et vous-même, avez-vous plutôt tendance à prendre soin des autres plus que de vous-même ? Ou, au contraire, êtes-vous très à l'écoute de vos besoins sans toujours comprendre le point de vue de l'autre ?

C'est parce qu'il affirme autant sa dimension verticale que sa dimension horizontale que l'être humain demeure dans la totalité de son être.

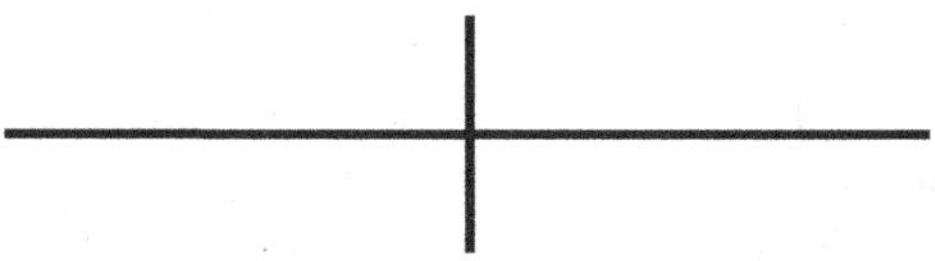

Illustration 9
L'axe vertical symbolise le lien avec soi, l'axe horizontal, le lien avec l'autre. Ici, l'axe vertical est moins développé que l'axe horizontal. L'individu est très à l'écoute de l'autre, mais peu à l'écoute de ses propres besoins.

Illustration 10
L'axe horizontal est moins développé ; l'individu est très à l'écoute de ses besoins, mais peu à l'écoute de l'autre.

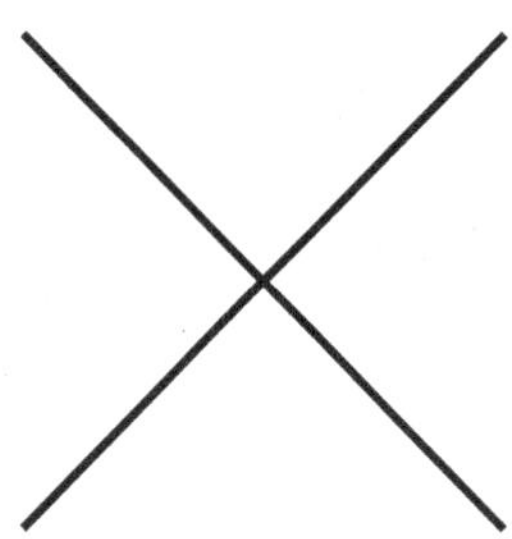

Illustration 11
L'axe de soi à soi n'est pas vertical, l'axe de relation à l'autre n'est pas horizontal, la relation n'est établie ni avec soi ni avec l'autre, comme le témoigne cette relation instable.

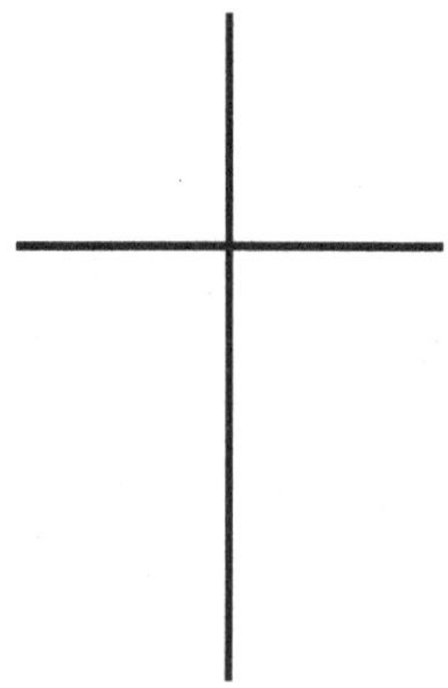

Illustration 12
Dans cette figure, l'axe vertical et l'axe horizontal sont harmonieux et figurent la symbolique de l'être humain dans sa maturité.

CHAPITRE XIV

LES CINQ ACTIONS MAJEURES POUR OSER PARLER ET SAVOIR DIRE

La communication ressemble à la photographie : avec un modeste appareil, vous pouvez prendre des photos de vacances dignes d'un travail de pro. Vous pourriez déduire qu'il n'y a besoin d'aucune technique pour prendre de belles photos. C'est partiellement vrai lorsque les circonstances sont favorables. En revanche, lorsque le temps est pluvieux, que le modèle est en mouvement et le soleil en contre-jour, la technique s'avère indispensable.

Il en est de même pour la communication : aucune technique n'est nécessaire pour annoncer une bonne nouvelle à un interlocuteur attentif. En revanche, c'est dans les moments délicats – point de vue sensible, interlocuteurs émus – que les techniques de communication s'imposent.

Pour établir le contact avec votre interlocuteur sans vous laisser perturber par ses émotions, vous aurez besoin de vous isoler non pas de votre interlocuteur, mais de la sphère émotionnelle qui vous entoure chacun et perturbe votre relation. En électricité, lorsque deux fils se touchent, cela provoque un court-circuit. C'est pourquoi les fils sont isolés d'une gaine en caoutchouc.

Il en est de même de votre communication. Lorsque votre émotion (peur d'être jugé ou de décevoir, trac, stress) entre en contact avec l'émotion de votre interlocuteur (impatience, manque de disponibilité), un véritable court-circuit émotionnel se produit qui se traduit par un conflit externe (colère, agressivité) ou un conflit interne (bouderie, tristesse).

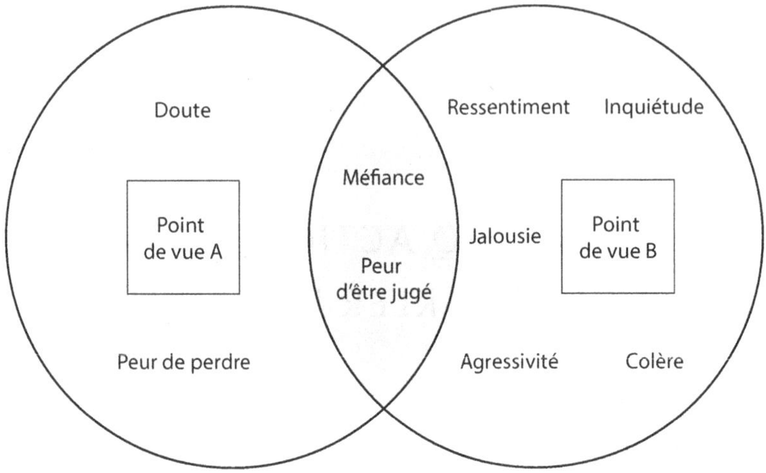

Illustration 13
Conflit et zone émotionnelle

C'est pourquoi, au moment de parler sous le coup de l'émotion, isolez-vous, pour éviter le court-circuit émotionnel.

L'isolement vous permettra de trouver votre réponse dans l'expression profonde de vos besoins, et non dans une réaction émotionnelle à la colère, à la peur ou à la culpabilité.

Laurie a envie de programmer un week-end entre filles. Elle en a besoin, mais son époux n'aime pas rester seul et Laurie craint sa réaction. Elle culpabilise et s'apprête à tout annuler. Pour annoncer sa décision, Laurie aura besoin de s'isoler pour mieux communiquer. S'isoler n'est pas se couper. Au contraire, c'est être plus authentique dans la relation.

Les acteurs sont confrontés à cette difficulté lorsqu'ils appréhendent le jugement du public. Comme eux, vous allez apprendre à vous isoler. Cette préparation décrite ici très en détail ne vous demandera que quelques secondes et passe par un processus progressif.

Ce processus se déroule en cinq points. Trois des cinq points portent sur la relation à vous-même, et deux sur la relation à l'autre. Cette proportion est celle de la croix. L'axe vertical représente $3/5$ et l'axe horizontal $2/5$. La relation à vous exige plus d'attention que la relation à l'autre. Entre perdre le lien avec vous-même et perdre le lien avec l'autre, mieux vaut encore perdre le lien avec l'autre.

Pour oser parler et savoir dire, adoptez ces cinq actions. Chacune est associée à l'un des cinq éléments qui constituent l'univers autant que le corps humain: la terre, le feu, l'air, l'eau et l'espace. En syntonisant ces cinq éléments et les cinq actions, vous améliorerez votre résonance avec l'univers.

LES CINQ ACTIONS MAJEURES ET LES CINQ ÉLÉMENTS ASSOCIÉS

1: *Stable comme l'arbre, soyez enraciné* - élément terre.
2: *Ardent comme le feu, laissez circuler le khi dans votre colonne vertébrale* - élément feu.
3: *Léger comme l'air, respirez en conscience* - élément air.
4: *Souple comme l'eau, établissez un vrai contact* - élément eau.
5: *Large comme l'espace, étendez vos perspectives* - élément espace.

Première action majeure : Stable comme l'arbre, soyez enraciné – élément terre

Il peut arriver que la confrontation à un interlocuteur, qui vous semble de mauvaise foi, vous intimide, vous vexe ou vous mette hors de vous. L'émotion est si forte que vous en oubliez la qualité du lien pour avoir le dernier mot.

Hors de vous, vous êtes comme un arbre déraciné qui ne peut plus puiser ses sédiments dans la terre. Ce n'est que le retour à l'enracinement qui vous réalimentera dans ces moments sensibles.

L'exercice d'enracinement, pratiqué par les chanteurs et les acteurs soucieux d'améliorer leur stabilité sur la scène, vous sera utile, que vous soyez face à un interlocuteur en colère, que vous vous apprêtiez à parler ou que vous vous fassiez agresser. Ce *mouvement immobile* est également l'une des bases des arts martiaux qui permet de renforcer stabilité et positionnement. Il associe visualisation à respiration.

EXERCICE : Première action majeure

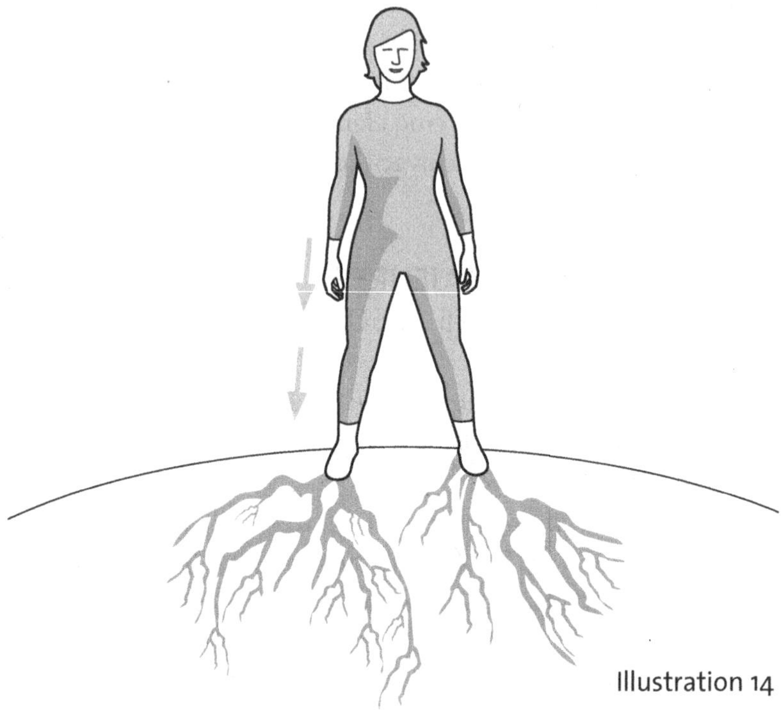

Illustration 14

Vous enraciner. Tenez-vous debout, les deux pieds posés dans le même écartement que le bassin. La colonne vertébrale est droite, ni crispée ni voûtée. Sentez-vous maintenu au ciel par un fil d'or au niveau du sommet du crâne. Ressentez votre stabilité comme celle d'un arbre. Portez votre attention sur votre abdomen. Passez mentalement au scanneur tout le bas de votre corps, en vous appuyant sur votre respiration. À chaque expiration, laissez descendre votre conscience le long des hanches, puis le long des jambes, le long des muscles des cuisses, à l'intérieur et à l'extérieur des fémurs, le long des ligaments, des artères et des veines. Laissez le fluide se diriger vers le bas à chaque expiration, progressivement, au niveau des articulations des genoux. Continuez le long des tibias, des chevilles et des pieds. Arrivé sous la voûte plantaire, laissez se dilater les pores de la peau. Des racines naissent sous vos pieds. Visualisez la texture et la couleur de vos racines. À chaque expiration, plantez ces racines dans la terre. À dix, cinquante centimètres, un mètre, cent mètres... Appuyez-vous toujours sur votre expiration pour prolonger cette descente dans les profondeurs de la terre, à plusieurs kilomètres, plusieurs centaines de kilomètres, jusqu'au centre. Observez vos racines s'enrouler autour du noyau de la Terre. À partir de cet instant, inversez le processus respiratoire et portez votre attention sur l'inspiration. À chaque inspiration, visualisez une lumière rouge remontant le long de vos racines, depuis le centre de la terre jusqu'à sa surface. Le rouge est la couleur de l'enracinement ; c'est pour cette raison que les moines tibétains se couvrent les jambes et utilisent des coussins et tapis de couleur rouge lie de vin. Visualisez cette lumière le long de vos pieds, le long de vos tibias, de vos genoux, le long de vos cuisses ; en vous appuyant toujours sur de grandes inspirations naturelles. Cette lumière rouge remonte jusque dans vos hanches et irrigue toute la région de l'abdomen, que les Asiatiques appellent le *hara*, ou le *tantien*, qui est le centre de votre énergie vitale ; élevez cette lumière jusqu'au plexus solaire. Arrivé au plexus solaire, laissez rayonner un soleil de couleur jaune.

Ce transfert de conscience va vous aider à vous enraciner. Peut-être avez-vous remarqué, lorsque vous portez un enfant, que celui-ci vous semble plus lourd lorsqu'il est endormi. Sa tête est au repos et son poids repose dans le bas du corps. Même si le poids physique reste le même sur la balance, il semble plus lourd, car son énergie s'est modifiée. Sa conscience a changé de place. Le centre de gravité n'est plus dans le haut du corps, mais dans le bas.

J'ai souvenir ainsi d'un chat qui se rendait lourd dès que je voulais le porter pour le mettre dans le jardin. Il transférait son poids pour s'aimanter à la table. Beaucoup d'animaux utilisent ce transfert de poids pour se protéger des prédateurs.

En stage, je propose aux participants d'expérimenter ce transfert d'énergie consciente. Chacun porte un partenaire perdu dans le flot de ses pensées, puis lorsqu'il est ancré. Il est facile pour les participants de porter un partenaire dans le premier cas, plus difficile lorsqu'il est ancré.

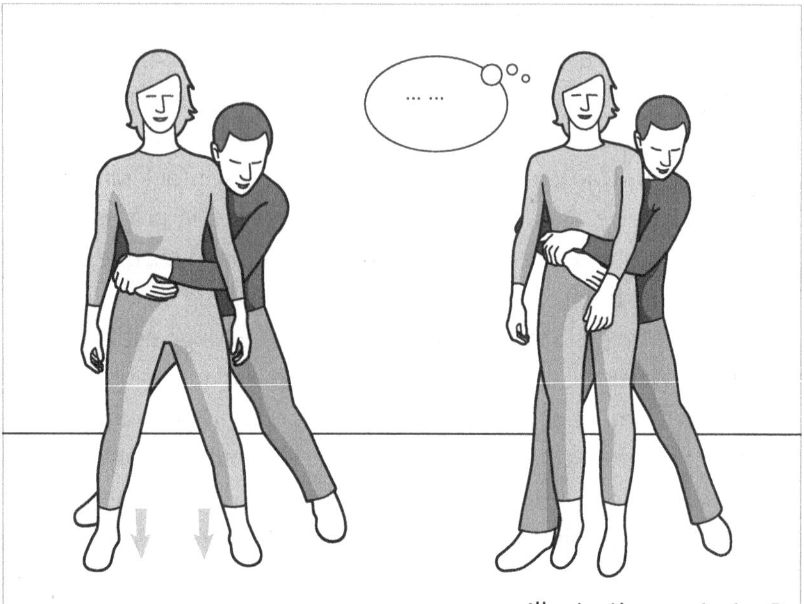

Illustrations 15A et 15B

Lorsque vous vous préparez à dire quelque chose de délicat à une personne, ne vous concentrez pas tant sur les arguments que sur votre attitude ; faites-vous confiance, ceux-ci s'exprimeront naturellement si votre attitude est stable. Pour cela, enracinez-vous.

Deuxième action majeure : Ardent comme le feu, laissez circuler le khi dans votre colonne vertébrale – élément feu

Il existe deux types d'animaux : les invertébrés et les vertébrés. Les premiers ne disposent pas de colonne vertébrale. Ils possèdent d'autres atouts pour assurer leur sécurité ; une carapace dure (comme les tortues, les escargots) des pinces ou des dards (les homards, les crabes). Nous autres, êtres humains, faisons partie des vertébrés. Notre stabilité s'appuie sur notre colonne vertébrale.

Beaucoup s'apprêtant à évoquer un sujet délicat s'enfoncent dans leur fauteuil. Ce n'est pas un réflexe sécurisant. Dans les moments où vous vous sentez fragile, appuyez-vous non pas sur le dossier de votre chaise, mais sur votre colonne. Votre assurance en sera renforcée.

Le fait de communiquer en ayant la colonne voûtée renforce votre sentiment d'accablement. Lorsque, au contraire, votre colonne est trop tendue, vous voici sur la défensive. La communication devient agressive ou teintée de reproches, de critiques.

Avant qu'il ne devienne une pathologie (lombalgie, lumbago, tour de rein), le mauvais positionnement de la colonne vertébrale est généralement provoqué par un dysfonctionnement relationnel : difficulté à se positionner, tendance à porter trop sur les épaules, attitude trop intrusive ou trop en retrait. C'est cette attitude qui crée une tendance à rentrer les épaules ou à désaxer la colonne.

Vous pouvez renforcer considérablement votre assurance en stabilisant votre colonne vertébrale et en permettant au khi d'y circuler librement.

LE KHI

Le khi, à la source des arts martiaux, peut être traduit comme *souffle de vie* ou énergie vitale intérieure. Prononcez *qi* comme les Japonais, *chi* comme les Chinois. Le khi anime l'aikido, le tai-chi et l'acupuncture. En Inde, on parle de prana, qui est l'énergie divine présente partout dans l'univers.

Lorsque le khi ne circule pas librement le long des méridiens, il se crée des blocages, puis des pathologies. La médecine chinoise utilise alors les aiguilles d'acupuncture ou l'acupression pour débloquer les nœuds émotionnels et permettre à l'énergie vivante de circuler dans le corps.

La circulation du khi s'améliore par la synchronisation de votre respiration et de votre conscience. En respirant profondément, vous absorbez l'énergie vivante de l'univers et vous vous nourrissez de toutes les microparticules de vie. Chaque fois que vous inspirez consciemment, visualisez cette lumière pénétrant en vous. Lorsque vous expirez le gaz carbonique, visualisez une fumée noire, tout en filtrant les molécules de vie que vous assimilez au cœur de vos cellules. Vous assimilez ainsi le khi en vous. Chaque fois que vous imaginez une belle lumière dorée circulant dans votre colonne vertébrale, vous renforcez votre stabilité et la circulation du khi.

Cette pratique, très brièvement décrite ici, est bien plus puissante qu'elle n'en a l'air. En Inde et ailleurs dans le monde, de nombreux yogis maîtrisent si bien cette méditation qu'ils ne consomment plus de nourriture solide, mais s'alimentent de prana. La description détaillée de ces méthodes n'est pas l'objet de ce livre, mais il est bon de connaître le potentiel de cette approche qui va vous aider dans vos prises de parole.

Il peut arriver que vous n'osiez prendre la parole, contredire ou intervenir, parce que vous doutez de vous. Ce manque de confiance n'est pas tant lié à vos arguments qu'au fait que l'énergie vivante ne circule pas suffisamment dans votre corps et le long de votre colonne vertébrale. Pour retrouver assurance et clarté, réalimentez l'ardeur de votre colonne par le feu du khi.

EXERCICE : Réactivez le khi le long de votre colonne vertébrale

Les maîtres tibétains comparent souvent notre colonne vertébrale à un violon. Lorsque la corde est trop lâche, aucun son ne peut en sortir ; en revanche, si elle est trop tendue, elle risque de casser. Positionnez votre colonne afin qu'elle adopte une ligne naturelle et détendue.

Pratiquez cet exercice assis. Posez votre attention sur vos hanches, votre bassin, votre sacrum. Remontez votre conscience le long des premières vertèbres dorsales.

Effectuez une très légère rotation de la colonne sur sa base. Effectuez trois cercles de votre bassin dans le sens des aiguilles d'une montre puis trois cercles dans le sens inverse. (Voir illustration 17.)

Redressez à présent votre dos sur l'inspiration, comme si vous glissiez vos reins vers le ciel. Laissez retomber le poids de votre dos sur l'expiration. Effectuez cet aller-retour sept fois. Dans une dernière inspiration, relevez votre dos. Maintenez le dos en position haute. Expirez en maintenant cette position haute. Relâchez les épaules. Maintenez le dos dans cette position tout en respirant. Visualisez votre colonne vertébrale d'une belle couleur or. À chaque inspiration, la lumière devient plus intense. Posez votre conscience sur la nuque, le cou. À chaque inspiration, visualisez une lumière dorée montant le long de la colonne, depuis le coccyx jusqu'au sommet du crâne. Visualisez, en continu, comme un rayon de lumière légèrement dorée qui irrigue la moelle épinière. Cette respiration associée à la visualisation amène une sensation de profondeur, de stabilité, un sentiment de verticalité et de sécurité.

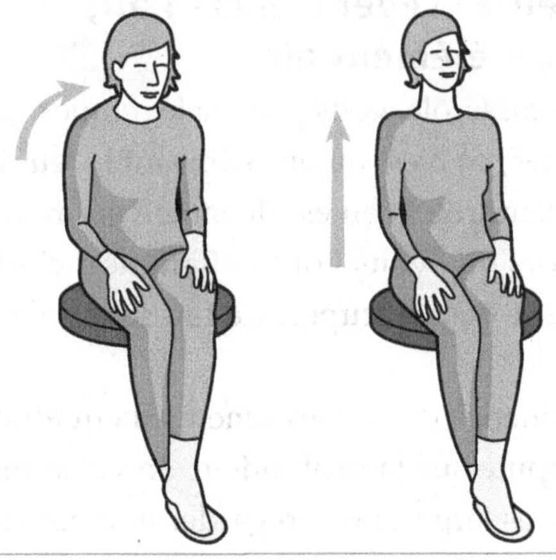

Illustrations 16A et 16B

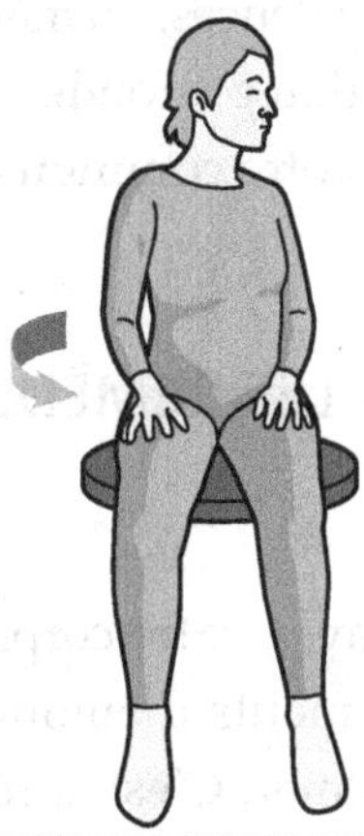

Illustration 17

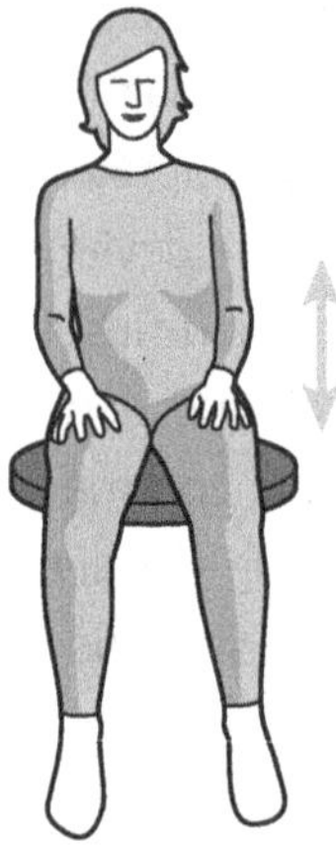

Illustration 18

Troisième action majeure : Léger comme l'air, respirez en conscience – élément air

Lorsque le lait bout dans la casserole, vous pouvez le remuer, ça ne l'empêchera pas de déborder ; ce n'est qu'en réduisant le feu de la cuisinière que vous y parviendrez. Il en est de même au moment d'une émotion intense ; alors que vous vous enflammez, c'est de votre feu intérieur qu'il faut vous occuper. Ce feu se régule par votre respiration.

Quelle que soit la pertinence de vos arguments, la qualité de votre communication s'appuie sur la profondeur de votre respiration. Pour établir des gestes larges, pour regarder une personne dans les yeux sans être intimidé, pour articuler des arguments structurés, pour vous autoriser des silences, ou même écouter votre partenaire, entretenez une respiration profonde.

La respiration est à la base de votre communication.

LE PLUS PRÉCIEUX DE TOUS LES REMÈDES : LE SOUFFLE

Pour peu que vous soyez en lien avec votre corps, vous avez certainement le réflexe, dans les moments d'émotion forte, de respirer profondément pour vous calmer. C'est la réaction des bons copains, qui veulent vous aider lorsque vous êtes hors de vous, que de vous encourager : « *Détends-toi, respire ! Sois zen !* » Il suffit de l'avoir expérimenté une seule fois pour prendre conscience qu'une respiration profonde vous apaise. Une seule respiration peut changer la donne, dans un moment où, tétanisé, vous n'osez pas prendre la parole pour affirmer ce qui vous tient à cœur.

Nous l'avons tous essayé, ça marche ! Quelques-uns (de plus en plus nombreux !) ont suffisamment pris conscience des bienfaits de la respiration pour s'adonner au yoga, au tai-chi ou à la méditation. Ceux-là ont réalisé à quel point la respiration pouvait changer leur existence. D'autres, une majorité des Occidentaux, n'ont fait que survoler la respiration quelques minutes, généralement dans un moment de crise. Ils ont respiré profondément, ont senti que cela les apaisait. Toutefois, ils ont abandonné la respiration, perplexes sur le fait qu'un outil aussi accessible puisse les transformer en profondeur.

Nous n'en sommes pas à un paradoxe près ! Nous cherchons à accéder à un bien-être profond. Ce bien-être dépend de notre rapport à notre corps et à notre respiration ; cependant, nous sommes peu nombreux à accorder dans notre existence la place d'honneur que mérite cette discipline la plus simple qui soit.

La respiration est un outil facile à comprendre et à expérimenter. Chacun peut apprendre à respirer correctement, depuis les premiers âges de l'enfance jusqu'aux derniers jours de sa vie ; il n'y a pas de prérequis pour débuter. Il n'y a pas de condition physique nécessaire pour progresser. Vous pouvez pratiquer cette discipline et vous améliorer, que vous soyez champion olympique ou plâtré de la tête au pied.

De l'Inde au Japon, toutes les cultures orientales l'ont compris. Qu'il s'agisse du tir à l'arc, du yoga ou même de calligraphie, aucun mouvement ne peut se développer dans son envergure si la respiration est étriquée.

Si vous pratiquez déjà l'une de ces disciplines, les exercices qui vont suivre vous seront plus familiers que si vous êtes novice. Toutefois, il n'est pas nécessaire d'être un moine Shaolin pour maîtriser le processus de base de sa respiration, pour peu que vous soyez motivé à y accorder un peu d'attention.

PRENDRE CONSCIENCE DES TROIS FOYERS

De tous les systèmes (nerveux, digestif, sanguin), le système respiratoire est le seul à dépendre à la fois du système nerveux central et du système neurovégétatif. C'est ce qui donne à votre respiration une double qualité :

- D'une part, elle fonctionne naturellement sans aucune intervention extérieure (lorsque vous dormez profondément, votre respiration se poursuit hors de votre contrôle).
- D'autre part, vous pouvez agir consciemment sur la régularité, la profondeur et le rythme de votre respiration.

Dès lors que vous êtes sous le coup d'une émotion forte, votre respiration s'accélère ou se bloque au niveau de votre plexus. La maîtrise de votre respiration vous soutiendra dans la régulation de vos émotions.

Votre respiration fonctionne naturellement sur trois foyers :

- *Le foyer supérieur,* situé entre la gorge et la poitrine.
- *Le foyer médian,* siège du plexus solaire, cœur des émotions.
- *Le foyer inférieur,* situé au niveau de l'abdomen et du *hara,* deux doigts sous le nombril ; c'est la zone également appelée *tantien.*

EXERCICE : Apprenez à respirer profondément

Adoptez au préalable une attitude stable en vous appuyant sur les deux étapes précédentes, enracinement et verticalité. Posez votre attention sur votre respiration. Sans chercher ni à l'accélérer ni à la ralentir, contentez-vous d'en être le témoin. Inspirez et expirez par le nez, c'est tout. La respiration n'est rien, c'est la conscience de la respiration qui fait tout ! Imaginez à présent un foulard de soie, le plus léger possible. Visualisez que ce foulard est porté par votre souffle. À chaque expiration, le foulard s'éloigne de vous ; à chaque inspiration, il se rapproche de votre nez. Portez votre attention sur l'inspiration. L'inspiration et l'expiration mesurent-elles le même temps ? Puis, mesurez le temps intermédiaire entre l'inspiration et l'expiration. Ce temps entre-deux en est généralement un où les pensées sont moins nombreuses. Posez votre main détendue sur la poitrine ; respirez quelques secondes en sentant l'air vibrer sur la paume de votre main. Puis posez votre main sur le plexus solaire ; à nouveau, sentez que la respiration s'appuie sur votre paume et prend sa source au niveau du plexus. Enfin, posez votre main sur l'abdomen et invitez la respiration à s'appuyer sur votre paume. Ne forcez rien. Ne décidez rien. La respiration trouvera son amplitude lorsque vous poserez la main sur votre ventre. Rien de plus. Laissez votre respiration descendre dans le foyer inférieur. Prenez quelques secondes pour apprécier cette sensation. À présent, inspirez profondément pendant cinq secondes, bloquez pendant deux secondes et expirez lentement sur sept, puis bloquez sur deux secondes. Recommencez le cycle à l'inspiration.

Cette respiration donne le cycle suivant : 5 – 2 – 7 – 2

Inspiration :	5 secondes
Blocage en apnée :	2 secondes
Expiration :	7 secondes
Blocage en apnée :	2 secondes

À chaque cycle (5 – 2 – 7 – 2), videz et remplissez la totalité de l'air contenu dans vos poumons. Répétez ce cycle 21 fois.

Votre stabilité, votre ancrage et votre confiance siègent à la base de votre être, au niveau du *hara*. La respiration abdominale vous aidera à les ressentir.

Dans les premières années de sa vie, l'enfant est en lien avec cette respiration abdominale. Observez la respiration d'un bébé qui dort. Son abdomen se gonfle à chaque inspiration. En grandissant, l'enfant perd son authenticité et, ainsi, la source de sa respiration abdominale.

La personnalité d'un individu se vérifie en écoutant sa voix. Une voix de tête, aiguë, prend sa source dans la gorge. Elle est le trait de personnalités cérébrales, qui privilégient les concepts à l'expérience intérieure.

Une voix cristalline, qui naît du plexus solaire, marque une personnalité fragile émotionnellement, pour qui le fait de dire représente un obstacle.

Une voix posée, claire, profonde, qui émerge de l'abdomen, indique une personnalité forte, authentique et émotionnellement apaisée.

ACCOMPAGNER SA VOIX D'UN SON MÉDIUM

Votre voix est comme un instrument à cordes et à vent! L'abdomen et les poumons font office de ventilateur, comme sur une cornemuse ou un accordéon qui pompe l'air. Les cordes vocales, elles, jouent le rôle de l'embout ou du bec pour la clarinette. C'est à travers elles que siffle le vent. Nous disposons chacun de deux cordes vocales. Il s'agit de plis vocaux plus que de réelles cordes. Ces replis des membranes muqueuses du larynx mesurent de 10 à 13 mm chez la femme et de 15 à 20 mm chez l'homme. Elles sont écartées lorsque le sujet respire, et se rapprochent l'une de l'autre quand il déglutit. Le son est produit par la mise en vibration de ces cordes au contact du souffle.

Le larynx, le palais, la glotte forment les résonateurs; ce sont eux que l'on module pour donner à la voix sa vibration, sa texture, sa chaleur. Les résonateurs vont vous aider à donner du relief à votre verbe.

Le défaut de beaucoup d'orateurs est la monotonie de leur voix. Celle-ci manque de relief, de structure, d'envolée. Plus votre respiration sera consciente, plus vous pourrez utiliser votre voix comme d'un instrument au service de votre verbe.

Nous allons, dans cet exercice, associer le souffle au son. Cet exercice va vous aider à trouver la source de votre *son médium*.

EXERCICE : Allumez vos trois foyers

Dans un premier temps, prenez conscience de vos trois foyers. Pour ces exercices, il est important que vous puissiez vous isoler quelques minutes. Vous pouvez les pratiquer assis sur un coussin, en position de méditation ; vous pouvez également vous asseoir simplement sur une chaise, sans croiser les jambes. Placez les pieds à plat sur le sol et posez vos mains délicatement sur les genoux. Prenez quelques minutes pour revenir à vous. Cet exercice étant la troisième action majeure (sur cinq), prenez quelques minutes pour vous remémorer les deux premières étapes : l'enracinement et la circulation du khi dans la colonne.

À présent, portez votre attention sur la gorge. Posez l'index sur votre larynx sans appuyer, prenez une grande respiration et prononcez le son *Houng*. Sentez le larynx vibrer au niveau de la pulpe de l'index. Sentez la vibration aussi bien à l'intérieur de la gorge que sur la pointe de votre doigt. Gardez la sensation que votre son trouve sa source dans votre gorge. Reproduisez trois fois ce son en visualisant une lumière de couleur bleue jaillir de votre larynx.

À présent, posez l'index sur votre plexus solaire. Le plexus solaire est le nid de vos émotions. Bien souvent, lorsque vous avez du mal à exprimer un point de vue, c'est que le plexus est bloqué. Le plexus solaire est l'un des centres énergétiques les plus sensibles. Lorsque vous vous sentez agressé ou inquiet, cette zone se comprime. Pour les Orientaux, qui parlent de chakra, il s'agit du troisième chakra. On ne peut pas « ouvrir ses chakras », comme le prétendent parfois quelques vulgarisateurs ; en revanche, dès lors que vous conscientisez et détendez cette zone du bas de la poitrine, le centre énergétique s'ouvre de lui-même. Prononcez à présent le son *Ah,* en sentant vibrer le plexus solaire sur la pulpe de votre index. Ressentez ce son s'évaporer tout autour du plexus, depuis le haut de l'abdomen jusqu'au bas du thymus et de la poitrine. En même temps que vous prononcez cette syllabe, visualisez un rayon de lumière blanche sortant de votre plexus solaire. Un beau rayon blanc, qui se dissout dans toutes les directions de l'espace. Prononcez ce son trois fois, en reprenant une respiration profonde entre chaque son.

Enfin, faites vibrer le *hara*. Beaucoup imaginent que leur centre vital est dans la tête. C'est une erreur ! La tête accueille le cerveau, qui est l'ordinateur à votre disposition pour résoudre de précieuses équations. Mais vous devez être capable d'allumer et d'éteindre cet ordinateur lorsque vous ne l'utilisez pas. Les Égyptiens plaçaient le centre de l'intelligence dans le bas de l'estomac. Portez toute votre attention sur le *hara*, situé deux doigts au-dessous du nombril. Sentez toute la vie qui vibre dans cette partie de votre corps. À présent, chantez le son *Om*. Ce son est plus grave, il vient de plus loin, comme d'une mémoire ancienne. Alors que vous chantez ce son, diffusez une lumière rouge depuis votre abdomen autant vers l'intérieur de votre corps que vers l'extérieur.

Reprenez cet exercice sept fois en sentant bien le passage d'un foyer à l'autre. Cette fois-ci, partez du bas vers le haut.

Les exercices de respiration sont nombreux. Un livre ne suffirait pas à les décrire. L'objet de celui-ci n'est pas de faire de vous un yogi accompli, mais de vous apporter des outils pour faciliter votre parole. Plus que la diversité des exercices eux-mêmes, c'est votre conscience et la régularité de l'entraînement qui produira ses fruits. Ces exercices sont tellement simples qu'on a du mal à croire qu'il s'agisse du plus précieux des trésors. Toute l'ambivalence de la respiration est là !

Voyons à présent un troisième exercice lié au calme. Je vous recommande de le pratiquer le matin, au lever, alors que votre esprit est encore disponible. Vous pouvez également le pratiquer en fin de journée pour favoriser votre sommeil.

EXERCICE : La respiration alternée

Comme tous les autres, cet exercice peut s'effectuer assis sur un coussin ou sur une chaise ; l'important est que vous soyez présent à ce que vous faites. Inspirez par les deux narines. Pendant que vous inspirez, levez le bras droit en le pliant, comme pour faire le salut militaire. À l'aide du majeur droit, bouchez votre narine droite et expirez l'air vicié par la narine gauche. Une fois votre air totalement expiré, baissez le bras droit et levez le bras gauche. Dans le même temps où vous levez le bras gauche, inspirez par les deux narines. À l'aide du majeur gauche, bloquez la narine gauche puis expirez par la narine droite. Expirez la totalité de l'air vicié par la narine droite. Effectuez ce cycle sept fois. Reprenez une respiration normale. Effectuez trois fois ce cycle ; soit trois cycles de sept inspirations et expirations. C'est tout !

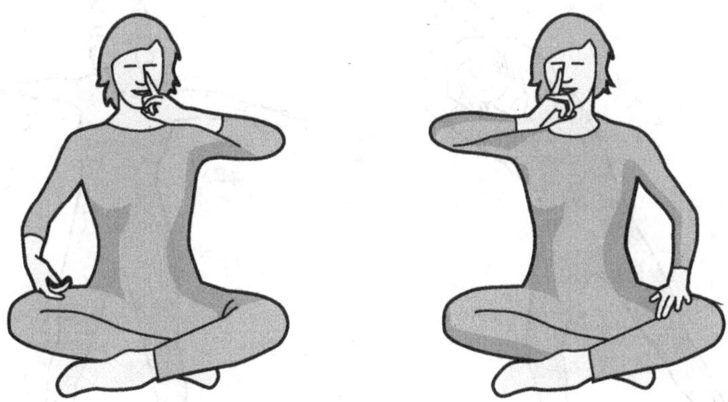

Illustrations 19A et 19B

Ce troisième exercice va vous permettre d'améliorer votre respiration intercostale et, ainsi, votre souffle. C'est un exercice essentiellement utilisé par les chanteurs d'opéra.

EXERCICE : La respiration intercostale

Cet exercice se pratique debout. Sur l'inspiration, levez le bras droit vers la gauche, au-dessus de votre tête. Appuyez le mouvement le plus loin possible jusqu'à décoller votre talon droit du sol. (Voir illustration 20A.)

Avec la main gauche, tirez le bras droit pour élargir le mouvement. Maintenez le bras droit tiré et posez le talon droit. (Voir illustration 20A.)

Restez en apnée et effectuez un mouvement de balancement des épaules en maintenant tout le haut du corps, les épaules et les bras détendus, puis expirez profondément. (Voir illustration 20B.)

Faites le même mouvement trois fois du même côté.

Répétez le mouvement trois fois de l'autre côté.

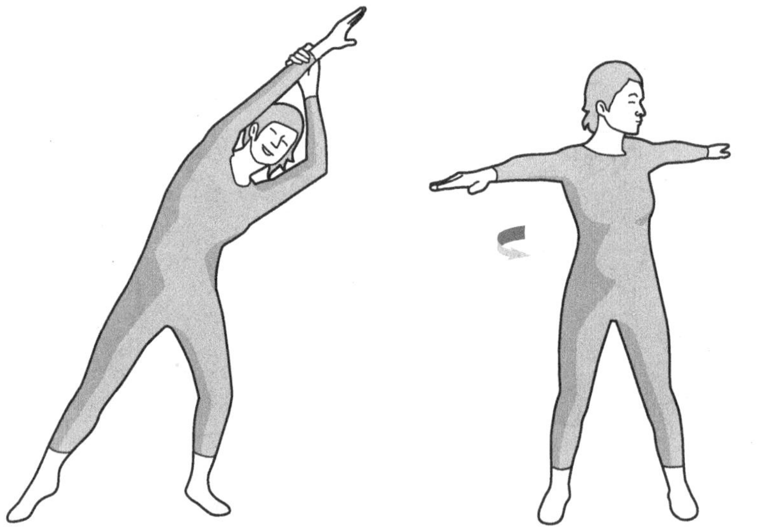

Illustrations 20A et 20B

Nous terminerons cette séance par un quatrième exercice qui va renforcer votre conscience de la respiration abdominale. La confiance en vous dépend en grande partie, nous l'avons vu, de la verticalité de votre colonne vertébrale ; elle dépend également de l'amplitude de votre respiration. Les personnes qui ont réellement confiance en elles sont des personnes dont la respiration est profonde et prend sa source dans l'abdomen. Aucun sportif de haut niveau, acteur ou danseur ne pourrait s'engager sur une échéance importante sans savoir réguler sa respiration.

Exercice : Pratiquez la conscience abdominale

Inspirez à fond avec les deux narines. Expirez environ 20 % de l'air par les deux narines. Restez en apnée. À présent, rentrez le ventre brutalement et le plus profondément possible. En réalisant ce mouvement naturellement, votre abdomen va expirer l'air contenu de façon saccadée, comme lorsque vous toussez ; toutefois, ne cherchez pas à tousser. Le mouvement part de l'abdomen. C'est sa contraction qui génère le mouvement respiratoire. Videz totalement l'air contenu dans vos poumons. Puis inspirez. Répétez ce cycle cinq fois. Un cycle = profonde inspiration – apnée – expulsion de 20 % de l'air – expiration en saccades.

Nous venons de voir les trois actions majeures - nous enraciner, laisser le khi circuler dans la colonne et respirer profondément –, associées aux trois premiers éléments : la terre, le feu, l'air. Voyons à présent les deux actions majeures pour établir un lien de qualité avec l'autre.

Quatrième action majeure : Souple comme l'eau, établissez un vrai contact – élément eau

L'essentiel des conflits a lieu pour une question de forme plus que pour une question de fond. C'est généralement parce que nous ne nous sentons pas reconnus que nous éprouvons du ressentiment.

Lorsqu'un contact chaleureux est établi avec votre interlocuteur, il vous est plus facile de vous entendre avec lui, même si vos champs d'intérêt divergent. En revanche, quand bien même vous auriez intérêt à trouver des terrains communs, si vous éprouvez du ressentiment pour l'autre, aucun argument, même raisonnable, ne vous rapprochera.

Lorsque je fais des médiations sensibles, notamment pour des couples en conflit ou des collaborateurs en rupture, je ne me préoccupe pas, dans un premier temps, des arguments qui séparent chacun ni des solutions possibles. Je consacre un temps important à restaurer la qualité du lien entre les partenaires. Lorsqu'un contact de qualité s'est établi, des solutions, inimaginables dix minutes auparavant, émergent naturellement. Ce contact chaleureux passe par un regard franc, un sourire, une attitude ouverte et authentique, une véritable écoute, une empathie bienveillante.

C'est pourquoi, avant de débattre sur les arguments, il est une étape incontournable, celle qui consiste à créer un canal de communication avec votre interlocuteur. Il est inutile avec un enfant en colère de raisonner tant qu'il est hors de lui. Dans un premier temps, aidez-le à apaiser son émotion en rétablissant le lien, en respirant profondément avec lui ou en lui permettant d'exprimer sa colère, son chagrin ou sa déception ; sans le couper, sans chercher à résoudre, sans minimiser, juste en écoutant. Dans un second temps, évoquez avec lui les solutions possibles.

Communiquer sans ouvrir ce canal avec l'autre est aussi inutile que de discuter au téléphone en développant soigneusement ses arguments les plus pointus, alors que le réseau hertzien n'annonce aucune connexion et que votre interlocuteur n'entend que des mots hachés.

LE REGARD DIRECT

On me demande souvent la différence entre informer et communiquer. Lorsque vous informez, vous transmettez une information. Lorsque vous communiquez, vous transmettez une information à une personne.

Toute la différence est là ! Communiquer, c'est avant tout établir un lien de qualité. Dans ce chapitre encore, vous pourriez être surpris de lire que l'amélioration de votre communication dépend d'un atout aussi simple que la profondeur de votre regard.

Les spécialistes des cabinets de recrutement attachent beaucoup d'importance à observer le comportement d'un candidat dans les 30 premières secondes de son entretien. Ils sont attentifs à la qualité du regard, qui témoigne de l'aptitude à créer le lien. Le regard direct est un vrai regard, les yeux dans les yeux.

Nous avons tous besoin de reconnaissance, et la manifestation la plus concrète de la reconnaissance passe par le regard. Dans les parcs, les enfants remontent au toboggan chaque fois que leurs parents ne les regardent pas descendre.

Il ne faudrait pas croire que ce besoin d'être regardé s'estompe avec l'âge. Nous nous acclimatons ; mais le plaisir d'être vu et regardé est très profond, même pour le plus indépendant d'entre nous. Les personnes vivant dans la rue témoignent souvent que le fait de ne pas recevoir un regard est plus douloureux que de ne pas recevoir une pièce. Vous-même, peut-être, avez-vous subi la gêne de vous adresser à une personne qui regarde ailleurs, ou qui vient vous saluer sans croiser votre regard.

LES YEUX DANS LES YEUX

Le secret du lien est là. Au moment où vous regardez une personne dans les yeux, considérez-la comme la personne la plus importante et instaurez votre présence ici et maintenant. Même si ce privilège ne dure que quelques secondes, même si cette personne ne vous revoit plus jamais, elle sera marquée par ce regard s'il est direct, franc et bienveillant.

J'ai eu la chance dans mon existence d'approcher plusieurs grands maîtres spirituels, des lamas tibétains, des prêtres, des chamans. Je n'ai plus en mémoire la totalité des enseignements que j'ai reçus ; en revanche, je n'ai rien oublié du regard de ces êtres, dont l'éclat et la profondeur étaient un enseignement sur la compassion.

Il en est ainsi des êtres charismatiques. Qu'ils soient politiciens, religieux ou artistes. On apprécie leur magnétisme. Cette qualité souvent abstraite se concrétise par une action très précise. Au moment où ils établissent le contact visuel, c'est ce contact qui devient plus important que tout ! Quelles que soient les circonstances, quel que soit le motif de la rencontre, faites l'expérience d'établir un contact chaleureux avec votre interlocuteur dès les premières secondes.

Un jour que je marchais avec ma fille, elle me fit remarquer que les gens dans la rue étaient tristes. Je lui ai répondu que les gens n'étaient que notre miroir. Je l'ai prévenue que les trois prochaines personnes que nous allions regarder allaient nous sourire, franchement et sincèrement. Je me suis redressé et je me suis concentré sur le quatrième des cinq actes : établir un regard franc et direct avec chacun. Vous imaginez la suite ; les trois personnes qui nous ont croisés m'ont rendu ce sourire.

Je vérifie régulièrement en stage, au moyen d'une expérience, à quel point nous nous impliquons quand nous regardons une personne dans les yeux. Nous formons avec les stagiaires un cercle en nous tenant debout. Chacun traverse le cercle à tour de rôle, pour regarder une personne dans les yeux. Il s'agit de l'un des exercices les plus difficiles, même pour des personnes exerçant des métiers de contact et d'accueil. Regarder une personne dans les yeux est un acte simple qui demande du courage. C'est aussi l'un des plus beaux cadeaux que vous puissiez offrir à vos interlocuteurs.

EXERCICE : Établissez le canal de communication

La première étape consiste à établir un regard franc avec votre interlocuteur. Ce regard va plus loin que le simple fait de voir votre partenaire. Échanger un regard franc demande un aller-retour de l'intention. Dans un premier temps, regardez votre interlocuteur dans les yeux juste quelques secondes, pour le capter, intercepter son attention puis, dans un second temps, prenez le temps d'*accuser réception*. En communication, il se passe un phénomène toujours intéressant : lorsque votre interlocuteur a intercepté votre regard, qu'il le veuille ou non, il envoie un accusé de réception. C'est un clignement de paupières, un léger sourire... Ce phénomène se fait inconsciemment et même s'il est parfois discret, il vous permet de vérifier que votre intention d'établir le contact a bien été reçue. Si vous vous demandez quel est le temps juste pour un regard, prenez le temps nécessaire pour identifier la couleur des yeux de votre interlocuteur. C'est un très bon moyen mnémotechnique pour vous souvenir du temps juste du regard.

Réalisez cet exercice dans votre quotidien. Entraînez-vous dans vos rencontres quotidiennes, avec le chauffeur de bus, l'enseignante de votre fils, un collègue, le boulanger. Regardez la personne dans les yeux et attendez qu'un réel retour ait eu lieu pour passer à autre chose. Intégrez à chaque nouvelle rencontre cette question : « *Ses yeux sont-ils bleus ou verts ? Noirs ou marron ?* » Si votre réponse est claire, c'est que la durée est juste.

LE REGARD INDIRECT

« *Le regard est la fenêtre de l'âme* », écrivait Victor Hugo. Regarder son partenaire dans les yeux est un acte intime, surtout si on le connaît peu. Si le regard direct est essentiel à toute relation de qualité, il peut être gênant s'il est trop insistant.

C'est pourquoi, parallèlement au regard direct, nous avons aussi besoin d'observer l'autre sans être gêné par son regard. Besoin de voir sans être vu.

Lorsque vous parlez à une personne ou à plusieurs, établissez un vrai contact visuel avec chacun, tout en faisant en sorte de vous laisser regarder.

Le regard direct est le regard des yeux dans les yeux ; il concerne le lien et nourrit l'hémisphère droit. Le regard indirect permet de capter des informations plus rationnelles et nourrit l'hémisphère gauche. Pour celui qui parle, le regard indirect permet de décrocher, de s'isoler, de retrouver ses esprits, et d'y voir plus clair dans ses arguments.

Dans la croix du comportement, l'axe horizontal correspond au regard direct ; l'axe vertical, au regard indirect. Vous avez besoin aussi, dans vos échanges, de vous accorder ces moments de respiration en regardant ailleurs.

Sous le coup d'une émotion forte, l'orateur a tendance, lorsqu'il regarde indirectement, à plonger son regard au sol et à balayer la moquette. Qui n'a jamais observé de ces orateurs qui s'adressent au public en regardant au sol? Le fait de regarder au sol entraîne votre interlocuteur à regarder lui aussi le parquet, ce qui coupe le lien. Dans les moments où vous décrochez du regard de l'autre pour établir le regard indirect, maintenez votre regard en position haute et fixez un point au lointain, soit au niveau de vos yeux, soit plus haut, mais jamais au sol. Car non seulement le fait de regarder au sol trahit un manque de confiance, mais stimule votre propre doute. Au contraire, le fait de fixer l'horizon entraîne vos interlocuteurs à élargir leur champ de vision et réactive la confiance en vous.

L'équilibre juste entre le regard direct et le regard indirect se trouve naturellement entre 70/30 % et 60/40 %, le chiffre le plus élevé correspondant au regard direct et l'autre au regard indirect. Cette proportion est utilisée par les orateurs qui réussissent à capter leur auditoire.

Cinquième action majeure : Large comme l'espace, étendez vos perspectives – élément espace

Toute action est précédée d'une intention. Noémie pousse la porte de la salle d'examen, c'est ce matin l'oral de son diplôme de tourisme. Noémie est une bonne élève, mais elle se répète en boucle cette rengaine qui la fait douter: « *Je ne serai jamais reçue, je n'ai pas assez travaillé pour ça. Je vais être ridicule, pas à la hauteur...* »

Kader pénètre dans le restaurant, il a rendez-vous avec sa petite amie. La situation est délicate; Kader n'est plus amoureux et il aimerait le dire avec tact. Mais il culpabilise. Il se répète: « *Je ne peux pas la quitter, je risque de lui gâcher son année... Je n'arriverai jamais à lui dire la vérité.* »

Cynthia se dirige vers le bureau de son patron. Elle doit lui demander un aménagement d'horaire pour convenances personnelles; mais au moment où elle toque à la porte, d'autres phrases résonnent dans sa tête: « *Je ne vais pas l'embêter avec ça; il a d'autres chats à fouetter en ce moment que de s'occuper de mon sort.* »

Dans ces moments où vous vous apprêtez à parler, la confiance en vous dépend des « phrases balises » programmées dans votre inconscient. Une phrase balise est une phrase intérieure sur laquelle vous allez vous appuyer. Une bonne préparation consiste à trouver la phrase balise adéquate dans un moment de calme et à vous appuyer sur elle au moment où votre regard sera brouillé par l'émotion.

L'ANCRAGE D'UNE PHRASE BALISE

Je propose en conférence un exercice pour illustrer mon propos. Dans un premier temps, je demande à un volontaire de venir sur scène, de lever un bras à l'horizontale et de répéter quinze fois silencieusement la phrase balise suivante : « *Je suis faible et soumis.* » Je lui appuie alors sur le bras en lui demandant de résister. Je n'ai à ce moment aucune difficulté à lui plier le bras.

Dans un second temps, je lui propose de répéter quinze fois mentalement cette seconde phrase balise : « *Je suis fort et digne.* » À nouveau je lui appuie sur le bras. J'ai alors toujours plus de difficulté. Cet exercice est d'autant plus impressionnant si je demande au participant de choisir une phrase balise sans me l'annoncer à l'avance. Je devine sa phrase au moment où je lui appuie sur le bras.

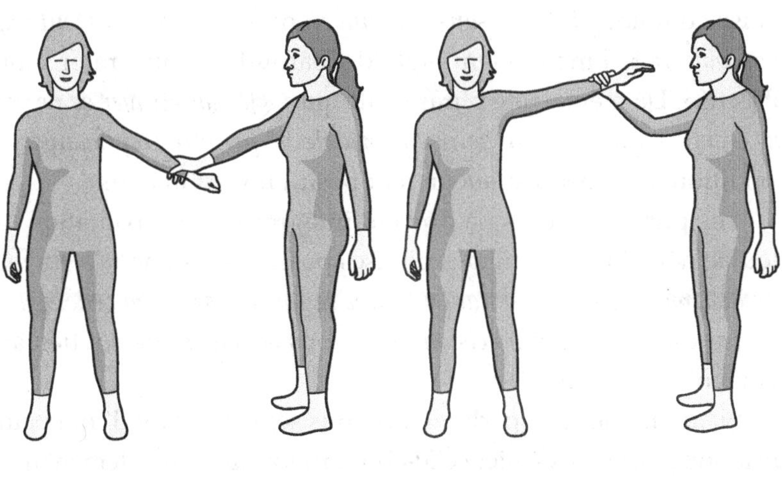

Illustrations 21A et 21B

Cet exercice – qui est utilisé en kinésiologie dans le test musculaire – repose sur l'influence de l'inconscient sur le corps. Lorsque le participant répète la phrase balise : « *Je suis faible et soumis* », il transmet à son corps une information ; sa pensée agit comme le programme d'un ordinateur.

Ainsi, au moment où vous allez prendre la parole, la phrase balise que vous allez répéter avant vos premiers mots, « *Je ne suis vraiment pas doué pour communiquer* » ou « *Je parle avec assurance* », conditionnera le reste de votre intervention. En stage, je remarque combien nombreux sont les participants qui, avant de se lever pour se présenter, ancrent inconsciemment leur prestation d'une balise négative : « *Quand il faut y aller, il faut y aller...* », « *C'est à mon tour ; ça va être dur, mais allons-y* », « *C'est plus confortable de regarder que de s'exposer...* », « *Il faut bien qu'il y ait un dernier* ».

Ces phrases anecdotiques n'ont l'air de rien et sont pensées machinalement au moment où le participant se lève, mais elles me servent de repère pour savoir quel conditionnement l'orateur a programmé.

Les phrases balises que vous programmez résonnent ensuite pendant votre prise de parole. Aussi, choisissez-les avec soin. Au moment de les programmer, soyez vigilant. L'inconscient n'enregistre pas la négation. Lorsque vous prononcez une phrase balise comme : « *Je parle sans bafouiller* » ou « *Je ne rate surtout pas mon objectif* », l'inconscient entend « bafouiller » ou « rater mon objectif ». De même, une phrase telle que : « *Je vais essayer de ne pas me tromper* » ou « *Je vais faire en sorte de ne pas être trop mauvais* » conditionne l'échec, car aucun mot positif n'y est intégré.

Les phrases balises ne doivent intégrer ni approximation ni double négation. Ce sont des phrases positives comme : « *Je respire profondément* », « *Ma respiration trouve sa source dans mon abdomen* », « *Je parle avec clarté et précision* » qui vous serviront de soutien au moment où vous doutez.

Si, au moment de parler, vous vous sentez envahi d'une peur irrationnelle, le fait de nier celle-ci en prononçant mentalement une phrases balise comme : « *Je n'ai même pas peur* » n'aura pour effet que de mettre la peur en exergue et de l'alimenter. Intégrez plutôt la phrase balise suivante dans votre préparation : « *Malgré ma peur, je parle avec assurance.* »

« *On ne peut pas résoudre un problème en restant dans l'état d'esprit dans lequel on était lorsqu'il s'est présenté* », disait Einstein. Si vous êtes bloqué dans une situation relationnelle qui ne vous convient pas, si vous avez besoin de courage pour affronter une personne que vous redoutez, ne vous concentrez pas sur ce que vous craignez (que la personne ne vous écoute pas, qu'elle ne soit pas d'accord) ; car, à force de se concentrer sur une situation, on finit par l'attirer.

Concentrez-vous non pas sur vos peurs, mais sur ce que vous souhaitez obtenir. Visualisez la situation telle que vous la souhaitez. C'est cette image, appuyée par votre phrase balise, qui portera votre demande.

EXERCICE : Créez votre décor balise

Au moment où vous préparez une négociation sensible, installez le décor. Asseyez-vous au calme. Reprenez les quatre actions majeures : l'enracinement, la colonne vertébrale, la respiration et le regard. Pratiquez quelques minutes les exercices tels qu'ils sont décrits plus haut. À présent, concentrez-vous sur la relation telle que vous la souhaitez. Visualisez la situation de l'extérieur. Si vous vous préparez à parler à votre patron, visualisez son bureau, détaillez les accessoires, la couleur du papier peint, des fauteuils. Visualisez-vous tous les deux tels que vous souhaitez que cela se passe. Imaginez-vous calme. Imaginez-vous respirer profondément, parler en articulant, le regarder droit dans les yeux. Imaginez à présent votre protagoniste lui-même détendu, à votre écoute et disponible. À présent, concentrez-vous sur la sensation intérieure que cette situation provoque en vous. Votre respiration s'apaise, votre visage est détendu, vos mouvements sont sereins et vous ressentez un profond apaisement. Choisissez à présent votre phrase balise que vous laissez résonner silencieusement.

Association respiration et visualisation : Il est important à ce stade que votre visualisation dépasse celui de l'imagerie mentale et que l'information circule totalement dans vos cellules, au même titre que toute expérience vécue. Pour cela, sentez l'énergie de paix, provoquée par la phrase balise, circuler dans votre corps par le biais de votre respiration. Chaque fois que vous transmettez une information nouvelle à votre corps, et que vous associez respiration et visualisation, vous modifiez la structure vibratoire des milliards de cellules en mouvement. Nous programmons en permanence, à partir de nos croyances, notre immunité, notre état de santé, nos rencontres, nos accidents ; en un mot, notre réalité. Les nouvelles médecines alternatives de cette décennie s'appuient sur ce principe. Je ne reviendrai pas ici sur la loi d'attraction et sur d'autres approches similaires ; des auteurs comme le Dr Deepak Chopra ou Ken Wilber l'ont fait avec assez de détail. Avant un rendez-vous important, le fait de vous concentrer uniquement sur ce que vous voulez vous permet d'envoyer cette information à l'univers dont vous êtes un hologramme. Une fois l'information envoyée, détendez-vous et faites confiance. Beaucoup ont une vision trop tendue de la loi de l'attraction. Ils font une demande comme on commande un plat au restaurant, puis, si celle-ci ne se manifeste pas, ils commencent à douter. L'attraction ne fonctionne pas comme ça. Ce n'est pas une demande, c'est une reconnaissance de ce qui est déjà en train de se produire ! La loi de l'attraction n'est pas une façon d'exiger de l'univers ce qui vous manque, mais une façon d'entrer en résonance avec le juste équilibre de l'univers. Aussi, avant un rendez-vous important, concentrez-vous en détail sur ce que vous souhaitez, visualisez en détail ce que cette situation génère comme changement chez vous ; puis détendez-vous !

À ce stade, je précise un point. J'ai insisté en début d'ouvrage sur l'étonnante simplicité des exercices décrits. Ce qui fonctionne le mieux est souvent simple. Par ailleurs, tous les exercices que je propose ici ne sont pas des trucs assemblés au hasard, mais des exercices que j'expérimente moi-même à travers des stages depuis vingt ans et que plusieurs milliers de stagiaires ont déjà expérimentés avec succès. L'efficacité de ces exercices dépendra de la détermination avec laquelle vous les réaliserez pour vous.

EXERCICE : Programmez votre phrase balise

Quel que soit l'objet de votre communication, appuyez-vous sur la phrase balise qui vous fait le plus de bien. Vous pouvez formuler une phrase liée à votre enracinement : « *Je sens mes pieds ancrés dans le sol* », « *Je suis stable* », à la respiration : « *Ma respiration est profonde et trouve sa source dans l'abdomen* », à la posture : « *Je regarde mon partenaire dans les yeux, ma colonne vertébrale est droite* », à vos arguments : « *J'articule avec clarté et facilité, mes arguments sont fluides* », à l'état de votre relation : « *Notre relation est améliorée et je trouve les mots qui nous apaisent* » ou à vous-même : « *Je mérite d'être heureux et de recevoir ce dont j'ai besoin* »... Vous pouvez répéter cette phrase à voix haute ou à voix basse. À l'image du vainqueur d'une course qui lève les bras au ciel ou fait le signe de la victoire, l'association d'une phrase balise à un geste symbolique – tapoter, par exemple, le thymus –, au moment où vous répétez cette phrase balise, en renforce considérablement la puissance.

Tableau récapitulatif des 5 actions majeures pour oser parler et savoir dire

1. Élément Terre	Stable comme la terre, soyez enraciné.
2. Élément Feu	Ardent comme le feu, laissez circuler le khi dans votre colonne.
3. Élément Air	Léger comme l'air, respirez en conscience.
4. Élément Eau	Souple comme l'eau, établissez un vrai contact.
5. Élément Espace	Large comme l'espace, élevez vos perspectives.

Les 5 actions majeures peuvent devenir avec l'entraînement un réflexe dans toutes vos prises de parole.

CHAPITRE XV

PRÉSENCE, CHARISME, AURA ET AUTRES ATOUTS

Le charisme, la présence et l'aura sont des qualités recherchées par celui qui veut améliorer sa communication et son influence.

Justin, enseignant au secondaire, aimerait avoir assez d'autorité pour obtenir le silence de ses élèves dissipés. Ceux-ci ne l'écoutent pas, et il se casse la voix à répéter chaque consigne pour être obéi.

Bénédicte, nouvellement mutée à la direction technique d'une entreprise de construction, remplace avec beaucoup de difficultés un prédécesseur charismatique. Elle ne se sent pas à la hauteur de la légende de celui qu'on appelait *le Boss*. Elle se compare, se trouve fade et sans panache quand elle anime la réunion du lundi.

Lucien, jeune acteur de théâtre, envie la présence de ses aînés et aimerait, lui aussi, prendre plus de place sur scène. Bien qu'il ait du talent, c'est un garçon timide et son manque de confiance s'accentue sous le feu des projecteurs.

Sophia a besoin d'aller chercher son mari dès qu'elle est en perte d'autorité avec ses enfants. « *Avec lui, ça marche tout seul, les enfants lui obéissent sans qu'il ait à forcer la voix ; sa présence impose le respect. Moi, j'ai beau crier, mes enfants s'en moquent !* »

Enfin, Antonin aimerait simplement, lorsqu'il a une demande à faire, ne pas rougir comme un enfant timide.

Comme Justin, Bénédicte, Lucien, Sophia et Antonin, combien aimeraient être entendus sans hausser la voix ! Combien aimeraient imposer leur autorité par leur simple présence !

Le charisme est-il donné à tout le monde ? Sinon, est-ce possible de l'acquérir ? L'autorité naturelle est-elle innée ? Associées à la confiance en soi, ces qualités sont souvent mal connues et mal définies. Voyons comment les distinguer...

LE PHYSIQUE

Au théâtre comme au cinéma, lorsqu'il auditionne ses acteurs, le metteur en scène recherche les personnalités qui en imposent, les physiques que l'on remarque, les acteurs qui prennent leur place. On pourrait croire alors qu'un acteur de 1,90 m, taillé comme une armoire à glace, prendra plus de place sur scène qu'un acteur de 1,70 m de gabarit un peu frêle ; comme on pourrait croire qu'une femme avec des formes avantageuses et une longue chevelure aura plus d'atouts sur scène qu'une petite femme menue coiffée à la garçonne. En effet, l'œil a besoin de relief pour s'accrocher.

Sur la scène comme dans la vie, une grande taille n'est une qualité que si elle est assumée. Sinon, ce qui est un atout pour l'acteur se retournera contre lui. J'ai souvent accompagné des hommes de 1,90 m et des femmes de 1,80 m qui marchaient le regard baissé et le dos voûté, comme s'ils avaient peur de se cogner la tête sous une porte imaginaire. Ils n'assumaient pas leur grande taille et avaient du mal à trouver des vêtements qui les mettaient en valeur.

Certains hommes et femmes assument mal leur petite taille, surtout s'ils sont exposés au regard du public ; ils éprouvent le besoin de porter des talonnettes. D'autres, au contraire, assument tout à fait leur moins de 1,70 m, tout en étant de grandes personnalités.

Il en est de même pour la beauté. Elle n'a pas grand-chose à voir avec la plastique. Nous sommes tous beaux certains jours et très quelconques le lendemain. Cela n'est pas tant dû à l'argent investi chez le coiffeur ou dans le dernier tube de mascara.

Vous êtes beau lorsque vous êtes plein de vous-même, lorsque vous aimez votre corps sans chercher à le modifier. À l'origine, la cosmétologie est l'art d'entrer en résonance avec le cosmos de façon à mettre en valeur son naturel. Cet art de l'authenticité a été dévié par le jeu des comparaisons, par désir de ressembler à un autre, jusqu'à se perdre. Votre rayonnement est proportionnel à la douceur, à la bienveillance et à la tendresse que vous vous portez. Cette tendresse brille dans l'éclat de vos yeux et dans votre sourire.

Avoir un physique, c'est aimer celui que la nature vous a donné et se considérer soi-même comme une personne précieuse.

LA PRÉSENCE

Au théâtre, certains acteurs attirent l'attention plus que d'autres. Sans aucun effort, le moindre de leur geste semble habité. Ils semblent pleins d'eux-mêmes. Ces acteurs sont très recherchés par les metteurs en scène, car ils ont l'art d'habiller la scène de leur vie intérieure. On dit d'eux qu'ils ont de la présence.

Il en est de même dans la vie de tous les jours. Dans les soirées, au restaurant, notre regard est parfois attiré naturellement par certaines personnalités qui dégagent quelque chose. Elles semblent pourtant ne faire aucun effort pour attirer l'attention ; elles sont pleinement dédiées à ce qu'elles font. D'une façon générale, les enfants ont cette qualité d'attirer notre attention lorsqu'ils sont concentrés sur leur jeu ; ils ont de la présence.

La présence est une aptitude naturelle à vivre intensément l'ici et maintenant en toute conscience. C'est une intensité à habiter chaque partie de son corps, jusqu'au bout des doigts dans les mouvements les plus quotidiens.

Vous êtes absent lorsque vous êtes absorbé par vos pensées sans porter attention à ce que vous faites dans l'instant. Lorsque, sous la douche, vous anticipez le petit-déjeuner que vous allez prendre, lorsqu'au petit-déjeuner, le bol à la main, vous vous tracassez pour une réunion programmée, lorsqu'à cette réunion vous vous inquiétez pour vos enfants que vous ne voyez pas assez, lorsque, rentré chez vous, vous écoutez distraitement ceux-ci en pensant au dîner à préparer.

Vous consacrez ainsi une grande énergie à vous projeter dans le futur ou à regretter le passé. Dans ces moments, vous n'êtes pas présent à vous. En feuilletant les albums photo, beaucoup s'exclament: «*On ne voit pas le temps passer!*» Sans réaliser que ce n'est pas le temps qui passe, c'est nous. Et c'est souvent loin de notre vie que nous passons.

Être dans la présence ne veut pas dire ne plus avoir de projet. C'est être totalement à ce que vous faites lorsque vous vous habillez, lorsque vous taillez un rosier, lorsque vous conduisez. La présence est une qualité précieuse dont chacun dispose dès la petite enfance. Elle se travaille au quotidien pour ceux qui l'ont perdue sur le chemin de la distraction.

EXERCICE : Renforcez votre présence

Vous allez pouvoir réaliser cet exercice, que vous soyez chez vous, dans votre appartement ou en forêt. Consacrer 15 minutes à cet entraînement, c'est vous consacrer 15 minutes à vous-même. Ne changez rien à votre quotidien, mais modifiez l'intention et l'intensité qui accompagnent vos gestes. Non pas se laver les mains en pensant à la réunion du lendemain. Non pas préparer le dîner en pensant à votre ado qui n'est pas encore rentré. Juste être présent ici et maintenant à ce que vous faites. Vous pouvez choisir de faire cet exercice autour de la préparation du repas, du ménage, d'une marche en forêt ou de toute autre activité où le corps physique est impliqué. Pendant ces 15 minutes, soyez totalement à ce que vous faites. Si vous épluchez les pommes de terre, soyez présent au contact des pommes de terre dans vos mains, à la rugosité de leur peau ou à leur douceur au contact de vos paumes, de vos doigts. Sentez-vous davantage avec une main qu'avec une autre? Votre sensibilité est-elle plus forte sur les doigts que sur les paumes? Lorsque vous coupez la peau de la pomme de terre, allez jusqu'à écouter le son produit. C'est un son si discret qu'il passe habituellement inaperçu, noyé dans le flot de vos pensées. Cela vous demandera de faire silence pour le capter. Puis passez la pomme de terre sous l'eau. Ressentez l'eau qui coule entre vos doigts. Soyez totalement à ce que vous faites. Pendant tout le temps que dure cet exercice, soyez présent à votre respiration ; conscient que vous inspirez et conscient que vous expirez. Assurez-vous de maintenir une respiration stable. La respiration va vous servir de support. Répétez cet exercice aussi longtemps que vous le souhaitez. Dans la joie de la pleine conscience, vous pourrez allonger progressivement ce temps que vous passez avec vous : quelques minutes, puis un vrai quart d'heure, puis une heure entière... Vous verrez les progrès réalisés lorsque, au bout de quelques mois, vous aurez la sensation que ces moments de présence sont plus nombreux que les moments d'absence.

En vous entraînant assidûment chez vous, vous capitaliserez sur votre présence. Cette qualité sera naturellement renforcée chaque fois que vous regarderez une personne dans les yeux, que vous serrerez la main d'un proche pour le saluer, que vous prendrez la parole en public.

LA PERSONNALITÉ

Beaucoup ont l'impression de manquer de personnalité. Le fait d'avoir de la personnalité nous permettrait ainsi de ne pas être dépendant du regard de l'autre. Avoir de la personnalité, c'est oser dire ce qui nous tient à cœur en toutes circonstances ; mais la personnalité se développe-t-elle ? José a 22 ans. Comme beaucoup de garçons de son âge, il cherche sa personnalité. Il porte un grand anneau à l'oreille, comme Johnny Depp, un gant à la main gauche, comme Michael Jackson, et un tatouage de fils de fer barbelés au biceps droit, comme Pamela Anderson.

José est fier d'affirmer sa personnalité, qu'il définit comme celle d'un rebelle. Est-ce que le fait de porter un tatouage, une boucle d'oreille, un gant suffit à avoir de la personnalité ?

Pour d'autres, c'est un style, une habitude à laquelle ils se raccrochent; j'ai souvenir de Tony qui buvait cul sec trois Blue Lagoons en arrivant dans une soirée et se faisait appeler BLB, Blue Lagoon Boy ! Il était fier de ce qu'il croyait être de la personnalité.

Comment, pour Tony, affirmer sa personnalité dans un endroit où il n'y aurait pas d'alcool ?! A-t-on encore de la personnalité si la pluie écrase notre coupe de cheveux minutieusement agencée ?!

« *C'est à force d'impersonnalité qu'on construit une personnalité* », enseignait Louis Jouvet, l'un des maîtres de la composition théâtrale.

Nous sommes des êtres kaléidoscopiques et paradoxaux. Votre personnalité est multiple et c'est ce qui fait sa richesse. Vous êtes à la fois gai et triste, introverti et extraverti, intransigeant et tolérant. Chaque fois que vous cherchez à vous définir en affirmant ce que vous n'êtes pas, vous vous privez d'une facette de votre personnalité qui ne demande qu'à briller elle aussi; car avoir de la personnalité, c'est laisser exprimer toutes vos facettes librement, au fil des circonstances.

Exercice : Affirmez votre personnalité

Cet exercice vous réconciliera avec votre personnalité réelle. Le courage à oser parler est fragilisé par le manque d'estime que nous nous portons. Dès lors que vous pensez que votre point de vue ne vaut pas la peine d'être mis en lumière, que les propos des autres sont plus intéressants que les vôtres, vous perdez votre rayonnement. Par cet exercice, vous allez prendre conscience que tout ce qui émane de vous est lumineux et que votre lumière est la source de votre personnalité réelle.

Relevez tout ce qui fait de vous un être unique et essentiel. Prenez un petit carnet. Écrivez-y toutes les qualités qui vous rendent nécessaire sur cette terre. Commencez chaque phrase par : « *Je suis nécessaire...* » ou « *Je suis essentiel au monde, car...* », suivi d'une qualité.

Vous pouvez aussi bien lister vos atouts physiques : « *Je suis essentiel au monde, car ma voix affirme de belles paroles* », « *Je suis essentiel au monde, car mes mains sont douces* ». Vous pouvez lister vos traits de caractère : « *Je suis nécessaire, car je sais apaiser en écoutant les gens qui m'entourent* », « *Je suis nécessaire, car je fais du bien à mes enfants* ». Vous pouvez noter toutes les qualités qui vous viennent en tête : « *Je suis essentiel, car je suis optimiste* », « *Je suis essentiel au monde, car je fais du bien aux animaux* ».

Dans un deuxième temps, affirmez vos qualités. Isolez-vous. Relisez à haute voix ce que vous avez écrit. Il s'agit plus que d'un exercice, c'est un rituel de guérison. Dans un troisième temps, partagez vos qualités avec un proche. À l'occasion d'un entretien avec un ami, révélez-lui vos qualités en les lui lisant. L'intention qui porte cette lecture est très importante. Il ne s'agit pas d'un coup de bluff, ni de « frimer » pour impressionner les autres. Il s'agit d'affirmer haut et fort que vous reconnaissez vos propres qualités et que vous êtes prêt à assumer la beauté de votre être pour prendre votre place sur terre.

N. B. : Cet exercice comporte une difficulté. Nous vivons dans un monde où le sentiment de mésestime de soi s'est tant généralisé que vous pourriez ne pas vous autoriser à le faire : « *Qui suis-je pour oser affirmer que je suis essentiel au monde ? Pour qui je me prends ? ! Qu'est-ce que les autres vont dire de moi ? Je deviens mégalo !* » Le manque d'estime de soi est à la source de l'essentiel des conflits dans nos sociétés. Car le fait de ne pas être conscient de notre valeur nous empêche de prendre pleinement notre place sur cette terre. Souvent, nous critiquons ceux qui la prennent ou cherchent à la prendre. L'estime de soi n'a rien à voir avec la mégalomanie. Par l'effet de résonance vibratoire, plus vous reconnaissez votre propre lumière, plus vous la percevrez chez les autres et plus vous verrez vraiment les gens beaux !

Le plus grand service que vous puissiez rendre à votre entourage, c'est de révéler votre propre lumière en exprimant pleinement vos talents, vos dons, vos qualités et votre joie.

L'AURA

Que voit-on réellement d'une personne lorsqu'on dit qu'elle a de l'aura ? L'aura est le prolongement lumineux du corps physique.

Chaque être humain dégage une aura. Cette aura est constituée de trois couches : la première couche physique émet sur une quinzaine de centimètres environ, la deuxième, la couche émotionnelle, sur une trentaine de centimètres et la couche psychique et spirituelle, sur 80 cm. Plus vous êtes en bonne santé, plus votre aura s'élargit. Peut-être avez-vous remarqué à quel point il est désagréable de sentir une personne dans son dos à son insu. Sa simple présence vous empêche de vous concentrer. Elle pénètre dans votre aura. Cela s'atténue lorsqu'elle s'éloigne à plus de 1,50 m. L'auréole peinte autour des visages des saints est ce rayonnement lumineux qu'on appelle l'aura.

Aujourd'hui, des technologies, comme le procédé Kirlian, permettent de photographier l'aura et d'en comprendre la nature. Il est possible d'apprendre à voir les auras, à condition d'entraîner sa vision par des exercices oculaires variés ; toutefois, l'aura est plus facile à sentir qu'à voir.

Les êtres qui incarnent totalement ce qu'ils sont rayonnent ; c'est ce qui crée autour d'eux un cercle énergétique large.

L'aura est le prolongement naturel de votre activité intérieure. Dès lors que vous renforcez votre présence, que vous assumez pleinement qui vous êtes, et que vous montrez naturellement vos plus belles qualités, votre aura s'élargit.

LE CHARISME

Le charisme s'appuie sur la congruence de votre comportement. Incarnez ce que vous prônez, réalisez ce que vous dites, sans vous laisser influencer par le regard de l'autre, et votre charisme augmentera.

Le charisme est difficile à décrire. C'est un ascendant que l'on a sur les autres. C'est une forme d'aura indéfinissable liée à la prestance. Le charisme suscite l'adhésion, la fascination d'un grand nombre de personnes. Pour les chrétiens, il s'agit d'un don accordé provisoirement par Dieu, assorti de qualités comme l'art de guérir ou l'art de parler.

Pour la *Revue de l'histoire des religions,* le charisme *est la forme particulière que prend le Saint-Esprit dans les divers individus*[3].

Le charisme peut être aussi considéré comme un attribut dangereux. *La force du charlatan, c'est son charisme, ce qui le rapproche à la fois du sorcier et du prophète, mais il se compare mieux au premier qu'au second*[4].

Aussi, le charisme n'est pas tant une qualité à part entière qu'une résultante. En accroissant votre authenticité, votre bienveillance, votre ancrage et votre aptitude à parler vrai, votre charisme grandira de lui-même.

L'EMPATHIE

L'empathie est notre faculté à entrer en contact avec l'autre en nous mettant à sa place, en éprouvant ce qu'il ressent. L'empathie nous permet de comprendre et d'accueillir le désarroi, la fatigue ou le découragement de l'autre.

Se montrer empathique avec son interlocuteur ne veut pas dire se précipiter à trouver une solution avant même qu'il ne nous ait formulé une demande. Nous pouvons rester empathiques sans vouloir réparer chacune de ses moindres misères.

Tout en conservant un regard bienveillant, ne sous-estimez pas le potentiel de l'autre à retrouver par lui-même son courage, sa dignité et son autonomie.

À la différence de la mièvrerie, qui est l'art de servir l'autre en s'oubliant soi-même, la personnalité empathique conserve une écoute d'elle-même ; elle reste en lien avec elle, tout en écoutant

3. Paul Alphandéry, *Revue de l'histoire des religions,* 1899, p. 453.
4. Gérard Lagneau, *Le faire valoir. Une introduction à la sociologie des phénomènes publicitaires,* 1969, p. 155.

l'autre. Se montrer empathique veut dire que nous nous reconnaissons les uns les autres comme faisant partie de la même famille, la famille des êtres humains.

L'empathie est le prolongement d'un savoir-être. L'empathie naît naturellement de la bienveillance et de notre désir sincère de créer du lien.

L'AUTHENTICITÉ

L'authenticité est la clé pour oser parler et savoir dire. Affirmez qui vous êtes, sans le revendiquer de façon ostentatoire. Osez simplement être vous-même et vous présenter sans façade. Une personne de nature discrète et timide, qui voudrait forcer son trait pour se faire remarquer, ne ferait que trahir la vibration dans laquelle elle est bien. Nous vibrons tous à une fréquence qui nous est propre. En revanche, si vous vous sentez timide et discret, et que vous éprouvez de la douceur et de la compassion pour cette timidité, vous verrez que ce trait de caractère se transformera en une réelle qualité. Pour qu'il en soit ainsi, la transformation doit d'abord avoir lieu à vos propres yeux. C'est parce que la timidité est réellement une qualité à vos yeux qu'elle peut le devenir aux yeux de votre entourage.

Le fait d'être authentique est plus subtil qu'il n'y paraît. Cela demande une grande introspection et une sincérité pour soi-même. Vous seul savez lorsque vous êtes vrai et lorsque vous composez. Pour le savoir, à la fin de la journée, posez votre main sur le cœur et interrogez-vous : « *Dans cette situation, ai-je été sincère ? Ou ai-je cherché à séduire, à donner bonne impression ? Suis-je au service du meilleur de moi-même ? Ai-je agi ainsi par peur ou pour incarner la partie la plus lumineuse de mon être ?* » La réponse s'imposera d'elle-même, car la vérité nous apparaît toujours dès lors que nous posons notre main sur le cœur à l'abri des regards. Interrogez-vous plus en profondeur : l'authenticité ne manquera pas de transparaître dans votre réponse. Quoi qu'il en soit, accueillez-vous là où vous êtes.

CHAPITRE XVI

TOUTE VÉRITÉ EST-ELLE BONNE À DIRE ?

« *Dois-je lui dire la vérité ?* » « *Est-ce utile de ressasser les vieilles histoires après tant d'années ?* » « *Comment lui avouer ce qui s'est vraiment passé ?* » « *Puis-je trahir ce secret de famille ?* » Combien de fois, dans l'intimité de mon cabinet, ai-je entendu des hommes et des femmes me confier leur histoire et me questionner pour savoir si parfois il n'est pas mieux de maintenir un pieux mensonge que d'avouer une vérité qui dérange.

Infidélités, tromperies, erreurs de parcours ; ces consultants viennent chercher du soutien en portant avec eux, comme on porte un fardeau, une histoire mal vécue, mal connue, mal dite.

Toutes les vérités sont-elles bonnes à dire ? Je ne peux répondre qu'avec toute la pudeur et la délicatesse qui sont de mise pour respecter l'intimité de ces histoires, déjà douloureuses dans leur silence. Viols, incestes, trahisons. Pour retrouver leur dignité et le fil de leur mémoire, les victimes réunissent des images du passé, parfois trente ans après, quand ce n'est pas au bout de trois générations, pour reconstituer un puzzle encore incohérent.

Parfois, c'est le consultant lui-même qui prône le déni de sa propre histoire. « *Qu'elle me trompe, je m'en doutais, mais j'aurais préféré ne pas le savoir, j'aurais préféré qu'elle ne me dise rien ; c'est trop douloureux !* » Cet aveu du refus d'entendre cache un autre refus plus profond encore. « *J'aurais préféré qu'elle ne me trompe pas ; j'aurais préféré qu'elle n'aime que moi.* » « *J'aurais préféré être un enfant choisi.* »

« *J'aurais voulu que la vérité soit autre !* » C'est un refus de la réalité, telle qu'elle est, qui anime ces êtres déchirés. Et je les comprends. Comment peuvent-ils entendre qu'on ne se guérit de ses blessures que lorsqu'on les transforme, alors que leur plaie est encore à vif ? Comment évoquer le pardon ? Comment reconnaître que la douleur est précieuse dans le processus alchimique de transformation de l'être, alors qu'ils n'arrivent ni à en comprendre l'origine ni à la supporter ? Comment leur parler de résilience, d'alchimie, alors qu'ils n'ont pas une vue complète de cette histoire de plomb qu'ils pourront transformer demain en or ?

On ne rencontre la grandeur de sa légende personnelle qu'après avoir transcendé le sentiment d'injustice de son histoire ordinaire.

Tant que l'individu se débat dans l'incompréhension et la révolte des événements qui ont ponctué son existence, il ne peut accéder à la dimension sacrée de son histoire. Il n'en voit que la petitesse. Il doit prendre de la hauteur.

Le paradoxe est là ; pour prendre de la hauteur, ce n'est pas un mouvement de recul que la personne qui consulte doit imprimer, mais un saut en avant, une immersion dans les profondeurs de son puits intérieur ! La dimension sacrée de l'existence n'est pas située que dans le ciel, c'est un diamant qui brille dans les entrailles de la Terre et trouvera son éclat par la lumière de la parole.

Le sujet a besoin de plonger dans son passé, d'en comprendre les ressorts, les paradoxes, jusqu'à sentir qu'il s'en détache et s'élève. Il se relie alors à la grandeur de son âme et redécouvre son histoire, avec le détachement et l'intensité de l'acteur. Il plonge dans la tragédie, la comédie, considérant enfin sa vie comme un grand théâtre. Quels qu'aient été les événements douloureux de son existence, il a le recul d'en voir la justesse. Retrouver la beauté de son histoire demande d'y plonger intensément et de la contempler avec beaucoup de recul. La beauté naît de ce regard sur la vie.

LE *JE* DE LA VÉRITÉ

Toute forme de travail thérapeutique s'épanouit dans le sens de la vérité et non dans celui de l'évitement. La parole guérit, jamais le déni. On ne peut pardonner que ce qu'on a identifié. On ne peut passer l'éponge sans savoir quel est le montant de la dette qu'on efface.

Prendre de la hauteur ! Cette perspective semble inaccessible à celui qui ne connaît son histoire que partiellement, à celui qui n'a pas entendu la parole bienveillante qui met en verbe l'intégralité de son récit. Pour retrouver sa vérité lorsqu'il y a eu secrets de famille et non-dits, il est parfois utile d'interroger nos parents, nos frères et sœurs, ceux qui se sont rendus complices du silence. Rencontre qui peut s'avérer délicate.

Car ceux qui mentent ne le font pas par plaisir. Les parents qui n'ont pas dit, les aïeux qui ont enterré vivants les pans de l'histoire l'ont toujours fait en se cachant, à contrecœur et sans le moindre sentiment de dignité. On cache la vérité parce qu'on ne sait pas trouver les mots, parce qu'on a peur de blesser, parce qu'on redoute la réaction de l'intéressé. C'est la plus humaine des lâchetés que celle qui encourage à fermer les yeux sur la douleur de l'histoire, pour tous ceux qui n'ont pas osé parler et qui n'ont pas su dire.

NOTRE CORPS SAVAIT DÉJÀ

Daniel vient me consulter un matin de janvier. Il porte une tristesse que rien ne semble expliquer. Cet homme de 51 ans me dit n'avoir aucun problème particulier dans son couple, il est papa de jumeaux, il exerce un métier qu'il a choisi. Pourtant, Daniel n'est pas souriant, il n'exprime ni passion ni enthousiasme, comme s'il ne s'autorisait pas à être heureux ; au nom de quoi ? Pour être fidèle à quelle croyance, à quel événement ?

« *J'ai l'impression qu'on m'a coupé les ailes,* soupire-t-il entre deux phrases de son récit. *Mais je ne sais plus à quand ça remonte.* » J'ai immédiatement une intuition en entendant cette image qui sonne trop parfaitement : « Les ailes qui lui ont été coupées ne seraient-elles pas les deux L manquants au féminin de son prénom ? »

Je garde pour moi mon intuition et l'interroge sur les conditions de sa naissance. Je suis curieux. Qu'en est-il de sa lignée ; que lui a-t-on dit ? Ses parents l'attendaient-ils ? La grossesse était-elle prévue ? Les parents souhaitaient-ils un garçon, une fille ? Je l'encourage à parler à sa maman, à recueillir auprès d'elle les éléments manquants à son histoire, ce qu'il fait dès le lendemain.

La version d'une mère déçue qui attendait une fille est rapidement confirmée. L'intuition se précise dès la deuxième séance : « *J'ai parlé avec ma mère, elle m'a dit qu'en effet elle était persuadée que je serais une fille ; elle se faisait une joie de m'appeler Danielle en hommage à sa propre grand-mère. Elle n'a pas connu son père et les hommes n'ont pas le beau rôle dans mon histoire. C'est un garçon qu'elle a eu. Elle était très déçue et ne souhaitait pas changer de prénom. On coupa deux LL à Danielle, pour qu'il devienne Daniel.* » De cet aveu, Daniel est soulagé. Mais pas suffisamment encore pour qu'il se sente libre. Je sens encore une tristesse. Je perçois comme une présence autour de lui ; celle d'un défunt ? Je l'interroge : « *Connaissez-vous les événements qui vous ont précédé ? Votre maman a-t-elle vécu un avortement avant votre naissance, une fausse couche ?* » Pas à sa connaissance, me dit-il. Intrigué, il repart interroger sa mère, agacée que l'on vienne remuer les vieilles histoires cinquante ans après, et dans quel but ? Mais Daniel est triste et veut remonter le fil de son chagrin.

Ce n'est qu'après le cinquième rendez-vous et après l'avoir interrogée une troisième fois que Daniel apprend de sa maman cet événement marquant : avant sa naissance, elle a perdu un enfant au cinquième mois, une petite fille. Cinq mois d'une grossesse difficile avant que le bébé (qui se serait appelé Danielle ?) ne s'envole avec les anges. Histoire tragique, sur laquelle les parents ont préféré poser un couvercle de silence, priant pour que le temps fasse son œuvre.

Mais la mémoire est là, impassible ; le temps érode plus facilement le granit des falaises qu'elle n'efface les souvenirs familiaux. Les cellules sont vivantes et transmettent les informations d'une génération à l'autre. Trois mois après notre rencontre, Daniel réunit son histoire, comme on rassemble les pièces d'un puzzle. Au-delà de la douleur, cette enquête le passionne et il retrouve progressivement goût à la vie.

Après l'épisode de cette grossesse interrompue, ses parents ont attendu deux ans avant de le concevoir. Ils n'ont jamais voulu lui en parler. À quoi bon. Une histoire à peine commencée, un bébé à peine formé qu'on s'empresse d'oublier.

Daniel porte en lui les projections de ses parents et la tristesse de la famille. Comment s'autoriser à être heureux sans éprouver de culpabilité après ce qui est arrivé à cette sœur ?

L'histoire de Daniel est un classique du genre. Pourtant, dans ce cas, s'il y a une victime, il n'y a pas de bourreau. « *C'est la faute à pas de chance, c'est le destin !* » peut-on encore se lamenter en fermant des yeux mouillés. Que dire alors de toutes ces histoires familiales où c'est un adulte qui a déchiré le cours de la sérénité ? Toutes ces histoires douloureuses qui ont été cachées pour ne pas remuer la souffrance, ou pour ne pas ternir l'image de la famille. Un frère dont on enterre le suicide, un père dont on couvre les actes incestueux, un grand-père dont on camoufle les dérives.

Tant de drames, de départs violents, de secrets de famille ont été étouffés, empreints de honte, de tristesse ou d'impuissance. Les parents n'ont pas osé en parler ou n'ont pas su dire une histoire que pourtant l'enfant savait.

Car le corps sait. Dans le ventre de sa maman, les cellules sont porteuses d'information et s'activent, comme s'activent entre elles les abeilles pour consolider la ruche.

Si Daniel sentait, c'est parce que tout son corps savait, bien qu'aucun mot ne fût prononcé. C'est de ce décalage entre ce que son corps savait et ce que sa raison ignorait que naissait sa tristesse.

La douleur n'est pas proportionnelle à la gravité des actes, mais à la densité du non-dit qui l'accompagne. Certaines familles ont traversé des drames qui se sont apaisés dans l'échange et la parole plus facilement que d'autres qui ont tu avec acharnement des actes mineurs. C'est ce verbe réprimé, ce flot interrompu de la parole, qui alourdit la descendance.

Dans les familles, il n'est pas rare que le chantage et la culpabilisation écrasent le silence. « *Tu veux en parler à ta mère !* menaçait le papa de Virginie à sa fille. *Tu sais, elle a déjà fait un malaise il y a deux mois en apprenant l'accident de Sébastien ; je ne sais pas si c'est une bonne idée de lui annoncer ta séparation, elle risque de faire une attaque, ça la ferait mourir... Enfin... Fais comme tu le sens...* » Comble de la manipulation ; après quelques hésitations pourtant, Virginie, rejetant les conseils de son père, choisit la carte de la franchise. Elle pousse la porte de la chambre en portant le thé à sa mère. « *Maman, j'ai besoin de parler avec toi.* » Cinq minutes d'une conversation entre femmes ont suffi à Virginie pour se libérer de ce poids. « *Je m'en doutais, je ne vous trouvais finalement pas très assortis,* répondit la mère à peine surprise. *Si ça ne tenait qu'à moi, il y a longtemps que j'aurais quitté ton père moi aussi, mais pour la famille ça serait un trop grand choc... à nos âges. Surtout, ne lui en parle pas... Il ne le supporterait pas.* » La structure familiale nous fait souvent signer des pactes de fidélité ; pour être fidèle à ses parents, on perpétue soi-même un non-dit.

LE SILENCE DE LA PEUR

Je me rends régulièrement en Martinique, où j'accompagne des hommes et des femmes qui désirent se réapproprier leur histoire afin de retrouver estime et confiance en eux.

De tous les endroits où j'ai recueilli les récits en consultation, c'est certainement sur cette île isolée dans l'océan que j'ai entendu les plus sourdes histoires de silence.

La Martinique, comme beaucoup d'îles des Caraïbes, porte en elle la mémoire de l'esclavage, des rapports douloureux entre Noirs et colons. Elle porte le souvenir des abus des uns sur les autres, des persécutions, des viols répétés. Aujourd'hui, les enfants des esclaves et ceux des colons se côtoient quotidiennement. Le pourcentage de viols et d'abus sexuels à l'intérieur de la famille dépasse de loin ce que j'ai pu entendre ailleurs.

Le contexte est tel que la vérité a été cachée ; le mensonge a été entretenu pour préserver une image rassurante à la face de la société, alors que les coulisses abritent des blessures profondes. Pourtant, dans une communauté où tout finit par se savoir et où chacun est attentif à la réputation de sa famille autant qu'à celle de ses voisins, il a fallu bien des efforts pour garder bonne figure, pour cacher la honte. Il a fallu se taire et enterrer les mots dans le silence de la terre. On règle ses comptes autrement, et c'est le *guimbois*, sorcier dont il faut taire jusqu'à l'existence, qui se charge de jeter des sorts, de faire justice à celui qui a osé parler. Il venge les blessures dans le silence de la nuit.

Parfois, c'est pour ne pas ternir l'image de la famille ; parfois, c'est pour préserver les protagonistes que le silence a été muré. Parfois, les protagonistes étaient prêts à parler, mais n'ont pas su trouver les mots. Le silence a été nourri d'avoir eu peur de choquer, de faire mal.

Mais la vérité refait toujours surface. C'est, selon moi, ce qui arrive actuellement sur cette île où les histoires, par bribes, émergent, des années après. Il faut alors recomposer, réparer, retrouver les mots justes pour oser parler et savoir dire. C'est ce travail de mémoire, de réconciliation, de pardon que beaucoup de Martiniquais entreprennent, avec un courage et une sincérité qui forcent mon admiration.

Parfois, la recherche de la vérité est un tel moteur qu'elle va jusqu'à redessiner la carte de celui à qui on a menti.

FAIRE PARLER LE SILENCE

Marie-Thérèse a quitté l'île des tropiques où elle est née, pour retrouver ce père qui l'aurait abandonnée alors qu'elle avait deux ans. Elle prend un billet pour Édimbourg en Écosse, où cet homme est censé vivre. Marie-Thérèse ne peut pas croire qu'il l'ait abandonnée. Cette version des faits, donnée par sa mère, ne correspond pas à son intuition profonde. Cet homme n'aurait pas abandonné femme et enfant pour retrouver une maîtresse sur le continent.

Elle est prête, des années après, à traverser l'océan pour se rendre dans un pays dont elle ne sait rien, pour retrouver la vérité et faire parler des mots trop longtemps tus.

En Martinique toujours, Josépha harcèle ses parents pour connaître la vérité, 35 ans après les faits. Josépha a raté sa vie amoureuse : peur de s'engager avec les hommes, peur d'une trop grande intimité, peur de s'abandonner. Les rapports sexuels lui ont toujours fait mal. Elle vivait cette intimité avec ses compagnons comme une intrusion. Chaque pénétration, même avec les hommes doux qu'elle attirait peu, se soldait par une infection urinaire ou des mycoses. Et puis ce rêve répétitif, un cauchemar plutôt, où elle se revoit dans une baignoire en présence d'un homme qui se transforme en pieuvre.

Que s'est-il passé ? J'accompagne le retour en arrière de Josépha dans les marécages de sa mémoire. Quelqu'un aurait-il abusé d'elle ? Et dans quelles circonstances ? C'est sa maman qui finit par vendre la mèche. « *Ton oncle, le frère de ton père... Il était très proche... Comment dire... On l'avait retrouvé te caressant dans ton bain alors que tu avais 4 ans. Il a peut-être été plus loin quelques fois. Il vivait avec nous et c'est lui qui te gardait lorsque nous travaillions. Tu t'étais remise ensuite à faire pipi au lit. On aurait voulu lui dire d'arrêter, mais avec quels mots ? Quand tu es devenue femme, j'ai pensé te le dire, mais à quoi bon ressasser les mauvais souvenirs ; ton père me disait que ce n'était pas si grave.* » Cette histoire n'a jamais été oubliée par le corps de Josépha. Seuls les mots manquaient. Ce n'est que la vérité associée à un rituel de réparation qui a permis à cette femme de se pardonner à elle-même de n'avoir pas su se défendre quand elle était enfant. Aujourd'hui, elle a adouci le regard qu'elle porte sur elle et peut enfin tourner la page.

Doit-on tout dire ? Souvent les histoires sont douloureuses et le silence apparaît comme la réponse la plus adaptée à une situation délicate pour ne pas blesser le protagoniste ou l'entourage. Le silence peut, à court terme, éviter de faire souffrir, de blesser l'amour-propre ou de heurter des certitudes. Mais, si ce n'est des situations anecdotiques ne portant pas à conséquence, je n'ai jamais connu de situation où le fait de cacher la vérité apportait la guérison de l'âme à long terme.

Dans ces situations douloureuses, oser parler et savoir dire permet d'apporter un baume au cœur de celui qui a vécu l'injustice, l'inconfort, la trahison.

Où trouver les mots justes? Comment dépasser soi-même sa propre gêne, comment être sûr qu'il ne vaut pas mieux se taire?

LES MOTS ONT UNE HISTOIRE

Moana est grand reporter. Guerres, génocides, elle couvre les événements les plus terribles de la planète, puis cherche les mots justes pour les annoncer au micro. D'où lui vient la vocation, cette envie irrépressible d'annoncer les drames? Lorsqu'elle vient me consulter, elle est épuisée par ses aller-retour entre Bagdad et Téhéran. En rédigeant ses dépêches, elle a l'impression de courir après une vérité plus profonde encore que celle qui lui fait parcourir le globe à la recherche de catastrophes.

Retour à l'enfance, introspection, décodage des souvenirs avec courage et lucidité jusqu'à un matin d'hiver où un événement jaillit. Le jour où ses parents lui annoncent leur divorce, brutalement, maladroitement, sans prendre le temps d'écouter la réaction, d'accompagner la parole du silence nécessaire pour être accueillie. Ce n'était pas tant le divorce que la façon brutale dont il avait été annoncé qui avait marqué la fillette.

Aucun signe avant-coureur. Ce silence avait dû masquer bien des crises du couple pour préserver les enfants. Il y avait l'histoire officielle que les parents présentaient en public, et celle qui se jouait dans l'alcôve. Moana a l'impression d'être passée à côté de quelque chose. Les dix premières années de son existence ont-elles été à ce point décalées de la vérité pour que derrière la palissade des apparences elle n'ait rien vu venir? Ses parents n'ont pas su annoncer ce drame. Comment annoncer un drame? C'est cette question que se posera la petite Moana jusqu'à en faire une vocation ; ce goût de trouver les mots justes sur les événements les plus dramatiques animera sa carrière. Elle y sacrifiera sa vie de famille, sa vie sentimentale jusqu'à ce qu'elle retrouve les mots de son histoire et ralentisse son rythme pour s'occuper enfin d'elle. Lorsqu'elle se réapproprie toutes les pièces de son histoire, Moana s'apaise enfin et retrouve la beauté de sa légende personnelle.

LES MOTS JUSTES EN TEMPS DE CRISE

Comment trouver les mots justes ? Comment savoir dire la vérité, alors que nous sommes nous-mêmes si inquiets quant à la réaction de l'autre ? « *Et s'il ne fallait rien lui dire ? Va-t-il seulement supporter ? N'est-ce pas mieux dans son intérêt de mentir ?* » se demande-t-on au moment d'affronter la vérité. Les mots deviennent plus hésitants. Ludovic trompe allègrement sa femme, Ludivine. Elle n'en sait rien ou n'en veut rien savoir. Il multiplie les rendez-vous secrets déguisés en dîners d'affaires. La sonnerie des SMS le fait frémir lorsqu'il est avec elle. Il pense à sa maîtresse lorsqu'il s'endort dans la chambre conjugale, où ils ne font plus l'amour depuis longtemps. Il retrouve en rêve les nuits torrides extraconjugales. La distance entre les époux s'accentue de jour en jour ; la relation n'a plus de sens. Plus de tendresse, plus de mots. Mais Ludovic n'envisage pas pour autant de quitter sa femme. Que dirait l'entourage si on apprenait que cet avocat connu dans cette ville de province s'est fait la belle avec une jeune femme de vingt ans de moins que lui. « *Trahison ! Cet honnête notable était en fait un homme lâche, un père indigne abandonnant trois enfants et une pauvre femme !* » fanfaronnerait la rumeur. Et que dirait sa clientèle ? Ludovic ne sait pas plus parler qu'il ne sait désormais se taire. « *N'est-ce pas mieux d'entretenir un pieux mensonge ?* » se répète-t-il pour se persuader.

La distance se creuse de jour en jour, la communication entre le mari et sa femme devient télégraphique ; il a l'impression de vivre avec une inconnue. La culpabilité de cet homme s'accentue encore lorsque sa femme apprend qu'elle a un cancer du sein, *une difficulté à se positionner et à vivre pleinement sa féminité*, lit-elle dans un livre conseillé par une amie sur le décodage biologique des maladies, livre qu'elle ferme en soupirant. L'issue se rapproche.

Si Ludovic résiste encore à l'envie de dire, son inconscient, lui, n'en peut plus et laisse traîner dans la même semaine assez d'indices pour que la vérité éclate au grand jour. Préservatifs dans une poche du costume qu'il demande à sa femme de déposer au nettoyage, billet doux dans l'autre. La séparation est devenue inéluctable. Le couple se sépare dans la violence. La sensation de trahison vire au règlement de comptes.

« *Ce n'est pas tant que tu me trompes !* s'époumone Ludivine. *C'est que tu as pu me mentir si longtemps ! Je ne le supporte pas.* »

Ludovic n'est pas un homme mauvais, il a eu peur de dire, d'affronter une vérité qu'il n'assumait pas. Peur d'être associé au clan de ces « *salauds qui trompent leur femme avec une jeunette* ». Ludovic a eu peur des conséquences. Il a surtout eu peur de lui, de cette part de lui qu'il n'a jamais pu rencontrer autrement que dans le silence de la tromperie.

Ludivine, elle, ne se remet pas en question une seule seconde. Elle incarne tristement le rôle de la victime de ce vaudeville contemporain. À aucun moment elle ne se demande pourquoi elle n'a rien vu, rien senti, rien dit, de ce fossé qui se creusait entre eux. « *Je restais avec lui par amour* », croyait-elle. Elle est surtout restée par manque d'amour d'elle-même.

Il lui faudra trois mois de dépression, six mois de thérapie, une rencontre avec un homme jeune et amoureux pour accepter, elle aussi, le droit à l'amour et au bonheur. Puis suivent cinq années de recul après le divorce pour que Ludivine réalise qu'il n'y a pas eu de mensonge ; mais des milliers de fois où mari et femme se sont parlé, machinalement, sans s'écouter, sans se comprendre, sans s'apprendre et s'en sont contentés d'un commun accord. Ils n'étaient plus heureux ni l'un ni l'autre et ne l'ont pas dit. Ils n'ont pas osé, pas su. Elle réalise combien ils se sont empêtrés dans le mensonge et jure à son nouvel amant, qui l'emmène en week-end à la mer, de toujours parler et toujours se dire.

CES DAMNÉS MOTS D'AMOUR

Les révélations d'adultère sont parfois aussi théâtrales que le mensonge a duré. Chez les Cacellito, le fossé entre les époux s'est creusé profondément. Alban entretient, lui aussi, une relation avec une maîtresse plus jeune que sa femme, l'officielle, qu'il délaisse depuis des années. Alban est un riche entrepreneur qui mène une double vie.

C'est animé par la charité autant que par la culpabilité et dans une magistrale scène de séduction qu'il décide d'offrir, un jour, un appartement à sa maîtresse. Cadeau pratique pour tenir la jeune femme sous sa coupe et la retrouver pour leurs parties intimes. Le tout avec la complicité du notaire, notaire qui demande à son clerc d'appeler le mari pour confirmer le rendez-vous. Le clerc téléphone pour programmer la signature du compromis de vente. *Compromis de vente de quoi ?* demande la femme naïve qui prend le message en l'absence du mari. Le pot aux roses est découvert. Le divorce sera prononcé dans la même année. La femme trahie ne comprend pas que le mensonge ait pu aller aussi loin.

La communication conjugale est un lien entre deux protagonistes. Il n'y a de victime dans une histoire de couple que celui qui refuse consciemment ou inconsciemment de regarder en face la vérité de la relation. Le mensonge parfois est arrangeant pour chacun. Pour qu'il y ait mensonge, il faut un menteur et une personne qui refuse de voir la vérité. On ne peut mentir à celui qui ne se ment pas à lui-même.

La relation amoureuse est la voie royale pour découvrir pleinement qui nous sommes, pourvu que nous prenions le chemin d'une communication authentique, avec soi et avec l'autre.

Pour celui qui sait écouter ses besoins fondamentaux et qui prend le risque de parler et de faire des demandes, il n'y a pas de mensonge, juste des réajustements.

Combien de couples découvrent en se séparant le « vrai visage » de l'autre, cet autre qui hier était attentionné, tendre et romantique, capable aujourd'hui des pires perversités ! Il n'y a pas plus de vrai visage chez une personne qu'il n'y en a de faux. Il y a une complexité chez chacun, que nous pouvons découvrir jour après jour pourvu que nous fassions le choix de la vérité et du partage du verbe authentique dans le couple. Découvrir l'autre dans sa complexité et se révéler soi-même demande du temps, du courage et de la curiosité. C'est le sens des relations profondes qui portent toujours leurs fruits aux hommes et aux femmes qui s'engagent sur ce chemin.

Oser parler, oui, mais comment savoir dire ? Oser parler est l'acte préliminaire au fait de savoir dire. C'est de l'élan de dire la vérité que viennent les mots justes, les mots du cœur qui apaisent, qui réconfortent.

Le fait d'oser parler entretient la qualité de la relation. Dès lors que vous faites un premier pas vers la vérité, celle-ci gagne en clarté. Laissez les mots venir d'eux-mêmes. La vérité et l'ouverture du cœur comblent la maladresse et aident à trouver les mots justes dans les situations sensibles. L'authenticité renforce toujours l'intimité. Dès lors que l'intention est sincère, la vie nous souffle toujours les mots qui doivent être dits.

Au moment de parler, appuyez-vous sur les cinq actions majeures : l'ancrage, la circulation du khi dans la colonne, la respiration profonde, la clarté du regard et l'intention positive. Appuyez-vous sur l'intention de vérité, de transparence et de bienveillance. Vous trouverez alors les mots justes pour dire avec sincérité la vérité que l'autre sait déjà.

CHAPITRE XVII

LES MOTS DE LA PAROLE

« *J'aimerais savoir parler avec aisance* », « *Je cherche mes mots* », « *Je ne sais pas répondre du tac au tac, je n'ai pas la répartie qu'il faut* ». Si nous sommes le metteur en scène de notre existence, nous en sommes aussi l'auteur. Nous rédigeons notre récit en fonction de notre style. Chacun a une façon qui lui est propre de mettre en verbe son histoire.

Roméo aime Julien et Julien aime Roméo. Tous les deux sont amoureux d'un amour sincère et prévoient de vivre ensemble. Les parents de Roméo sont ouverts à la relation entre les deux garçons et sont prêts à cautionner l'idylle. Les parents de Julien en revanche sont très prudes et ne peuvent concevoir l'homosexualité au sein de leur famille.

Les mots de cette histoire banale ne seront pas les mêmes dans une pièce de Feydeau, une tragédie de Racine ou un slam d'Abd Al Malik. Chez Feydeau, il sera question de quiproquos et de malentendus, d'une gouvernante naïve qui vient servir et desservir le thé entre chaque réplique, et interrompt les protagonistes pour prévenir que le majordome n'est pas parvenu à réparer la gazinière et que le repas sera retardé. Racine évoquera la colère des dieux, la trahison d'un fils que la Grèce entière regarde, le courroux d'un père exposé désormais à la révolte de son peuple. Abd Al Malik, quant à lui, fera rimer non-lieu et banlieue, son mec et La Mecque, espoir et trottoir, pour donner à cette complainte un air de ghetto.

N'ayant ni le style de Racine ni celui de Feydeau ou de Malik, le jeune Julien, lui, se demande toujours où trouver les mots pour annoncer sa relation à ses parents.

Si les mots sont différents en fonction des protagonistes, les sentiments sont-ils toujours les mêmes en fonction de l'auteur qui en fait le récit ? L'amour, la trahison, la jalousie ont-ils la même signification pour Racine, Feydeau, Malik et Julien ? Ont-ils le même goût pour les héros de l'histoire, la même intensité ? Ces sentiments sont-ils plus difficiles à vivre pour les protagonistes si l'auteur les traite sous forme de tragédie ? Le sentiment de trahison du père est-il plus fort chez Racine que chez Feydeau ? Ces sentiments existaient-ils seulement avant d'être prononcés ? Le fait de les nommer renforce-t-il leur densité ?

Sur scène comme dans la vie, chaque auteur choisit les mots de sa propre histoire. Vous-même, au moment où vous vous racontez, vous colorez vos émotions en choisissant vos mots pour les décrire. Vous dramatisez, relativisez, minimisez, et écrivez ainsi les mots et sensations de votre récit à partir de votre propre sensibilité qui est unique.

J'ai souvenir de cette femme, croisée dans un magasin, commentant à une voisine : « *C'est l'enfer ! Comprends-tu… L'enfer !* » Elle décrivait la situation en suffoquant presque, tant l'émotion semblait l'envahir. « *C'est dramatique de voir ça.* » Le drame en question concernait la durée des files d'attente et le fait que les caissières étaient peu nombreuses, compte tenu de la forte affluence, événement que, pour ma part, j'avais à peine relevé. Lorsque nous utilisons des mots si forts pour raconter les événements de notre quotidien, ne risque-t-on pas de banaliser les événements tragiques qui ponctuent parfois une existence, lorsque ceux-ci se présentent ?

À l'inverse, ce chef d'entreprise m'appelant un matin à 7 h pour prendre rendez-vous si possible le jour même. « *Je souhaitais vous voir pour une circonstance d'ordre… comment dire… plus personnel. Je regrette de vous prévenir si tôt, mais l'impondérable dont j'aimerais vous parler était imprévu. J'aurais peur que cela atteigne la sphère, comment dire… émotionnelle. Vous comprenez ?* » Je ne comprenais pas et il fallut encore plusieurs phrases pour qu'il me confie que l'impondérable en question concernait le départ de sa femme. Celle-ci s'était fait la belle, avec pertes et fracas au milieu de la nuit, à bout de nerfs de vivre avec un homme qui ne montrait rien de ses sentiments. Au cœur du cyclone, cet homme me parlait encore de lui, de son image, sans montrer la moindre affection émotionnelle.

Est-ce la nature de l'événement ou les mots que nous choisissons pour le décrire qui créent l'intensité émotionnelle, qui en font un drame ?

Qualifier un événement de drame intensifie son impact émotionnel. Vous écrivez votre histoire à partir des mots que vous choisissez pour vous exprimer. « *Je suis nul !* » s'exclama cet enfant lors d'un atelier de communication que j'animais. « *Non, tu n'es pas nul, Fabien, tu n'as juste pas appliqué les consignes de l'exercice ; ça n'enlève rien à ta valeur* », précisai-je. Toutes ces paroles, prononcées à la volée, à mi-mots, à la cantonade s'écrivent sur le grand parchemin de votre existence ; celui auquel vous ferez référence pour savoir qui vous êtes, pour parler de vous. À partir des mots que vous choisissez, vous créez votre drame, votre tragédie, votre comédie ou votre pièce de boulevard. Vous choisissez son intensité, sa profondeur, sa légèreté en fonction de l'histoire personnelle qui y fait référence.

LES MOTS DE LA DÉSILLUSION

« *Ce type m'a encore enfumée,* vocifère Bérangère à son amie. *Il m'a joué une sérénade à deux balles dans une pizzéria minable, mais, c'était clair, il ne pensait qu'à me culbuter. Il m'a emmenée chez lui, ça a été un fiasco. Les mecs rencontrés sur Internet sont vraiment des pervers ou des losers ! Ça fait quatre ans que je pianote sur Meetic, je commence à en connaître un rayon ! Aujourd'hui, il n'y a plus de mecs honnêtes sur les sites de rencontre. Soit ils te jouent du violon, soit ils jouent la victime et te font croire qu'ils sont sur le point de se séparer de leur femme.* » « *Et les autres ?* » se renseigne Sandrine. « *Les mecs bien qui restent ont quelque chose à cacher ; sinon, que feraient-ils sur Internet...* », renchérit Bérangère. « *C'est pas la même chose dans la vraie vie ?* » demande naïvement Sandrine. « *C'est pareil* », conclut Bérangère en tirant une bouffée sur sa cigarette. « *Je crois que je vais finir nonne au couvent, lesbienne, ou carrément me faire payer* », ironise-t-elle, amère, sans prendre conscience que le monde qu'elle décrit est son monde intérieur.

Le monde ne manque pas de merveille, mais d'émerveillement. Notre regard parle de nous. Nous vivons tous des événements identiques, mais nous les colorons chacun de mots différents. Nous décrivons la réalité telle que nous la voyons et créons notre propre réalité à partir des mots que nous formulons.

LES MOTS DE NOTRE UNIVERS INTÉRIEUR

Lorsque je parle d'engagement, je ne peux faire référence qu'aux fois où moi-même je me suis engagé. Mais cet engagement n'a pas été aussi agréable ou pénible, confrontant ou naturel, pour moi que pour vous. Chacun entend donc ce mot « engagement » vibrer différemment à partir de son histoire. « Engagement » peut signifier *sécurité* pour l'un, *emprisonnement* pour l'autre.

Quand, dans un couple, un compagnon demande à l'autre de s'engager, d'être fidèle, de l'aimer, ce sont des pans entiers de son histoire qu'il fait vibrer. Cette histoire entre en résonance avec l'histoire de l'autre, ou pas. D'où la nécessité de toujours vérifier ce que l'autre entend dans le terme que nous utilisons.

« *Tu m'as abandonné !* » se plaint l'homme qui a attendu sa femme toute la soirée, imaginant le pire. « *Je ne t'ai pas abandonné, on est juste sorties entre filles. Mais peut-être l'as-tu vécu comme un abandon.* » Le sentiment de trahison, de rejet, d'abandon est différent pour chacun.

Nous avons chacun une carte du monde différente. La carte du monde n'est pas le monde. C'est un repère, élaboré à partir de nos expériences, qui nous permet de nous y retrouver sur un territoire commun, où chacun évolue avec des cartes différentes. La carte est une boussole interne qui nous guide. Elle n'a rien de réel. Il y a violence dans une relation dès lors que l'un veut imposer sa carte à l'autre.

Nous ne mettons pas chacun les mêmes souvenirs, les mêmes intentions derrière des mots comme *sincérité, peur, respect, sexualité*. Chacun entend ces termes à partir de sa propre histoire. Communiquer, c'est mettre en commun la différence de perception de chacun autour d'un partage des mots.

Cela implique une introspection, une écoute de votre corps et de la sensibilité qui est la vôtre pour exprimer ce que vous ressentez et la façon toute personnelle dont vous colorez chaque mot. Cette introspection passe par une écoute attentive et sincère, et par la prise de risque de parler de vous à la première personne du singulier.

Vous communiquez dès que vous prenez le soin de parler de vous, de vos sentiments, de votre ressenti, de votre expérience et de cette façon unique dont vous percevez la réalité. Cette façon de faire est bien plus respectueuse que le fait d'imposer votre carte au moyen de généralités décrétées comme des commandements : « *Si tu m'aimes, tu devrais au moins t'inquiéter pour moi et m'appeler quand tu es arrivé !* », « *Quand on est amoureux, on ne se permet pas d'agir comme tu l'as fait* », « *Respecter l'autre, c'est sortir de la pièce quand il est au téléphone* », « *Tu aurais pu au moins te demander si j'avais dîné, avant de te jeter sur le frigo comme un goinfre* », « *Tu aurais pu penser que… Tu aurais dû sentir que…* ». Toutes ces croyances personnelles assénées comme des vérités universelles, ces commandements sur ce que l'autre aurait dû faire, dire ou ressentir sont à la source de tous les désaccords dans la relation.

Reformuler à partir de votre sensibilité permet de communiquer de façon non violente : « *Je me sens loin de toi quand tu ne m'appelles pas en arrivant* », « *J'ai été blessé de tes agissements* », « *J'ai besoin d'intimité lorsque je téléphone ; es-tu d'accord pour sortir de la pièce le temps de la conversation ?* », « *Je suis déçue, je me faisais une telle fête de dîner avec toi* ».

Communiquer, c'est prendre le risque de parler de vous et non de l'autre. C'est peine perdue que de vouloir imposer son point de vue comme étant le seul possible. Imposer à l'autre ce qu'il aurait dû penser, aurait dû sentir. En revanche, si votre parole parle de vous, de votre expérience passée et de son influence sur votre présent, si votre parole s'appuie sur votre propre vibration, alors la cohabitation avec d'autres vibrations est possible.

SAVOIR DIRE NON

Au moment de commencer ce paragraphe, je suis conscient de son importance, tant je rencontre quotidiennement des personnes qui ne savent pas dire non.

Cette difficulté à dire non concerne autant les situations anodines - invitation à dîner, film à choisir à la télévision - que celles demandant plus d'investissement - achat d'un appartement, choix d'un traitement thérapeutique, sexualité. C'est probablement sur cette dernière qu'existe le plus grand éventail de trahison de soi, tant la sexualité implique une écoute de soi et une écoute de l'autre. Vous arrive-t-il de vous dire non à vous pour dire oui à l'autre ? Parfois, l'un des partenaires accepte une situation où il ne se respecte pas lui-même, pour ne pas être rejeté de l'autre. La sexualité s'épanouit avec la communication.

Votre oui n'a de valeur que si vous savez dire non. Combien l'ont oublié qui vivent leur prise de décision comme un sacrifice, un déni de soi, une abnégation de leur sensibilité.

Savoir dire non ou réapprendre à dire non ? Chaque enfant, avant même de savoir le prononcer, est suffisamment à l'écoute de lui pour savoir si c'est oui ou si c'est non.

Un bébé est capable de recracher, de hurler ou de se rouler par terre pour refuser une cuiller d'épinard, si son non n'est pas respecté. Ce n'est qu'au fil des années qu'il perd ce contact intime avec lui, pour conserver l'affection de ses parents, pour appartenir à un groupe, pour séduire une personne.

Les parents sont là pour lui apprendre ce qu'il faut savoir, ce qu'il doit savoir, pour être bien élevé dans une société qu'il découvre. Plus tard, ce seront ses instituteurs, ses enseignants qui compléteront ses connaissances. Au fil des ans, l'enfant apprend à composer entre ce qu'il sait et ce qu'il sent, entre ce qu'il perçoit et ce qu'on lui suggère de ressentir. Entre les deux, le médiateur, c'est lui. « *Ça ne sent pas bon !* » dit l'enfant en arrivant chez ses grands-parents. « *Mais si, ça sent bon !* » rectifie le parent, plus préoccupé par la réaction de grand-maman que par l'apprentissage de la sensibilité de l'enfant.

Que dire alors de toutes ces phrases intrusives quant à ce qu'il serait convenu de ressentir : « *Tu devrais sentir que...* », « *Quand on vit une telle épreuve, on se sent obligatoirement déprimé* », « *Tu pourrais te sentir content de ce que je t'offre !* », « *Si tu es... tu dois ressentir que...* ».

Ces phrases, répétées souvent machinalement par des parents inconscients des répercussions possibles, ont contribué à nous faire perdre le contact avec nos propres ressources, qui nous permettent de savoir ce qui est bon pour nous. Car, pour savoir ce qui est bon pour vous, vous aurez besoin d'affiner l'écoute des vibrations de votre corps, qui lui sait et ne se trompe pas.

Cette écoute vous demande d'affiner votre perception, sans vous laisser influencer, avant de donner votre réponse. Kim l'a appris à ses dépens. Son compagnon voulait vivre l'expérience ; cela faisait des mois qu'il insistait auprès d'elle en lui disant que ça pimenterait leur sexualité. « *Un club échangiste ; il faut voir, si je ne suis pas obligée de participer.* » Cette réflexion de Kim avait suffi à Paul pour qu'il prenne cela comme un accord. Déjà il réservait la babysitteur, choisissait pour sa compagne une tenue sexy et nourrissait son imaginaire d'images fantasmatiques.

Le résultat fut un fiasco. Kim avait passé la soirée assise sur la moleskine, trop serrée dans sa robe de skaï, à regarder les couples se caresser. Paul, lui, cherchait en vain à nouer des contacts en épiant le regard de sa compagne.

« *Ce club est un endroit glauque, un gouffre de misère sexuelle ! Comment as-tu pu m'imposer ce spectacle !* » répétait Kim le dimanche matin, en pleine crise de couple. « *Il fallait me le dire clairement que tu ne voulais pas y aller ; je ne t'ai pas obligée !* » se justifia l'homme. « *Je te l'ai dit que je n'avais pas envie ! J'y suis allée pour te faire plaisir. Mais comme d'habitude, tu n'as rien écouté* », renchérit Kim. « *J'arrête là, sinon ça va encore être de ma faute si tu as passé une mauvaise soirée...* », conclut l'homme en s'échappant dans une série télé.

Paul a-t-il pris le soin de dire pourquoi cette soirée était importante pour lui ? A-t-il osé confier ce qui l'excitait dans ce projet ? A-t-il écouté le point de vue de sa compagne avant de les engager plus avant ? Elle-même, a-t-elle pris le soin de se positionner ? De dire clairement qu'elle ne souhaitait pas y aller, en prenant le risque de décevoir Paul ? L'un et l'autre n'ont pas osé parler et n'ont pas su dire. Ni avant, ni pendant, ni après.

« *Veux-tu venir déjeuner avec nous ?* » « *Es-tu d'accord pour garder Samuel ce week-end ?* » « *Nous pourrions nous retrouver pour Noël, ça serait une bonne idée !* » Avant de répondre à ces questions (qui ne sont pas toujours formulées comme des demandes), prenez le temps justement de reformuler l'allusion en demande précise : « *Qu'attends-tu de moi exactement ?* » « *Quelle est ta question ?* » Seulement quand vous avez compris la demande, prenez le temps de vous interroger. Descendez dans votre puits intérieur en suivant le fil de votre axe vertical. C'est une descente souvent longue qui demande une sincère introspection. Comme nous l'avons vu dans la croix du comportement, l'axe vertical correspond à votre lien avec vous. Dans cette introspection, soyez à l'écoute des signes que vous envoie votre corps. Sensations de détente, d'ouverture, de joie, d'expansion qui accompagnent une réponse intérieure positive ; sensation de fermeture au niveau du plexus, contraction des muscles et de la mâchoire qui accompagnent une réponse intérieure négative.

Dans un second temps, intéressez-vous à l'axe horizontal et à la relation à l'autre : conséquences d'un refus, importance que représente votre réponse pour celui qui vous fait la demande. L'écoute de votre axe vertical, toujours dans un premier temps, puis l'écoute de l'axe horizontal sont les étapes pour réajuster vos réponses et les transmettre posément. L'exercice suivant va vous permettre de mieux vous positionner dans l'affirmation de votre oui et de votre non.

EXERCICE : Sachez dire non

Pour affirmer votre non, je vous propose un premier recensement. Procurez-vous un petit carnet. Il va vous accompagner dans ce cheminement vers une affirmation plus fluide de vos préférences. Notez-y toutes les fois où vous avez dit oui, alors que c'était non. Il peut s'agir de situations anecdotiques comme d'événements pour lesquels votre réponse a été davantage animée par la peur de déplaire que par une écoute profonde de vos besoins. Rédigez vos phrases ainsi : « *Dans cette situation, j'ai dit oui, alors que c'était non.* » Accordez-vous vingt minutes pour rédiger sur ce carnet toutes ces trahisons d'avec vous-même ; depuis votre enfance jusqu'à ce jour.

Conservez ce carnet. Les jours suivants, consacrez cinq minutes par jour, pendant 21 jours, pour noter toutes les nouvelles situations pour lesquelles vous ne vous êtes pas suffisamment écouté. Le vingt et unième jour, relisez pour vous et à haute voix toutes ces phrases. Terminez cet exercice par cette déclaration : « *Désormais, je m'autorise à répondre aux sollicitations qui me sont faites en tenant compte de mes besoins. Je connais mes besoins fondamentaux, physiologiques, de sécurité, de reconnaissance et d'évolution mieux que personne, parce que mon corps les connaît. J'apprends à les affirmer en affinant l'écoute de mon corps. Je sais mieux que quiconque ce qui est bon pour moi. Je ne laisse plus personne interférer pour décider à ma place de ce que je dois penser, ressentir. Je fais confiance en mon intuition pour décider et choisir.* »

Au terme des 21 jours, vous pouvez, au choix, conserver ce carnet, le brûler où l'envoyer par la poste. Auquel cas, utilisez une enveloppe, timbrez-la, et écrivez à l'adresse du destinataire : *À tous ceux à qui j'ai dit oui, alors que c'était non.* Ce rituel psychomagique est une réparation en lui-même. Le fait de prendre conscience dans le présent des fois où vous ne vous êtes pas écouté va vous permettre de mieux vous positionner à l'avenir.

RÉPONDRE À UNE DEMANDE

Le fait de savoir dire non ne doit pas, pour autant, vous empêcher de dire oui lorsque cela s'avère juste pour vous. Répondre à une demande exige, pour que la réponse soit juste, que vous passiez par différentes étapes. Beaucoup ne s'attardent pas à ces étapes et prennent trop vite une décision qu'ils vont ensuite remettre en question.

C'est le cas de Sébastien, dont la fille de 17 ans le supplie de la laisser partir une semaine en auto-stop en Angleterre. « *C'est trop dangereux !* » répond le père prudent. Il ajoute : « *Il n'en est pas question, tu es trop jeune.* » « *Mais on fera attention, et puis, Clémentine, ses parents sont anglais, ils connaissent super bien l'Angleterre, ils la laissent voyager seule depuis qu'elle a 16 ans* », argumente avec force Juliette. « *Clémentine, ça la regarde, mais de mon côté, c'est non. Et puis, vous dormiriez où ?* » interroge le père. « *Justement, on y a pensé ! Clémentine a préparé un road-book, elle est très organisée, tu sais, sa mère est assistante de direction, alors, elle est habituée…* », développe Juliette qui sent qu'elle gagne du terrain. « *Ça me semble risqué ; deux filles seules… Vous n'êtes pas conscientes des dangers… Vous iriez comment ?* » dit encore le père, qui sent ses résistances lâcher. Un quart d'heure de négociations plus tard, le père, à contrecœur, accepte une décision en ayant la sensation d'avoir été manipulé. Juliette, elle, sait par expérience que, pour arracher un oui à son père, dix minutes est un minimum, quinze minutes pour les situations délicates, mais jamais plus de vingt, puisque de toute façon il ne sait pas dire non.

Pour éviter de vous retrouver dans la situation de Sébastien, voici les étapes à respecter pour répondre à une question :

- **Première étape : axe horizontal.** Lorsque votre interlocuteur vous interroge, prenez le temps nécessaire pour rassembler toutes les informations concernant sa demande. « *Combien de temps souhaitez-vous partir, comment souhaitez-vous voyager, quels sont vos points de chute ?* » À ce stade, reformulez la demande, en soignant la qualité du lien, mais en ne laissant rien présager quant à votre décision. Une personne n'est pas tant affectée par un refus que par le manque de considération qui accompagne la réponse.

- **Deuxième étape: axe vertical.** Laissez résonner cette demande en vous, pour sentir les vibrations internes que provoque cette éventualité. Si nécessaire, isolez-vous de façon à ne pas vous laisser influencer par la présence de l'autre qui vous interroge. Utilisez pour cela les cinq actions majeures: enracinement, colonne vertébrale, respiration, regard, intention. Sentez ce qui vous inquiète, vous rassurerait, vous interroge quant à la demande qui est formulée.
- **Troisième étape: axe horizontal.** Si vous ne disposez pas d'informations suffisantes pour prendre une décision, revenez à la relation. Posez des questions, faites préciser. Aucune décision n'est prise. Tachez de savoir aussi en quoi cette demande est importante pour celui qui vous la formule. Quels sont ses besoins?
- **Quatrième étape: axe vertical.** Laissez résonner à nouveau la demande en y intégrant les précisions recensées. Si vous avez suffisamment échangé et laissé résonner, une réponse s'impose en vous. Votre corps vous donne la réponse par une expansion ou une crispation.
- **Cinquième étape: axe horizontal.** Donnez votre réponse. Celle-ci doit être claire, précise et intégrer votre point de vue. Prenez le temps nécessaire pour parler de votre décision et de ce qu'elle implique.
- **Sixième étape: axe horizontal.** Appliquez votre décision. À partir du moment où votre réponse a été donnée, il est important que celle-ci soit respectée; avant tout, par vous-même. Vous n'êtes pas tenu d'argumenter, bien que vous puissiez le faire. Chaque réponse est un choix personnel que vous êtes autorisé à prendre.

Le processus décrit peut vous sembler long. Il est pourtant nécessaire pour que la réponse donnée ne soit pas remise en question quelques minutes après avoir été formulée. Beaucoup zappent ces fondements de l'échange pour gagner du temps, puis parlementent pendant des heures sur une structure devenue fragile.

OSER DEMANDER – SAVOIR FORMULER UNE DEMANDE

Savoir dire non et *oser demander* sont les clés de tous les échanges quotidiens. Si beaucoup n'éprouvent aucune difficulté particulière à demander ce dont ils ont besoin, d'autres préfèrent prendre sur eux, faire tout seuls, pour surtout ne pas être dépendants de la réponse de l'autre et ne rien devoir à personne. Dans quel but?

LA PEUR DU REFUS

C'est bien souvent cette peur archaïque qui décourage de demander. Sylvia déjeune seule au restaurant de son entreprise. Un groupe de cinq ou six personnes se forme spontanément vers midi, mais Sylvia n'y est pas conviée, pas formellement du moins. Sylvia serait sûrement bienvenue, mais elle préfère ne pas demander pour ne pas prendre le risque d'essuyer un refus. Elle vit chaque refus comme une humiliation. Déjà, enfant, Sylvia était souvent mise de côté. Elle était dans les dernières choisies, au cours de gym, quand les capitaines recrutaient leurs équipiers. Cette humiliation vibre encore dans ses cellules, à tel point qu'elle préfère ne pas demander plutôt que d'essuyer un refus dont elle ne se remettrait pas. Sylvia alors prend sur elle: « *Ça me va très bien de manger seule* », finit-elle par se persuader en portant son plateau. Dans cette situation, ce n'est pas tant le refus en lui-même qui crée la peur, mais le risque de voir apparaître des blessures plus anciennes qui entrent en résonance avec le refus présent.

LA PEUR DE DÉPENDRE DE QUELQU'UN

Rachel ne doit rien à personne. C'est du moins ce qu'elle revendique haut et fort comme un atout de sa personnalité. « *Personne ne m'a jamais aidée, et j'en suis fière* », affirme Rachel sur un ton revendicateur. « *Je suis partie de chez mes parents à 18 ans ; sans mon bac, avec à peine de quoi vivre pendant un mois. Aujourd'hui, je gagne bien ma vie, mais je ne l'ai pas volé. Je m'en suis toujours sortie seule. Mes parents ne m'ont pas payé d'études, ne m'ont pas pistonnée. Tout ce que je sais, je l'ai appris seule. Tout ce que j'ai gagné, c'est à la sueur de mon front que je le dois.* » La fierté de Rachel laisse entrevoir toutefois une forme d'aigreur. Bien sûr, elle est fière de son parcours d'autodidacte. Mais la petite fille en elle aurait aimé que son papa la prenne par la main plus souvent, pour la hisser sur l'échelle de la vie… Au moins, les premières marches.

Aujourd'hui, Rachel est directrice d'une société d'ameublement d'intérieur qu'elle dirige d'une main de fer. L'entreprise marche bien, Rachel travaille beaucoup, douze heures par jour, il faut savoir ce qu'on veut ! La dureté, dont elle n'est pas même consciente, s'effondre du jour au lendemain. Douleur au ventre, peut-être les intestins… Elle qui fait tout toute seule, même se soigner, décide de consulter tant la douleur la taraude. Une douleur qui l'a surprise au milieu de la nuit. Ce matin-là, le diagnostic du médecin est sans appel : « *Péritonite. Il faut opérer. J'appelle la clinique pour voir s'ils peuvent vous prendre cet après-midi. Quelqu'un peut vous apporter quelques affaires ?* » Rachel est ahurie. Elle cherche à qui demander. Aucun nom ne vient. Et la boutique ? Qui va recevoir la livraison prévue le lendemain, qui va ouvrir à la femme de ménage, qui peut aller arroser ses plantes, nourrir son chat ? Chaque détail du quotidien que cette femme gérait seule devient une épreuve. Il va falloir demander de l'aide.

L'hospitalisation durera six jours. Puis, un retour à la maison au ralenti. Rachel marche péniblement ; impossible de porter son sac, de faire ses courses. L'infirmière passe chez elle deux fois par jour et refait ses pansements avec autant de bienveillance qu'une maman pour sa petite fille malade. Ses gestes sont si précis que Rachel se laisse toucher. Elle n'en revient pas que cette femme soit si attentive. Elle n'en revient pas non plus que l'aide autour d'elle s'organise avec tant de simplicité. Dès le premier coup de fil, Martine a pris les choses en main. Elle a établi la planification de la semaine. Elle apporte des légumes frais de son jardin. Fabrice apporte une boîte de chocolats et passe un coup d'aspirateur dans la maison. Catherine offre des fleurs, ouvre les rideaux, fait le lit. «*Les amis, ça sert à ça aussi!*» lui répète son amie en secouant les coussins.

Et si la péritonite avait été un passage obligé pour mieux vivre ses indispensables liens d'interdépendance?

La relation, pour qu'elle soit équilibrée, fonctionne comme la respiration. Chacun de nous a besoin de donner et a besoin de recevoir. Comme nous avons besoin d'inspirer et d'expirer. Le moindre écart entre le fait de donner et de recevoir déséquilibre la toile de toutes les personnes avec lesquelles nous sommes en relation et la trame de notre équilibre intérieur.

SAVOIR DEMANDER

«*J'aimerais que tu me respectes! Que tu sois plus doux!*» Carole n'a pas de mal à demander. Ses requêtes ressemblent plus à des exigences qu'à de réelles demandes. Car, pour qu'elle soit considérée comme telle, une demande a besoin de répondre à plusieurs critères:

- Faites une demande, non un commandement. Votre interlocuteur doit pouvoir vous répondre par oui ou par non. «*Tu veux bien aller chercher de l'eau, puisque tu es debout*» n'est pas une formulation qui laisse le choix. «*Ça ne va pas te gêner que je te dépose quelques cartons dans ta maison, ta grange est si grande.*» Lorsque vous formulez votre demande, formulez-la le plus simplement possible en laissant à votre interlocuteur la possibilité de l'accepter ou de la refuser.

- Soyez précis. « *J'aimerais que tu sois plus généreux ! J'aimerais que tu sois plus compréhensif, OK ?* » n'est pas non plus une demande, car nous avons chacun des façons bien différentes de nous représenter la tendresse, la générosité ou la douceur. Tant que la formulation n'intègre pas ces deux qualités, possibilité de refuser et précision dans ce qui est demandé, on ne peut pas parler de demande, mais d'une plainte déguisée.
- Enfin, pour que la demande soit concrète, chacun doit pouvoir vérifier dans un temps donné si celle-ci a été honorée ou non, et ce, de façon objective et rationnelle. « *J'aimerais que tu fasses plus attention à moi.* » Si cette plainte, qui n'est pas encore formulée, n'est pas plus précise, celui qui accepte d'y répondre s'expose à toute la subjectivité de celui auprès de qui il s'engage. « *Je t'avais demandé de faire plus attention à moi, et je vois que tu n'as pas fait d'effort.* » Cette façon de parler très toxique est à la source de toutes les relations de dépendance et de manipulation.

Pour vous sortir de cette façon toxique de communiquer, préférez un langage clair et positif dans la formulation de vos demandes :

- « *J'observe que nous n'avons pas passé une soirée ensemble de toute la semaine et cela me rend triste. J'aimerais que nous passions une soirée tous les deux ce mois-ci, sans les enfants, et j'aimerais tant retourner dans ce restaurant où nous étions allés au moment de notre rencontre. Es-tu d'accord ?* » est un exemple de formulation possible.

Marshal Rosenberg, le père de la communication non violente, a déterminé le déroulement le plus adapté pour se sortir de la critique et du reproche. Il consiste en quatre étapes :

- Identifier la situation telle qu'elle est (objectivité).
- Partager le sentiment qui nous affecte (expression de son ressenti).
- Nommer en quoi nous sommes concernés (affirmation de nos besoins).
- Proposer une issue (exposition d'une demande).

Sans perdre votre spontanéité pour autant, le fait d'intégrer ces indices dans la formulation de vos demandes améliorera votre communication.

OBJECTIVITÉ ET INTERPRÉTATION

L'essentiel des conflits naît de notre confusion entre observation et interprétation. « *Virginie est à la fenêtre, elle a pris un air boudeur, visiblement, elle n'a plus envie d'être avec nous ; elle nous méprise et préfère envoyer des textos que de participer à la conversation.* » Il ne s'agit pas ici d'une observation, mais d'une interprétation de la situation.

Une autre interprétation pourrait être : « *Virginie est à la fenêtre, visiblement, elle a été blessée ; peut-être les mots qui ont été dits sur elle résonnent-ils dans sa tête. Elle s'est sentie humiliée, non prise en compte. En tout cas, elle s'est sentie rejetée. Pour se donner une contenance, elle joue machinalement avec son mobile.* »

Comme nous avons chacun une vision différente d'une même situation, nous ne voyons pas la même chose. Dès lors que nous voulons imposer notre interprétation à l'autre, nous entretenons le conflit. Pour recréer du lien, remplacez vos interprétations par des observations.

Une observation objective de la situation pourrait être : « *Virginie est assise à la fenêtre. Son regard est tourné vers l'extérieur. Elle tient dans sa main son portable.* »

Une attitude non conflictuelle consiste à nommer la situation telle qu'elle est, avec le plus d'objectivité possible. S'il s'agit d'une observation, les observateurs seront obligatoirement d'accord sur la description ; puis, pour éviter les malentendus, accompagnez cette observation de votre ressenti. « *Virginie est à la fenêtre ; je suis triste qu'elle ne participe plus à la conversation* » ou « *Je suis inquiet ; j'ai peur qu'elle ne me fasse la tête* », ou encore « *Je suis curieux de savoir ce qu'elle ressent* ». Pour que le ressenti en soit bien un, commencez votre phrase par : « *Je ressens* », suivi de votre sentiment. Toutefois, une phrase du type : « *Je sens qu'il fait la tête* » n'est pas un ressenti, mais toujours une interprétation. Pour qu'il s'agisse réellement d'un ressenti, vous devez vous impliquer en décrivant quel sentiment vous habite vous-même. Cette association de l'observation et du ressenti est la voie vers une résolution des conflits. L'aboutissement de cette communication est la formulation d'une demande. Oser demander, c'est prendre le risque d'entrer en relation.

SE DIRE ADIEU

« *Je suis venu te dire que je m'en vais, et les mots ne pourront rien changer* », chantait Serge Gainsbourg. De toutes les situations où la recherche du mot juste est précieuse, c'est probablement au moment de se dire adieu que parler est le plus pénible.

Valentine n'est plus amoureuse de Bastien. Ils se sont connus à l'âge de dix-huit ans. Premier amour. Ils se sont plus, ont pris un appartement et le temps a fait son affaire. Aucun conflit. Ils sont comme frère et sœur, comme des jumeaux. « *Mais j'ai l'impression d'être retenue à mon passé en restant avec toi. Je ris toujours, mais j'ai le sentiment que ce n'est pas avec toi que je peux devenir la femme que je suis. Quelque chose n'évolue plus. C'est trop calme. Même sexuellement, on répète les mêmes gestes qu'il y a dix ans. Je ne suis plus la même, Bastien, ce n'est pas ta faute. Pardonne-moi, je n'arrive pas à trouver les mots...* » Ce matin-là, Valentine cherche les siens. « *Ce n'est pas que je ne t'aime plus, Bastien... Je t'aime... Mais... comment dire ? Un peu comme si quelque chose s'éteignait... Tu comprends ?* » Bastien ne comprend pas ou ne veut pas comprendre. Pour lui, quitter Valentine signifie quitter le confortable, le sécurisant pour s'aventurer dans la vie, seul et sans repères. Bastien n'a jamais connu d'autres femmes. Alors, les yeux embués de larmes, il lui prend les mains et lui rappelle les bons souvenirs. Il veut savoir où le fil de leur relation s'est distendu. « *En Indonésie, il y a trois ans, nous étions amoureux, pourtant ? Tu me disais que tu m'aimais ; tu étais sincère... Non ? Et lorsque tu me disais que tu ne te verrais pas avec un autre homme... Tu étais sincère… Et sur la place Saint-Marc ?* » demande Bastien pour essayer de comprendre. « *Oui, je l'étais… sincère, c'est sûr, je ne te mentais pas… Amoureuse ? Je ne sais pas, ou je ne sais plus.* »

À ce stade de la relation, chaque nouvelle parole échangée plonge les anciens amants-amis dans un flot de souvenirs où les paradoxes se croisent et s'entremêlent. Le désir n'est plus là. C'est ce que Valentine tente de dire à Bastien. Elle ne veut pas lui faire mal et croit encore que les mots peuvent apaiser. Pourtant, depuis qu'elle a annoncé la rupture, tous ces moments où ils se retrouvent entre eux pour prendre un café, à la demande de Bastien, et tenter de se réconcilier sont éprouvants pour elle. Trop douloureux. Parler et toujours parler. Rejouer les mêmes dialogues. Elle doute de la nécessité d'en dire davantage. Sa décision est prise. Maintenant, il faut partir. Inutile de raviver la plaie en restant la proie du désir de cet homme.

Car les adieux ont besoin de silence lorsqu'ils sont prononcés. Les mots n'ont plus besoin de raisonner, mais bien de résonner dans le silence de la solitude de chacun des amants désunis. La tristesse a une vertu, celle de faire ressentir l'attachement de ceux qu'on aime et qu'on a aimés. La tristesse est une porte d'accès à la profondeur de notre être. Tellement inconfortable qu'on aimerait l'éviter, mais nécessaire à notre évolution. La blessure a besoin de cicatriser et seul le temps permet de panser les déchirures. Les mots, même les plus attentionnés, ne peuvent apaiser la brûlure d'une rupture.

Dans tous les magasins de souvenirs, on trouve de ces petits globes de verre dans lesquels une neige artificielle tombe sur les petits monuments. Tant qu'on secoue l'objet, la neige brouille le décor. Quand on le pose, la neige retombe lentement et le décor apparaît dans un ciel sans nuage. Il en est de même pour les mots. Tant qu'ils sont trop secoués, aucune paix ne peut se faire. La paix a besoin de temps pour laisser retomber les mots de la passion. Notre pensée s'apaisera, avec le temps. Alors seulement, les mots pourront être entendus. S'ils sont encore nécessaires.

OSER DIRE « JE T'AIME »

Jean-Christophe, 12 ans, a une amoureuse. Une jolie petite fille de sa classe. « *Le lui dire ? Mais tu es fou ! Déjà, les copains vont se moquer de moi, et puis si jamais elle ne m'aime pas. Non, c'est bien comme ça.* » Jean-Christophe continue à rougir quand la petite Jessica arrive le matin, déposée par sa mère. Il guette ses attitudes, espère les marques de rapprochement et confie ses mots à l'intimité de son journal.

Trente ans plus tard, Jean-Christophe rencontre Sonia au cours de théâtre. Il a 42 ans. Un soir, ils prennent un verre ensemble. Il sait qu'elle est disponible. Elle lui plaît, il a l'impression de lui plaire, mais n'ose aborder le sujet. Il attend que ça vienne d'elle. Et si elle n'en parle pas ? Tant pis... C'est que ça ne devait pas se faire, pense-t-il... et pense-t-elle peut-être aussi.

Lorsque deux personnes se rencontrent et se plaisent, le silence est un allié. Une forme de séduction navigue entre les non-dits et les gestes retenus. Le charme opère lentement. Jean-Christophe aurait peur de tout gâcher en déclarant sa flamme. Il n'y fait même pas allusion. Il se contente de dire à Sonia qu'il a passé un bon moment.

Parfois, le silence est nécessaire ; parfois aussi, l'autre peut recevoir comme un cadeau la confidence glissée à l'oreille. L'incarnation d'une évidence. « *Tu me touches beaucoup. Je sens un élan vers toi.* » Les âmes se trouvent, les yeux se sourient, les mains se touchent du bout des doigts. « *Je te désire* », confie finalement à l'oreille l'un des partenaires, déjà amoureux. Le désir de l'un éveille le désir de l'autre. Le voile du fantasme, de l'inaccessible s'envole pour laisser la place au merveilleux espace des possibles.

Entre silence et parole, la rencontre amoureuse est une alchimie qui demande d'être attentif à la qualité du lien. Du lien avec soi ; ne pas se brusquer, ne pas se forcer, ne pas non plus garder en soi des mots qu'on aimerait dire. Et le lien à l'autre ; être attentif à la disponibilité de l'autre, ne pas brusquer, ne pas aller trop vite, et pourtant consolider le rapport en affirmant les mots. Si les mots sont justes, s'ils expriment l'intensité de la relation partagée, ils seront toujours bienvenus. Oser parler et savoir dire, dans la délicatesse, la simplicité, la pudeur d'une première relation, est toujours un cadeau qu'on offre à l'autre. Les mots, comme témoignage d'un amour qui naît et ne demande qu'à grandir.

CHAPITRE XVIII
L'IMAGE DE LA PAROLE

Lors d'une première rencontre, au bout de quatre secondes, votre interlocuteur s'est déjà fait une opinion sur vous à 45 %. Une opinion totalement subjective et peut-être très loin de la réalité, mais une opinion tout de même. Au bout de quatre secondes, votre interlocuteur a déjà globalement confiance en vous, ou pas. Il a déjà envie de vous suivre, ou pas. Il vous estime compétent dans votre domaine, ou pas.

LA PREMIÈRE IMAGE ET LA DERNIÈRE

Notre cerveau archaïque fonctionne ainsi : quelles que soient nos croyances sur le fait que c'est bien ou mal de juger, il enregistre toutes les informations, les compare avec les autres informations stockées dans notre mémoire, et émet un jugement. C'est à partir de ce jugement que le reste de l'entretien va confirmer ou contredire notre impression.

On n'a pas deux fois l'occasion de réussir la première impression qu'on donne. D'autant que, quatre secondes, c'est trop court pour établir un vrai contact.

Les spécialistes du comportement, les metteurs en scène, qui voient apparaître pour la première fois l'acteur sur scène, ou les cabinets de recrutement sont conscients de cette première image et se montrent attentifs à tous les signes qu'ils peuvent capter dans les premiers instants. C'est lorsque l'individu est pris sur le vif qu'il se révèle dans son authenticité, avant d'avoir le temps de s'installer dans un processus de séduction. L'authenticité d'un individu se révèle dans l'imprévu.

L'impatience, le charisme, l'agressivité ou la générosité d'un candidat sont perceptibles à travers différents gestes inconscients, dès les quatre premières secondes.

Dans ces premières secondes, l'observateur guette si le candidat se tient droit, s'il est présent à ce qu'il fait, s'il ouvre la porte machinalement, négligemment, brutalement ou avec délicatesse.

Ayant moi-même fait passer de nombreuses auditions, j'en ai souvent appris davantage en quatre secondes que sur un entretien entier. J'ai souvenir d'un candidat se présentant pour une audition. À peine entré, il avait repéré, sur le mur, l'affiche d'un spectacle représentant une femme enceinte. La vue de cette image le toucha visiblement et provoqua chez lui une réaction de tendresse, très courte et à peine perceptible, mais qui éclaira suffisamment son visage pour me révéler sa délicatesse. Il commença de lui-même l'entretien en me demandant l'origine de la photo, et l'histoire de ce spectacle, ce qui me renseignait sur son ouverture et sa disponibilité à réagir à l'imprévu. Sans le savoir, le candidat venait de marquer des points. Sur les 30 autres candidats qui avaient pénétré dans le bureau, pas un seul n'avait repéré l'affiche à l'entrée, chacun étant juste préoccupé par le résultat de l'entretien. Or, un recruteur observe si le candidat est ouvert à son environnement. Les quatre premières secondes le révèlent.

DOIT-ON PRÉPARER SA PREMIÈRE IMAGE ?

Lors d'une rencontre importante, doit-on préparer son introduction ou improviser ? Pour ma part, je vous encourage non à préparer ce que vous allez faire, mais à vous préparer physiquement et mentalement à être disponible pour ne pas être déstabilisé par l'imprévu.

Lors des entretiens d'embauche, il n'est pas rare que les recruteurs demandent aux candidats de raconter un bon souvenir, de parler d'une passion ou de décrire le restaurant où ils viennent de déjeuner. Les candidats surpris par cette improvisation se sentent souvent déstabilisés et s'interrogent quant à la réponse la plus adaptée. Ils cherchent où est le piège. Dans ce type de question, le recruteur n'est pas tant intéressé par la réponse que par votre réaction, votre ouverture et votre disponibilité face à l'imprévu. Si vous êtes concentré sur la qualité du lien que vous souhaitez établir autant que sur les arguments, vous ne serez plus désarçonné par ce type de question.

Vous pourrez préparer votre première image en vous appuyant sur les *cinq actions majeures pour oser parler et savoir dire*: l'ancrage, la colonne vertébrale, la respiration, le regard et la pensée adaptée vous aideront dans les moments où vous frappez à la porte d'un premier rendez-vous.

En revanche, si votre intervention concerne un discours, il est prudent de préparer votre première image.

La première image est visuelle avant d'être auditive. Au moment où vous entrez sur scène, lorsque le présentateur vous tend le micro, ne vous précipitez pas. Prenez le temps de recevoir ce micro, stabilisez-vous, accordez-vous quelques secondes pour créer le lien, regarder votre auditoire et prendre la température de la salle avant d'ouvrir la bouche. Ces quelques secondes sont fondamentales et font toute la différence entre la rapidité et la précipitation. C'est à ces quatre secondes que l'on reconnaît un expert. L'amateur est pressé de parler; l'expert a confiance et prend le temps. Ce sont ces quatre secondes qui permettent à l'auditoire de vous observer et d'attendre votre parole. Celle-ci sera alors mieux accueillie.

Une fois le contact établi, débutez par une anecdote, une citation, une introduction courte, précise et claire, que vous aurez pris soin de préparer. Puis prenez quelques secondes avant de rentrer dans le corps de votre exposé.

Parmi les images fortes qui me reviennent, j'ai souvenir de Claudio, chef du service après-vente d'une grande entreprise. Devant une salle pleine, il était monté sur scène en portant un lourd sac de jute. À la surprise générale, et après avoir ménagé son effet, il retourne le sac d'où s'échappent quelques centaines d'enveloppes. Consternation du public, suspense… silence. Claudio jouit de l'effet produit avant de prendre la parole pour dire : « *Voici le nombre de lettres que chacun de mes collaborateurs traite chaque semaine. Comme vous le voyez, c'est impressionnant ; cela demande de l'organisation pour ne pas être submergé. C'est justement d'organisation dont je souhaite vous parler aujourd'hui.* » L'effet est magistral. Claudio avait su tenir son public en haleine et chacun attendait la suite. Dans une autre entreprise, Cédric, le PDG, s'offrait trois minutes de silence en montant sur scène pour son discours annuel, avant de dire le moindre mot : 180 secondes interminables pour l'auditoire inquiet. Ballet des assistants, œillades, questionnement du personnel qui n'a pas été prévenu de ce silence. Malaise ou mise en scène ? Cédric le révèle au bout du temps réglementaire : « *Voici le temps moyen d'attente qu'un client passe à nos guichets.* » Créer une première image forte et tisser un pont entre cette première image et le fil de votre propos est la clé d'une intervention réussie. Un an après leur intervention, tout le monde se souvenait des lettres de Claudio et du silence de Cédric.

L'HABIT NE FAIT PAS LE MOINE, MAIS IL PERMET DE RENTRER AU MONASTÈRE

Votre première image est aussi importante, que vous vous adressiez à toute une assemblée ou que vous vous rendiez à un entretien.

Dans ce cas, la qualité de l'entretien va dépendre en grande partie de la qualité de votre regard et du contact que vous allez établir avec votre interlocuteur. Ne soyez pas obnubilé par ce que vous allez dire. Ne vous préoccupez pas non plus de la façon dont vous allez le dire. Concentrez-vous uniquement sur la qualité du lien. Établissez un contact visuel franc, un sourire simple, une attitude authentique, une respiration naturelle. Intéressez-vous au fait que vous allez découvrir un être humain, qui lui-même va vous découvrir. Trop souvent, les négociations ne sont pas suivies d'effet parce que les interlocuteurs ont été trop tendus par l'attente d'un résultat. La peur de l'échec, la peur de laisser une mauvaise image suffisent à desservir un discours par ailleurs argumenté.

LA CONCLUSION

La première image est aussi importante que la dernière. Lors d'une intervention en public, vos auditeurs se souviendront à 25 % de vos dix premières secondes et à 25 % de vos dix dernières.

De très nombreux orateurs sabotent leur intervention, par ailleurs brillante, parce qu'ils ne savent pas la conclure. Votre conclusion doit être claire dans le fond comme dans la forme. Si l'image de fin est importante, le ton, la prononciation et la détermination avec laquelle vous porterez le point final marqueront autant que les arguments eux-mêmes. Comme Napoléon plaçait le meilleur de ses troupes en début et en fin de cortège, privilégiez le début et la fin de votre intervention pour placer vos arguments forts.

Au moment de conclure, rappelez en quelques mots les arguments que vous venez de tisser, puis terminez par une image forte.

L'ATTITUDE PHYSIQUE

Il n'existe pas d'attitude physique type. On me demande souvent s'il est préférable, lors d'un entretien ou d'une présentation, de s'habiller à la mode de la société qui vous accueille ou plutôt de rester habillé comme on aime pour asseoir son authenticité.

Plusieurs articles dans les magazines d'affaires conseillent de ne rien dire de personnel en entreprise, de ne jamais rien révéler d'intime, d'éviter les sujets qui fâchent, de se contenter des lieux communs et de la météo. C'est en effet le meilleur moyen d'éviter tout conflit, et toute opportunité de créer un lien authentique ! L'authenticité se nourrit d'aspérités. Ne soyez pas lisse, car la vie est toujours en relief.

Quelle que soit la nature de vos relations professionnelles, appuyez-vous sur ce que vous êtes. Cette authenticité se traduira autant par les couleurs que vous portez, par les vêtements, par votre façon de vous tenir, de vous asseoir, de vous déplacer, de projeter la voix, que par les sujets que vous aborderez. C'est l'axe vertical de la communication.

Parallèlement, adaptez-vous au public auquel vous vous adressez. C'est l'axe horizontal. Prenez le temps de le sentir, de le connaître, de l'écouter. Ne cherchez pas à imposer votre point de vue sans savoir à qui vous parlez. Adaptez-vous à votre public. Vous ne perdrez rien de votre authenticité si vous rendez votre vocabulaire plus technique, plus poétique, plus simple ou plus complexe en fonction de votre auditoire. Au contraire. Beaucoup de techniciens n'intègrent pas le fait que leur public n'est pas composé uniquement de techniciens. Ils continuent d'adopter un vocabulaire technique, un jargon du métier devant des profanes qui seraient tout à fait d'accord pour les écouter, si on prenait soin de leur parler vraiment.

CHAPITRE XIX

LA MUSIQUE DE LA PAROLE

L'enseignement avait lieu à Derha-Dun en Inde. Il s'agissait de la transmission de l'un des principaux corpus du Bouddha, récité par le lama de ce monastère. Plus de 500 moines étaient assis dans le temple ; d'autres s'étaient, faute de place, massés à l'extérieur pour capter la vibration des prières à travers la porte.

L'enseignement en lui-même, un texte sacré de plusieurs dizaines de milliers de pages, se présentait comme le sont les textes tibétains, classé méticuleusement sur un mur entier du temple. Un groupe de cinq moines présentait les textes au fur et à mesure de la lecture au lama, puis les rangeait soigneusement dans leur étoffe de tissu jaune, dans la grande bibliothèque d'où ils ne sortaient que pour l'occasion, tous les sept ans.

Cette mise en scène se déroulait au milieu des fortes odeurs d'encens, dans un ballet orchestré de telle sorte que le maître puisse lire le texte de sa voix gutturale de manière ininterrompue durant toute la durée de la transmission. Celle-ci débutait juste avant le lever du soleil pour se terminer au coucher, et ce, tous les jours durant deux mois. Les cloches, les cymbales, les tambours accompagnaient cette cérémonie.

Si je repérais de temps à autre quelques mantras ou prières dont je connaissais la signification, j'étais incapable de comprendre le moindre mot de cet enseignement. Pour une telle transmission, la compréhension intellectuelle n'est pas nécessaire. Le lama qui récite est comme un canal qui retransmet les enseignements du Bouddha. Il ne transmet pas que le texte, mais l'énergie qui le supporte. Il en est ainsi pour beaucoup d'enseignements sur la méditation. La transmission a lieu par l'écoute, de cœur à cœur et d'âme à âme.

Cette façon de transmettre n'a rien à voir avec l'apprentissage intellectuel de la connaissance et incarne la quintessence de la transmission intuitive. Cette façon d'approcher la connaissance, souvent difficile à comprendre pour les Occidentaux, est utilisée également par les chamans d'Amazonie, qui se relient à la fréquence vibratoire d'une plante pour en apprendre sa vertu thérapeutique.

DES PAROLES AUX SONS SACRÉS

Il est dit que l'essentiel des mantras, prières et enseignements sacrés ont été transmis aux lamas directement par les daïkinis, déités féminines du bouddhisme tibétain, lors de leur rêve ou de leur méditation. Écouter la récitation des mantras, c'est recevoir l'enseignement des divinités.

C'est ce qui donne aux mantras, dont le sens sanskrit signifie *formules magiques*, une qualité sonore particulière. Un mantra est une courte prière de quelques syllabes qui ne nous touche pas uniquement par son sens, mais par ses sons. Les syllabes prononcées sont des sons agencés de telle sorte qu'ils vibrent sur des points précis du corps, pour le soigner.

C'est une forme d'acupuncture verbale, la voix servant d'aiguillon pour rétablir la circulation du khi dans le corps. Le mantra du Bouddha de médecine, *Teyata Om Bekatzé Bekatzé Maha Bekatzé Békatzé Raza Samogathé Soha,* vient toucher les principaux méridiens de la guérison.

C'est ainsi que les Tibétains, lorsqu'ils traversent un pont de singe au-dessus d'un précipice, chantent allègrement le mantra de Tara, *Om Tare Toutare Toure Soha,* pour se donner du courage, Tara étant la déesse qui éloigne les peurs. Le fait de réciter en boucle son mantra n'est pas qu'une façon de solliciter l'aide de la divinité; la récitation rééquilibre les points et méridiens énergétiques pour retrouver la confiance.

Il existe ainsi des mantras pour retrouver la santé, des mantras pour éloigner les obstacles, pour renforcer l'abondance ou pour accroître l'ouverture du cœur. C'est le cas du plus célèbre des mantras, celui d'Avalokiteshvara, *Om Mani Pedme Houng*, que les Tibétains prononcent parfois plusieurs millions de fois dans leur vie.

Les mantras tibétains sont à mes yeux la teinture mère de ce que nous appelons *le langage des oiseaux*. À l'image des mantras, toutes les phrases prononcées ont une signification qui vient toucher le cerveau gauche, et une sonorité, qui vient toucher le cerveau droit.

LES HARMONIQUES

Chaque note de la gamme prolonge sa fréquence dans les harmoniques qui lui correspondent. Le chant harmonique permet de chanter deux notes en même temps. Il est utilisé par les chamans en Mongolie dans des techniques de guérison.

La voix humaine est un instrument de guérison. Beaucoup de thérapeutes en explorent avec succès les capacités à travers les sons alchimiques, les sons thérapeutiques, les sons de guérison. Les sons humains chantés ont le pouvoir d'influencer le cœur des cellules et ont une vertu thérapeutique.

La voix est puissante. Certains chanteurs montent tant dans les aigus qu'ils en cassent le cristal. Les sons sont des vibrations. Rappelons-le, ce n'est plus la dynamite qui est utilisée dans les carrières pour ébranler les blocs de granit, mais bien des ultrasons.

Les travaux du Dr Emoto (la mémoire de l'eau) ont mis en lumière l'influence du verbe sur le vivant. Lorsque vous prononcez : « *Je te hais !* », « *Je te déteste !* », « *Je te tuerai !* » ou : « *Je t'aime* », « *J'apprécie ta présence* », « *Je te remercie du fond du cœur* », vous ne faites pas que communiquer une information à votre interlocuteur, vous transmettez une énergie portée par le son. Ce son va toucher celui-ci aussi profondément que les arguments eux-mêmes.

C'est ce qui donne au verbe son universalité. Pas besoin de comprendre l'ukrainien ou le slovaque lorsqu'un conducteur vous insulte au volant. L'intonation du conducteur, son volume sonore, la façon dont il soigne son articulation en disent bien plus que la rhétorique.

J'ai ainsi souvenir d'un échange d'une grande tendresse avec un groupe de trois vieilles femmes sur une île des Célèbes en Indonésie, chacun communiquant dans sa langue. Nous étions curieux de nous rencontrer, nous avions ri, nous avions chanté puis étions restés silencieux à méditer. La communication avait retrouvé son sens profond, celui d'une mise en commun, d'un échange. Communier, c'est être conscient de ses paroles autant que du chant de sa voix.

LE LANGAGE DES OISEAUX

Les oiseaux de nos jardins disposent essentiellement de quatre chants :

- un chant pour alerter d'un danger imminent ;
- un chant de séduction ; c'est la parade amoureuse ;
- un chant d'appel pour réunir ;
- un chant pour le plaisir de chanter.

Il n'est pas nécessaire de comprendre la signification des informations que se transmettent les oiseaux entre eux pour en apprécier le chant. Le chant des oiseaux est harmonieux en lui-même et nous avons du plaisir à l'entendre.

Il en est de même pour la voix humaine. Nous avons plaisir à écouter certains orateurs plus que d'autres ; cela, quel que soit le sujet abordé et même dans une langue étrangère.

Lorsque je m'adresse à une personne, je veille, en prononçant, à appuyer les *m*, à doubler les *l*, à appuyer les *s*, si je veux insister sur la douceur de mon propos. En revanche, j'accentue les *tr*, les *p*, les *f*, pour appuyer un positionnement, insister sur une rigueur.

Les orateurs les plus agréables à entendre sont les orateurs qui chantent les sons, accordent les voyelles et les consonnes entre elles avec harmonie, modulent le volume sonore, utilisent les silences pour ponctuer leur discours.

Lorsqu'un poète rédige ses alexandrins, il écoute la musique du verbe pour créer celle qui portera le mieux le sens des mots.

LA PONCTUATION

La musique dispose de *staccatos*, d'*allegros* et de *pianissimos* pour permettre à l'interprète de retrouver le rythme du compositeur. La langue française dispose elle aussi d'un outil trop souvent négligé dans notre communication : la ponctuation.

Je suis surpris de voir à quel point les orateurs que je rencontre en stage utilisent peu ou pas la ponctuation pour rythmer leur propre récit. Les fins de phrases se terminent en suspension ; les interrogations ne sont pas suivies du temps de réflexion nécessaire qu'impose la question ; les exclamations ne créent pas la surprise, ni par leur contenu ni par le ton de la voix ; les points de suspension ne laissent pas au silence le temps de suspendre son vol que déjà une autre idée succède à la première ; le point final peine à s'affirmer. L'entraînement à la ponctuation vous aidera à affirmer vos idées.

EXERCICE : Lisez le texte suivant à haute voix en respectant la ponctuation

Dans cette lecture, marquez distinctement les virgules, après lesquelles le ton s'élève, les points qui terminent clairement une idée, les points d'exclamation et d'interrogation qui affirment une intention, et les points-virgules, qui font le pont entre deux idées.

Lors de cette lecture, accordez-vous un silence de trois secondes après chaque point, et d'une seconde après une virgule. Enfin, prenez le soin de monter le volume sonore pour les deux premiers mots et les deux derniers de chaque phrase ; cela afin d'éviter de laisser mourir vos idées en fin de phrase. Surtout, ne précipitez pas, prenez le temps de lire.

Début de la lecture : *Quelle drôle de sensation que de ponctuer un texte consciemment ! Je me suis souvent demandé où était l'origine de la ponctuation. Qui donc a inventé ces signes ? Qui les a dessinés ? Qui les a répertoriés ? Qui les a transmis d'un pays à un autre, pour qu'une virgule respire autant en Italie qu'au Maroc ? Pour ma part, ce n'est que depuis peu que je renforce ma vigilance de la ponctuation. Autrefois, j'étais de ceux (et celles) qui enchaînaient les idées, les mots, comme on empile des vieux magazines dans le grenier ; sans en prendre soin, sans les trier, sans les reconnaître... Un jour où je cherchais une idée, j'ai pris conscience que celle-ci était à sa place, installée entre deux virgules. J'ai respiré profondément. J'ai laissé le silence se poser. J'ai repris mes esprits. J'ai regardé autour de moi. Tout était calme. Les phrases se succédaient les unes les autres, comme se succèdent les vagues de l'océan ; dans cette même constance. La tonalité de mon verbe était comme le chant des oiseaux. Régulier, harmonieux, équilibré. Un sourire se dessina sur mon visage. Ce sourire traduisait un véritable plaisir intérieur ; celui de faire chanter la langue française ! En quelques minutes ! Sans m'en rendre compte, en lisant un texte dans un livre, je retrouvai le plaisir de lire... Oser parler et savoir dire ! Dans le plaisir de jouer avec les virgules et les points ! Aucune émotion ne peut être partagée sans ressentir le plaisir de lire... Et là, en pleine lecture, je pris conscience que j'aimais les mots !*

SECOND EXERCICE : Associez la lecture à l'intention

Lisez le texte qui suit cinq fois.

La première fois, n'y mettez aucune intention particulière. Lisez en étant le plus neutre possible.

La deuxième fois, lisez ce texte en vous sentant triste, nostalgique ; ralentissez le rythme.

La troisième fois, sentez-vous en colère, impatient, irritable. Cet état va aiguiser votre articulation.

La quatrième fois, sentez-vous en joie ; lisez avec légèreté.

Enfin, pour la cinquième fois, suivez votre inspiration ! Amusez-vous !

À chaque lecture, respectez la ponctuation : un silence de trois secondes après les points, points d'exclamation, d'interrogation, de suspension ; de une seconde après une virgule.

Début du texte : *J'attends ! Ne me demandez pas ce que j'attends ! Ne cherchez pas à savoir ce que j'attends ! Et surtout, ne soyez pas impatient... En voulant me brusquer, vous ne feriez que vous éloigner de moi, et vous éloigner de vous par la même occasion. Et je ne le souhaite pas ! Est-ce possible, pour vous, de me lire à mon rythme, sans chercher à intervenir trop rapidement dans mon univers ? Sans rien vouloir posséder ? Cela fait tellement de temps, déjà, que je suis à cette place... Dans ce rôle... C'est un rôle, et pourtant, je ne joue pas ! Je vous assure que je ne joue pas ! Je suis sincère ! Je suis sincère en lisant les mots d'un autre... Et vous ? Ne vous arrive-t-il pas de tricher avec vos propres mots ? Ne mentez-vous jamais lorsque vous dites que vous êtes sincère ? Êtes-vous sincère lorsque vous jurez que vous ne mentez pas ? La vérité est telle qu'elle se perd parfois entre les virgules, entre les exclamations et les interrogations... Entre le faux et le vrai, il arrive qu'on ne sache plus l'origine des mots ! En revanche, il y a une chose dont je suis sûr. Vous ne me ferez pas changer d'avis. J'ai décidé. Je me tiendrai à ce que j'ai décidé. Vous demandez-vous ce que j'ai décidé ? J'ai décidé de lire ce texte jusqu'au bout. Maintenant qu'il est terminé, je peux le ponctuer de mon point final.*

L'ARTICULATION

Il ne faudrait pas croire que les acteurs qui brillent sur scène et articulent leur texte parfaitement le font spontanément.

« *Il faut à l'acteur 10 % d'inspiration et 90 % de transpiration* », disait Louis Jouvet. Avoir un verbe fluide, une articulation régulière, faire chanter les mots, prononcer allègrement des textes difficiles, tout cela demande du travail. En plus de la qualité d'interprétation elle-même et des émotions transmises, les acteurs sont contraints à un entraînement rigoureux. Le corps physique est une mécanique parfaite qui fonctionne à merveille, dès lors qu'on en entretient les rouages.

Au théâtre comme partout ailleurs, les acteurs ne naissent pas bons techniciens, ils le deviennent. C'est souvent une difficulté de prononciation qui est à l'origine d'une diction parfaite. Beaucoup d'acteurs commencent leur carrière avec un cheveu sur la langue, une difficulté à articuler, une tendance à parler trop vite. Celui qui a été confronté à une telle difficulté a besoin de la transcender en travaillant plus que les autres encore, ce qu'il réalise au prix d'efforts constants. Il devient un expert. La difficulté initiale renforce la motivation.

Parmi les nombreux exercices effectués par les acteurs, deux ont particulièrement fait leurs preuves. Les voici.

EXERCICE : Affirmez votre articulation

Prononcez les phrases suivantes à haute et intelligible voix, suffisamment de fois pour que vous obteniez une diction parfaite sans aucun accrochage. Soignez autant les premières syllabes que la dernière.

Qui sont ces six sages suisses ?
Cinq chiens chassent six chats.
Suis-je bien chez ce cher Serge ?
L'assassin, sur son sein, suçait son sang sans cesse.
Douze douches douces.
La jolie rose jaune de Josette jaunit dans le jardin.
Le fisc fixe des taxes excessives au luxe et à l'exquis.
Ces six saucissons-ci sont si secs, qu'on ne sait si c'en sont !
Étant sorti sans parapluie, il m'eut plus plu qu'il plût plus tôt.
Je veux et j'exige d'exquises excuses.

Variante : Une fois que vous aurez maîtrisé l'articulation de ces phrases, placez-vous un crayon dans la bouche de façon qu'il vous élargisse le sourire. Articulez les phrases précédentes en maintenant le crayon dans la bouche.

LE VOLUME SONORE

Avec l'articulation, la qualité du volume sonore nous renseigne sur la personnalité de celui qui parle. Entre celui qui parle fort alors que son interlocuteur n'est qu'à vingt centimètres et celui qui est inaudible dans une réunion, la palette des nuances sonores est large. Le niveau du volume sonore nous en apprend beaucoup sur la croix du comportement entre celui qui doute de lui et celui qui n'a pas confiance en l'autre.

En reprenant les exercices liés à la croix du comportement, vous établirez un contact authentique avec vous-même puis un contact authentique avec l'autre. C'est de la congruence de ce contact que s'établira naturellement le volume sonore adéquat. La conscience d'une respiration profonde et ventrale vous aidera à réguler le souffle de votre verbe. C'est à partir de ce souffle que vous trouverez un volume sonore adapté.

Lorsque vous parlez, respirez profondément. Expirez l'air, tout en maintenant ouvert votre cage thoracique. C'est ainsi que font les chanteurs d'opéra pour tenir la distance. L'exercice suivant vous aidera à maintenir cette respiration de la cage thoracique ouverte.

EXERCICE : Ajustez votre volume sonore

Utilisez les trois niveaux de base du volume sonore : la voix confidentielle, la voix naturelle et la voix projetée.

La voix confidentielle est portée par un rythme rapide ; bien que le niveau soit faible, il doit toujours rester audible au moins à deux mètres.

La voie naturelle est celle que vous utilisez la plupart du temps ; soignez sa constance et clarifiez l'articulation.

La voix projetée doit vous permettre d'être entendu dans une salle en étant à vingt mètres. Cela va vous demander de respirer profondément, et de ralentir également le rythme.

Pour que la voix projetée ne soit pas hurlée et trouve bien sa source dans l'abdomen et non dans la gorge (ce qui vous évitera l'extinction de voix), placez une bougie allumée devant vous à une dizaine de centimètres de votre bouche. Parlez fort sans pour autant souffler la bougie. Avec l'entraînement, vous serez capable de projeter la voix pour être entendu dans une grande salle, sans vous époumoner.

LE SILENCE

Pour le citadin stressé, quel réconfort que de marcher quelques heures dans le silence de la forêt ! Quel apaisement que de percevoir le bruissement des feuilles des arbres bercées par le vent ! Quel spectacle pour celui qui termine l'ascension d'une montagne que de se poser dans le silence et la contemplation !

Le silence nous rapproche de notre nature profonde. Le silence apaise, nourrit, inspire. Il n'y a pas de spiritualité sans silence, pas de méditation, de compréhension profonde, ni même de transformation, si elles ne s'accompagnent d'un temps de solitude pour laisser résonner les enseignements reçus. Le silence nous fait du bien, il nous nourrit, nous apaise et nous reconnecte avec la part de nous la plus intime.

C'est peut-être parce que ce silence fait peur que notre société fait tant de bruit. Aujourd'hui, il faut de la musique partout, dans les stationnements souterrains, les ascenseurs, les restaurants. Du bruit pour éloigner, pour rassurer, pour éviter la rencontre solitaire, silencieuse et authentique.

La parole est l'aspect yang de notre communication. Elle est liée au soleil, à l'activité, au rayonnement. Le silence est son aspect yin. C'est la dimension féminine qui est associée à la lune, à la compréhension profonde de toutes choses, à l'introspection.

La parole est liée à l'expiration ; l'écoute, à l'inspiration. Une communication juste s'appuie sur un équilibre entre l'inspiration et l'expiration, entre parler et se taire, entre les mots et le silence. Parfois l'orateur est en déficit de yang. Il écoute beaucoup, perçoit les êtres et les événements avec une grande acuité. Il est très intuitif et aime méditer. Mais il lui est pénible de parler. Parfois, c'est l'inverse, l'orateur parle, articule avec clarté, n'est jamais à court d'arguments ; son verbe est pertinent et percutant. Mais cet orateur a du mal à conserver le silence plus de quelques minutes ; il lui faut reprendre le flot des arguments, sans quoi il se sent gêné.

Un tel orateur ne peut jamais être sécurisé. J'ai souvenir d'un débat politique que j'avais animé pour la radio avec un candidat d'une grande nervosité qui enchaînait ses idées, pourtant bonnes, sans prendre le temps de respirer. Il faisait face à un candidat très ancré, très calme et très posé qui se contentait parfois de répondre par oui ou par non à des questions que je lui posais ; l'attitude de celui-ci avait le pouvoir de déstabiliser totalement son adversaire. Car le silence déstabilise celui qui n'y est pas habitué.

Dans vos interventions, appuyez-vous sur le silence. Alternez naturellement votre inspiration et votre expiration. Soyez aussi présent à un mouvement qu'à un autre. Face à une question gênante, une critique, ne vous pressez pas pour répondre. Laissez la question résonner et retourner naturellement à votre contradicteur. Puis, posez-vous et prenez le temps de répondre. Après un argument fort, laissez résonner le silence ; comme c'est le cas dans la musique. Dans un concert, il est sacrilège d'applaudir trop tôt après un opéra. Car le silence qui suit Mozart est toujours du Mozart.

Faites du silence votre allié. Après un point, respirez profondément pour passer à une autre idée. Après une interrogation, laissez à la question le temps de résonner. Laissez à l'exclamation la possibilité de grandir en lui offrant quelques secondes de silence pour l'accompagner.

EXERCICE : Rythmez votre texte

Lisez le texte suivant en marquant un silence après chaque ponctuation. Le chiffre entre parenthèses indique la durée en secondes du silence nécessaire. Le symbole RC signifie « respiration complète ». Prenez le temps alors d'une profonde inspiration et expiration, environ cinq secondes, lorsque vous lisez ce symbole. Lisez le texte en respectant scrupuleusement les indications liées à la respiration. Après un point, laissez retomber votre ton vers le bas ; après une virgule, élevez-le vers le haut.

Début du texte : *Je n'ai plus peur du silence. (RC) Au contraire, (2s) c'est même l'inverse. J'aime le silence profondément et recherche sa compagnie. (2s) Lorsque j'étais jeune, je courais dans tous les sens. À peine avais-je terminé une activité que je me concentrais sur la suivante. Je ne tenais pas en place. (2s) Au dire de ma mère, qui me réparait les pantalons déchirés et soignait les plaies de mes différentes chutes, j'étais un enfant hyperactif. (2s) Je ne supportais pas de rester en place. (2s) Plus que tout, c'était bien ces interminables déjeuners du dimanche qui m'exaspéraient. (2s) Rester coincé pendant des heures à regarder servir des plats qui me coupaient l'appétit était le pire des supplices. (2s) Je me résignais à rester sur ma chaise en guettant le moment où l'on m'autoriserait à quitter la table. (RC) Alors, je reprenais le chemin du jardin, (2s) des cabanes dans la forêt et des bagarres que nous organisions avec mes voisins. (2s) Et puis, j'ai grandi. (RC) Je regarde aujourd'hui cette période avec la nostalgie et la philosophie des femmes de marin qui regardent partir les bateaux en mer. (RC) Mon existence fut semblable au rythme des océans. Les tempêtes ont rythmé ma jeunesse ; j'ai pris le risque, pour affronter le choc des vagues, de boire la tasse plus d'une fois. (RC) J'ai suivi le cours des marées. Aujourd'hui, où j'arrive à l'aube de ma vie, (2s) les tempêtes me fatiguent. J'apprécie le moindre clapotis, le moindre frémissement des vagues ; je regarde l'écume qui meurt sur le sable avec philosophie. (RC) Peut-être, simplement, suis-je devenu plus vieux... (RC) Ou plus sage. (RC)*

APPENDICE

LES 21 ATOUTS MAÎTRES

Les 21 *atouts maîtres pour oser parler et savoir dire* ainsi que l'*abécédaire de la prise de parole* vous aideront à trouver vos repères dans votre progression.

Les sept atouts de l'attitude du corps

Ancrage: Enracinez-vous, visualisez vos racines, exercice p. 178

Respiration: Adoptez une respiration profonde, exercice p. 186

Colonne vertébrale: Laissez circuler le khi dans votre colonne, exercice p. 182

Regard: Alternez le regard direct et le regard indirect, p. 194 et 197

Baromètre du corps: Écoutez votre baromètre intérieur, p. 91

Première image: Affirmez une première image gagnante, p. 249

Croix du comportement: Équilibrez la croix du comportement, p. 174

Les sept atouts de la parole

Animal de parole: Retrouvez votre style en vous appuyant sur votre animal, p. 108

Articulation: Articulez de façon claire, exercice p. 261

Volume sonore: Adaptez votre volume sonore à l'environnement, exercice p. 263

Besoins: Reconnaissez et nommez vos besoins, p. 90

Langage des oiseaux: Intégrez la modulation, la variation, p. 258

Silence: Appuyez votre verbe sur le silence qui l'accompagne, p. 264

Ponctuation: Aérez votre verbe en le ponctuant, p. 259

Les sept atouts de l'esprit

Canal de communication : Établissez un canal de communication clair, p. 196

Présence : Soyez ici et maintenant, p. 129

Authenticité : Parlez de vous sincèrement – Le verbe créateur, p. 43

Phrases balises : Appuyez votre intervention sur une phrase balise, p. 199

Générosité : Appuyez-vous sur une empathie naturelle pour communiquer, p. 213

Verbe qui traduit : Utilisez le verbe pour traduire, non pour trahir une idée, p. 52

Croix du comportement : Équilibrez la croix du comportement, p. 171

ABÉCÉDAIRE DE LA PRISE DE PAROLE

Anecdotes: Elles sont bienvenues pour ponctuer vos interventions. Ce sont d'elles dont vos auditeurs se souviendront, car elles sont plus vivantes et imagées que les généralités. Pour qu'elles ne tombent pas comme un cheveu sur la soupe, intégrez-les à votre récit en faisant le lien entre les anecdotes, l'enseignement que vous en avez tiré et le thème de la conversation.

Arguments: Appuyez-vous toujours sur votre propre expérience pour argumenter. Évitez les généralités pour vous concentrer sur ce que vous-même avez vécu. On peut remettre en question un point de vue, jamais une expérience.

Articulation: Adoptez une articulation claire en accentuant les débuts et les fins de phrases.

Authenticité: Quelles que soient les circonstances, préférez toujours l'authenticité. Jouez la transparence. Donnez votre point de vue. Apparaissez au monde dans la simplicité de ce que vous êtes.

Blancs, trous de mémoire: Réputés comme la hantise des acteurs, ces instants de panique où l'on ne retrouve plus son texte sont en fait les indicateurs d'un manque de lien, avec vous et avec l'autre. Si vous maintenez un contact avec vous (trois premières actions majeures) et avec l'autre (deux dernières actions majeures), vous pourrez toujours compter sur votre sens de l'improvisation et les appuis du public pour vous remettre sur les rails sans vous sentir déstabilisé.

Confidences: L'intimité n'a rien à voir avec la confidence. Vous pouvez nourrir une relation intime tout en évitant les secrets que l'on confie en promettant de ne pas le répéter. Car si chacun apprécie de partager l'intimité d'une relation, il est lourd de porter le poids d'une confidence. Distinguez dans votre relation ce qui est secret de ce qui est intime.

Conflit : Un conflit peut être un moyen d'améliorer une relation, d'en apprendre davantage sur l'autre comme sur vous. Les conflits latents sont toxiques. Ils sont comme un orage qui n'éclaterait jamais. Un conflit qui éclate peut être l'occasion de revenir à une relation authentique. Soyez vigilant, dans les moments de conflit, en vous appuyant sur les *cinq actions majeures* pour garder au conflit sa dimension constructive.

Déplacements : Lorsque vous parlez en public, ne restez pas immobile. Ne parlez pas pour autant en marchant. Trouvez un équilibre entre l'immobilité et les déplacements. Posez-vous et parlez lorsque vous êtes dans l'immobilité ; respirez et revenez à vous dans les déplacements. Sur une intervention scénique d'une dizaine de minutes, il est bon de prévoir trois ou quatre déplacements.

Écoute active : Écouter l'autre demande beaucoup de présence. Lorsqu'une personne s'adresse à vous, ne tombez pas dans les pièges qui coupent l'écoute active : ramener à soi, trouver des solutions, minimiser, passer à autre chose, dramatiser. À moins que votre interlocuteur ne vous demande clairement un conseil, ou un point de vue, il se sentira mieux entendu si vous vous consacrez à l'écoute avec attention en reformulant ponctuellement.

Émotivité : N'ayez pas peur de votre peur. Les émotions sont nécessaires. Elles vous parlent de vous et vous signalent qu'un besoin n'est pas satisfait. Accueillez vos émotions avec bienveillance. Lorsqu'elles surgissent dans les moments où vous communiquez, ne cherchez pas à les ravaler ; appuyez-vous en revanche plus fermement sur les *cinq actions majeures pour oser parler et savoir dire.*

Franchise : La franchise est toujours appréciée profondément, même si, parfois, son usage peut gratter l'amour-propre. Vous pouvez être franc et bienveillant. Pour cela, assurez-vous d'être en lien avec votre interlocuteur. Si votre lien est authentique au moment où vous parlez à votre interlocuteur, vous capterez dans son regard ce qu'il est prêt à entendre.

Gestes: Adoptez des gestes larges qui s'appuient sur une respiration profonde. Plus votre respiration sera profonde, plus vos gestes seront naturels et harmonieux. Sentez de la présence dans les épaules et jusque dans le bout des doigts lorsque vous vous exprimez en public. Évitez de reproduire des gestes stéréotypés; écoutez ce que vos mains ont à vous dire.

Humilité: L'humilité n'est pas un manque d'ambition. C'est même souvent l'inverse. Plutôt que de parler longuement de projets qui ne verront jamais le jour, gardez en votre for intérieur vos grandes idées et vos principes, et agissez humblement, ou localement, là où vous pouvez le faire.

Humour: L'humour est la plus grande qualité des orateurs expérimentés. Il est apprécié quand il est léger et bienveillant. Évitez en revanche les histoires belges, l'humour de banquet et l'humour noir; tout comme le cynisme, ces formes sont toujours mal perçues. Soyez léger, bienveillant, et vous découvrirez le délicieux voile de l'humour qui accompagne les situations même les plus sensibles.

Introduction: Soignez toujours votre première image. Appuyez-vous sur une phrase d'auteur, une anecdote, une citation. Démarrez avec assurance en regardant vos interlocuteurs dans les yeux.

Ironie: L'ironie comme le cynisme sont mal vus en communication. Ces deux ressorts n'ont rien à voir avec l'humour. Dans l'ironie, on rit de quelqu'un; l'humour fait rire avec quelqu'un. L'ironie fait du mal, l'humour fait du bien. Si quelque chose vous contrarie, dites-le franchement et sans détour, plutôt que de vous aventurer sur le terrain glissant de l'humour noir.

Joie: Il n'existe pas d'interventions brillantes sans joie de communiquer. Le désir est le moteur des grands orateurs, même si ce que vous avez à dire est difficile et demande de la profondeur. Ce n'est pas contradictoire. Appréciez ce que vous faites et ressentez la joie qui, derrière la gravité, abrite la profondeur. Dès lors où les nouvelles que vous avez à transmettre ne sont pas dramatiques, autorisez-vous à sourire, à adopter une attitude joyeuse et légère. La gravité n'est pas la profondeur et la légèreté n'est pas la superficialité. C'est pourquoi vous pouvez être à la fois léger et profond.

Khi : C'est l'énergie vitale intérieure, le souffle profond sur lequel s'appuiera la fluidité de votre verbe. Le khi se développe notamment en associant la respiration profonde à la conscience de vos gestes.

Lecture : Lorsque vous devez lire un texte, prenez votre temps. Les acteurs qui lisent en public ont toujours un temps d'avance sur le spectateur. Ce temps correspond environ à une demi-ligne. L'orateur lit la ligne, l'enregistre et lit à haute voix. Il y a ainsi toujours un décalage entre ce qui est lu et ce qui est dit. Ce décalage demande un entraînement pour conserver au texte sa fluidité. Cette technique permet d'éviter les accrocs, les hésitations et les faiblesses de lecture.

Microphone : Un microphone amplifie autant vos défauts que vos qualités. Prenez le temps de le tester quelques secondes avant de l'utiliser, de façon à trouver la distance juste (un micro unidirectionnel demande une position plus précise qu'un multidirectionnel ; renseignez-vous sur ce détail). Il vous permettra de maintenir un relief sonore de qualité sans vous fatiguer.

Neutralité : Dans un débat houleux, avant d'afficher que vous êtes neutre, vérifiez si vous l'êtes vraiment. Dans les débats quotidiens, beaucoup annoncent une neutralité qui s'avère souvent un manque de courage à dire le fond de sa pensée. Si réellement, face à une situation, vous sentez que votre cœur ne bat pas plus pour un penchant que pour l'autre, c'est que vous êtes neutre ! Si, en revanche, vous sentez une préférence, osez affirmer votre sensibilité. Même si cela dérange, l'honnêteté est le fondement de l'amitié.

Objectivité : L'objectivité consiste à narrer les faits tels qu'ils sont, sans interpréter ni exagérer. Préférez les termes et mesures précis aux généralités. Observez attentivement, rapportez les faits avec objectivité, puis indiquez votre ressenti.

Ponctuation : La ponctuation est l'ensemble des notes qui met vos mots en musique. Intégrez les virgules, les points d'exclamation, les guillemets et le point final.

PowerPoint : L'un des faux amis les plus en vogue. Sans une réelle maîtrise, l'orateur disparaît derrière les images (c'est souvent l'effet voulu). À l'exception des présentations techniques pour lesquelles l'image est réellement nécessaire, préférez une présentation simple, précise et argumentée en remettant un compte rendu écrit à la fin de l'intervention.

Question : Il n'existe pas de question piège. Ce qu'on appelle les questions gênantes ne sont que des occasions qui vous sont données d'intégrer plus de sincérité et donc de profondeur dans votre intervention. Un bon orateur n'est pas celui qui se sort par des pirouettes de toutes les questions gênantes sans y répondre. Un bon orateur est un être qui assume son humanité et répond avec sincérité et bienveillance aux questions qui lui sont posées. Les questions gênantes deviennent alors des occasions privilégiées pour approfondir la discussion.

Reformulation : Reformuler la question, ou le témoignage, d'une personne qui s'adresse à vous lui permet, à elle, d'être rassurée sur le fait que vous suivez le fil de sa pensée, à vous, de mieux assimiler son point de vue en renforçant la qualité du lien.

Relief du corps : Votre corps est naturellement en relief. Inutile de vous figer dans une position qui n'est pas naturelle au moment de prendre la parole en public. Apparaissez tel que vous êtes. D'une façon naturelle, préférez les trois quarts à la position de face, car l'œil a besoin de relief pour s'accrocher.

Rumeurs : Vous ne pourrez jamais contrôler tout ce qui se dit sur vous. Les rumeurs s'autoalimentent. Plus vous les entretenez, plus vous les attirez. Aussi, au moment où vous colportez ou récoltez une rumeur, prenez le soin de vérifier : « *Cette information est-elle vraie ? A-t-elle été vérifiée ? Suis-je sûr que cette personne a vraiment dit ça ? Est-ce de mon intérêt et du sien que de* *faire circuler cette information ?* » Le fait de vérifier ces quelques points devrait vous aider à minimiser les rumeurs autour de vous.

Silences : La différence entre un trou de mémoire et un silence, c'est qu'un trou de mémoire est subi, alors qu'un silence est choisi. Les silences sont aussi indispensables en musique qu'ils le sont dans votre communication. Ils permettent l'assimilation et la compréhension du texte. Utilisez-les en vous appuyant sur la respiration.

Simplicité : Plus vous serez en lien avec vous et avec votre respiration, moins vous aurez d'effort à faire pour briller. Un bon orateur brille de sa simplicité, il n'a pas d'effort à faire. Évitez les excès, les tours de force. Jouez la simplicité, la sobriété et la vérité.

Trac : C'est le combustible de votre confiance, l'énergie pure qui ne demande qu'à être canalisée dans les moments où vous devez vous surpasser. Ne redoutez pas le trac ; mais utilisez les cinq actions majeures dans les moments où il se manifeste, pour transmettre votre message.

Volume sonore : Adaptez toujours votre volume sonore à votre auditoire. Parlez naturellement avec deux ou trois personnes. Projetez légèrement la voix en ralentissant votre rythme devant dix personnes. Articulez et augmentez le volume pour 30 personnes. Au-delà, vérifiez l'utilité d'un microphone. Pour donner du relief à votre communication, vous pourrez, une fois que vous maîtriserez votre volume, introduire des variations et baisser le ton dans les grandes assemblées pour attirer l'attention, et l'augmenter dans les petites pour renforcer votre détermination.

ÉPILOGUE

D'où vient le verbe ? Où trouve-t-il sa source et son inspiration ? Où étaient les textes des poèmes et des chansons avant d'être couchés sur le papier de l'auteur ? Où vont-ils une fois prononcés ? Se perdent-ils dans la vacuité ou continuent-ils leur chemin comme une énergie toujours en mouvement ?

Les mots viennent du silence et retournent au silence. Entretemps, ils créent du lien ; c'est pourquoi nous ne pouvons vivre sans eux.

Où se trouvent les mots que vous direz demain ? Certains mots traduisent parfaitement ce que vous êtes, ce que vous faites et là où vous allez. Il ne tient qu'à vous de les exprimer. Ces mots intimes se trouvent en vous, à la source. Puissiez-vous vous relier à cette source. Puisse le verbe, simple, bienveillant, authentique, jaillir alors vers d'autres cœurs.

REMERCIEMENTS

Ce livre s'appuie en partie sur mon expérience lors des stages de la Voie de l'ACTE®* que j'anime. Je remercie les stagiaires qui ont dévoilé une page de leur intimité. Leurs témoignages ont permis d'illustrer les chapitres de ce livre. Par discrétion, j'ai changé les prénoms.

Je remercie chaleureusement les collaborateurs qui m'assistent en stage et m'ont accompagné dans la progression de ce livre, particulièrement Stella Regnier, Youmna Tarazi, Nicolas Boulogne, Valérie Le Gall et Helen Gignier Gillet pour ses relectures et ses encouragements. L'équipe des Éditions de l'Homme s'est montrée toujours aussi présente. Merci à Erwan Leseul et à son équipe au Québec et à Paris, à Agnès Saint-Laurent pour la révision du manuscrit, à Diane Denoncourt pour les illustrations et à Fabienne Boucher pour la supervision.

Je remercie T8aminik Rankin de m'avoir offert les premiers mots de l'ouvrage. Sa présence dans cette histoire est pour moi un cadeau. Merci à Marie-Josée Tardif pour la révision de la préface.

Enfin, je remercie Farida, pour son soutien et sa présence aimante. La qualité de son silence m'a souvent inspiré les mots de ce livre.

---

* *La Voie de l'ACTE ® (Approche Consciente de la Totalité de l'Être) est la voie de développement personnel fondée par Arnaud RIOU.*

DU MÊME AUTEUR

Jouer le rôle de sa vie – Les Éditions de l'Homme, 2007
Au nom de l'Enfant – Les Éditions de l'Homme, 2010
Méditation au quotidien – Coécrit avec Pomme Larmoyer – Hachette Pratique, 2011

POUR NOUS JOINDRE

Arnaud RIOU anime les stages *Oser parler et savoir dire* ainsi que d'autres programmes, formations et retraites dans le désert autour de la Voie de l'ACTE ® (Approche Consciente de la Totalité de l'Être).

Pour connaître le programme des stages et conférences : **www.arnaud-riou.com**

Pour nous joindre :
stages@riou-communication.com

TABLE DES MATIÈRES

Du même auteur

Suivez-nous sur le Web

Consultez nos sites Internet et inscrivez-vous à l'infolettre pour rester informé en tout temps de nos publications et de nos concours en ligne. Et croisez aussi vos auteurs préférés et notre équipe sur nos blogues !

EDITIONS-HOMME.COM
EDITIONS-JOUR.COM
EDITIONS-PETITHOMME.COM
EDITIONS-LAGRIFFE.COM
RECTOVERSO-EDITEUR.COM
QUEBEC-LIVRES.COM
EDITIONS-LASEMAINE.COM

Imprimé chez Marquis Imprimeur inc. sur du Rolland Enviro.
Ce papier contient 100% de fibres postconsommation,
est fabriqué avec un procédé sans chlore
et à partir d'énergie biogaz.